나는 지금 우울증인가
우울증 완전정복

와일드북
와일드북은 한국평생교육원의 출판 브랜드입니다.

나는 지금 우울증인가
우울증 완전정복

초판 1쇄 인쇄 · 2025년 6월 15일
초판 1쇄 발행 · 2025년 6월 20일

지은이 · 황지연·이지은·김선옥·김영순·권민성·임소영·정미애·이선영(A)·박미영·장수미·이유미
이주연·김소영·김희례·이선영(B)·김동원·정현주·박숙자·송민서·모현숙·염선영·임려원
발행인 · 유광선
발행처 · 한국평생교육원
편 집 · 유지선
디자인 · 박형빈

주 소 · (대전) 대전광역시 유성구 도안대로589번길 13 2층
         (서울) 서울시 서초구 반포대로 14길 30(센츄리 1차오피스텔 1009호)
전 화 · (대전) 042-533-9333 / (서울) 02-597-2228
팩 스 · (대전) 0505-403-3331 / (서울) 02-597-2229

등록번호 · 제2018-000010호
이메일 · klec2228@gmail.com
instagram @wildseffect

ISBN 979-11-94710-05-9 (13100)
책값은 책표지 뒤에 있습니다.

잘못되거나 파본된 책은 구입하신 서점에서 교환해 드립니다.

이 책은 한국평생교육원이 저작권자의 계약에 따라 발행한 것이므로 저작권법에 따라 무단 전재와 복제를 금합니다. 이 책 내용의 전부 또는 일부를 이용하려면 반드시 저작권자와 한국평생교육원의 서면동의를 얻어야 합니다.

나는 지금 우울증인가
우울증 완전정복

황지연·이지은·김선옥·김영순·권민성·임소영·정미애·이선영(A)·박미영·장수미·이유미
이주연·김소영·김희례·이선영(B)·김동원·정현주·박숙자·송민서·모현숙·염선영·임려원 공저

프롤로그

　우리는 각자의 이야기를 살아가며, 그 안에서 기쁨과 슬픔, 그리고 크고 작은 상처를 마주한다. 그러나 그중에서도 우울이라는 감정은 때때로 너무나 무겁고 깊어져, 자신의 이야기를 이어가는 것조차 버거운 순간을 만든다. 이 책은 바로 그런 순간을 지나고 있는 당신을 위해 쓰였다.

　우울증은 단순히 기분이 나쁜 날이나 힘든 하루로 정의할 수 있는 것이 아니다. 그것은 삶의 중심을 흔들며 우리의 마음과 몸을 무겁게 누르는, 복잡하고 깊은 상태이다. 그러나 그 안에서도 우리는 배울 수 있다. 우울증은 때로는 우리가 지나치게 외면했던 내면의 목소리가 드러나는 창구가 되고, 삶의 방식과 방향을 돌아보게 하는 기회가 된다.

　이 책을 함께 써 내려간 우리는 모두 상담심리 전문가로서 수많은 내담자들을 만나왔다. 각자의 자리에서 고통을 겪고 있는 사람들과 이야기를 나누며, 그들의 상처를 바라보고 치유의 길을 동행했다. 그리고 우리는 깨달았다. 우울증은 단순히 약물이나 상담으로만 해결될 문제가 아니며, 그 본질을 이해하고 삶의 여러 층위를 깊이 들여다보는 과정이 필요하다는 것을. 여기에는 우울증이란 무엇인지, 왜 우리에게 찾아오는지, 그리고 그 고통 속에서 어떻게 희망의 씨앗을 발견할 수 있는지에 대한 이야기가 담겨 있다. 더불어, 우울증을 겪고 있는 당신이 이 책을 통해 단지 정보를 얻는 것을 넘어, 자신을 이해하고 다독이는 데 도움 받을 수 있기를 바란다.

우울증은 무언가를 잃어버린 느낌을 준다. 때로는 나 자신을 잃어버린 듯하고, 때로는 삶의 의미와 방향을 놓쳐버린 듯하다. 그러나 어두운 터널을 지나는 동안에도, 저 멀리 빛이 있다는 사실을 기억하길 바란다. 그 빛은 거창하거나 화려하지 않아도 괜찮다. 오히려 소소하고 사소한 순간들 속에서 우리를 찾아올 때가 많다. 작은 변화로 시작한 돌봄이 하루하루 쌓여 자신만의 회복 이야기를 만들어 간다.

우울증은 분명 고통스럽고 힘든 여정이지만, 그 속에서도 새로운 자신을 발견하고 삶의 가치를 재정립하는 기회가 될 수 있다. 그리고 그 여정에는 혼자가 아니라는 사실이 중요하다. 이 책이 당신에게 따뜻한 동행이 되어, 우울이라는 어두운 숲에서 길을 잃지 않고 나아갈 수 있는 나침반이 되어주길 바란다. 삶은 여전히 우리의 이야기를 이어갈 수 있는 힘을 준다. 이 책을 통해 자신의 이야기를 새롭게 써 내려갈 수 있기를 진심으로 기도한다. 우리의 마음과 경험이 이 페이지들을 통해 당신에게 닿기를 바란다.

※ 이 책에서는 '상담자'와 '치료자', '내담자'와 '환자', 그리고 '치유'와 '치료' 같은 표현이 문맥에 따라 자연스럽게 혼용되어 사용되었다. 이는 독자들이 보다 편안하게 읽을 수 있도록 선택한 서술 방식이며, 용어의 차이보다는 그 안에 담긴 의미의 본질에 집중해주기를 바란다. 또한, 본문에 등장하는 모든 인물과 사례는 실제가 아니라 창작되었거나 각색된 내용임을 미리 밝혀둔다.

::목 차

프롤로그   4

1장 우울증, 내 마음은 왜 이렇게 힘들까

1. 내가 우울증이라고   12
2. 우울증에 대한 진실과 거짓   23
3. 슬픔일까, 우울증일까   34
4. 심리학자들은 우울증을 어떻게 이해할까   45

2장 우울증은 왜 나를 찾아왔을까

1. 생물학적 원인-뇌와 호르몬   57
2. 심리적 요인-상처받은 마음이 내게 말하다   70
3. 환경적 요인-삶의 무게, 우울증의 씨앗   81
4. 바쁜 세상 속 나를 잃어가다   93

3장 우울증이 내게 말을 걸었다

1. 우울증이 들려주는 이야기   107
2. 우울을 통해 나를 배우다   120
3. 나와 대화하는 기술   134
4. 우울해도 나를 놓지 않으려면   149

4장 우울증에서 벗어날 수 있을까

1. 하루를 채우는 작은 행동의 기적   163
2. 내게 맞는 심리상담 방법은 뭘까   174
3. 마음이 지쳤을 때, 관계가 답이다   186
4. 행복한 뇌를 만드는 3가지 습관   198

5장 우울을 넘어, 다시 만난 나

1. 우울의 터널을 지나다   210
2. 우울한 감정, 다시 반복되지 않게 하려면   219
3. 새로운 나를 쓰다   231

6장 우울증, 마음이 묻고, 심리가 답하다

1. 우울증 제대로 이해하기   244
2. 우울해도 괜찮아, 내 방식대로 살아가기   258
3. 우울을 넘어, 나에게로   270

저자 소개   284

1장 우울증, 내 마음은 왜 이렇게 힘들까

1. 내가 우울증이라고
2. 우울증에 대한 진실과 거짓
3. 슬픔일까, 우울증일까
4. 심리학자들은 우울증을 어떻게 이해할까

우리는 종종 "왜 이렇게 힘들까?"라는 질문을 스스로에게 던진다. 그러나 그 답을 찾기란 쉽지 않다. 바쁜 일상 속에서 마음이 보내는 신호를 놓치기 쉽고, 때로는 그 신호를 무시하거나 억누르며 살아간다. 특히 우울감이 깊어질 때, 이것이 단순히 피로 때문인지, 아니면 더 근본적인 문제의 시작인지를 구분하기 어렵다. 이런 혼란 속에서 우울증은 우리 삶에 점점 더 큰 영향을 미치며, 우리가 알지 못하는 사이에 깊이 스며들게 된다.

1장은 바로 이 질문에서 출발한다. 우울증이란 무엇인지, 우리가 흔히 알고 있는 모습과 실제 우울증이 어떻게 다른지를 살펴본다. 많은 사람들이 우울증을 '나와 상관없는 일'로 여기거나, '조금만 노력하면 괜찮아질 문제'로 치부하곤 한다. 그러나 우울증은 단순히 기분의 문제가 아니라, 마음과 몸이 보내는 경고 신호이다. 이 장에서는 우리가 알고 있는 우울증의 모습과, 그 뒤에 숨겨진 진짜 이야기를 탐구한다.

또한 우울증을 둘러싼 잘못된 오해와 편견을 바로잡으며, 사람들이 흔히 혼동하는 슬픔과 우울증의 차이를 분명히 한다. 단순히 슬프거나 힘든 감정, 질환으로서의 우울증은 그 본질부터 다르다. 이를 이해하는 것은 우리가 자신의 상태를 더 명확히 인식하고, 필요한 도움을 받을 수 있는 첫걸음이 된다.

마지막으로, 이 장에서는 각 상담 이론가들이 우울증을 어떻게 바라보았는지에 대한 통찰도 다룬다. 프로이트, 아론 백, 스키너, 칼 로

저스 등 다양한 관점에서 우울증을 설명하며, 심리적 고통이 무엇을 의미하고, 이를 어떻게 다룰 수 있는지에 대한 이론적 접근을 살펴본다. 이러한 내용은 독자들에게 우울증의 본질과 심리적 메커니즘에 대한 깊은 이해를 돕는 동시에, 자기 자신을 돌아볼 수 있는 기회를 제공할 것이다.

    이 장은 우울증의 정의를 나열하는 것을 넘어, 우리의 마음이 보내는 신호를 깊이 들여다보는 여정이 될 것이다. 우리가 알던 우울증의 모습과 진실을 직면하고, 그 이면에 숨겨진 이야기를 이해하며, 마음의 문제를 더 넓고 깊은 시각에서 바라보는 시작점이 될 것이다.

1. 내가 우울증이라고

우울증, 우리가 그리는 전형적인 얼굴

최근 상담실을 찾는 내담자 중 우울증을 호소하는 비율이 높아지고 있다. 이는 과도한 업무와 학업 스트레스, 경제적 불안정, 사회적 고립, 빠르게 변화하는 사회 환경 등 현대 사회에 우울증을 유발할 수 있는 환경적 요인이 많아졌다는 사실을 반영한다. 또한 예전에는 정신과나 상담실을 찾는 일이 낙인처럼 여겨져 심리적 어려움을 겪고도 도움을 받지 않는 경우가 많았지만, 요즘은 마음의 병도 몸의 병처럼 치료가 필요하다는 인식이 확산되면서, 심리 상담이나 치료에 대한 접근이 훨씬 자연스러워졌다. 이러한 사회적 변화는 우울증을 호소하는 비율을 높이는 데 영향을 미쳤으며, 동시에 우울증을 조기에 발견하고 적절히 개입할 수 있는 긍정적인 효과도 기대할 수 있다. 그렇다면 우리는 우울증에 대해 얼마나 이해하고 있을까?

소영은 몇 주째 방 안에서 나오지 않고 있다. 예전에는 출근도 하고 친구들과 약속도 잡았지만, 지금은 모든 것이 귀찮아졌다. 어둡고 침침한 방 안에서 종일 누워 있다가 가끔 일어나 멍하니 창밖을 바라볼 뿐이다. 누군가 전화를 걸어도 받지 않고, 메시지 확인도 하지 않는다. 가족들은 걱정스러운 마음에 방문을 두드리지만, 소영은 대답조차 하지 않는다. 우울증을 겪을 때 많은 사람들이 보이는 모습 중 하나는 세상과 단절된 채 방 안에서 혼자 지내는 것이다.

민수는 과거에는 자기 일에 열정적이었지만, 이제는 중요한 회의가 있어도 신경 쓰지 않는다. 해야 할 일이 쌓여도 손을 뻗을 힘조차 내지 못한다. 컴퓨터를 켜고 업무를 시작하려고 하지만 마우스를 움직이는 것조차 버겁게 느껴진다. 상사는 그가 게을러졌다고 생각하지만 민수는 점점 더 무기력해지고 있다. 쉬는 날이면 씻지도 않고 종일 침대에 누워 있기 일쑤다. 때로는 식사하는 것도 귀찮게 느껴지곤 한다. 민수는 모든 게 귀찮고, 점점 더 무기력해지는 자신을 통제할 수 없다.

혜진은 예전에는 매일 머리를 감고 옷도 깔끔하게 입었지만, 이제는 거울을 보는 것도 싫어진다. 며칠 동안 감지 않아 기름 진 머리카락을 대충 묶고 다닌다. 손목에는 자해 흔적이 남아 있지만, 긴소매 옷으로 가리기 때문에 아무도 모른다. 우울증이 심해지면 외모를 관리할 힘도 없어지고, 극단적인 방법으로 감정을 표출하기도 한다.

이처럼 우울증이 심해지면 표정이 없고, 씻거나 위생에 신경 쓰지 않아 자기 관리가 안 되는 모습을 보이기도 한다. 때로는 중요한 일조차 신경 쓰지 않고, 모든 것을 귀찮아하거나 아무것도 하지 않는 행동을 보인다. 또한 지나치게 많이 먹거나 거의 먹지 않는 모습, 밤새도록 잠을 못 자거나 반대로 지나치게 많이 자는 모습 등은 우리가 생각하는 일반적인 우울증의 모습이다. 친구나 가족과의 관계가 단절된 채 극단적인 슬픔과 무기력의 반복을 보이는 모습도 우리가 생각하는 우울증의 전형적인 이미지일 것이다.

미디어가 그리는 우울증의 모습

미디어 속 우울증은 다양한 형태와 시각적 표현을 통해 우리에게 강렬한 인상을 남긴다. 영화나 드라마에서 인물의 심리 상태와 이야기를 전달하는 중요한 장치로 우울증을 활용하며, 이를 통해 우울증의 여러 측면을 깊이 있게 볼 수 있다.

영화 '봄날은 간다(2001)'에서 주인공은 연인과의 이별 후 심한 상실감과 우울감에 빠져 사회적으로 고립되는 모습을 보여준다. 홀로 지내며 감정을 삭이는 장면들은 그의 내면을 적나라하게 드러낸다. 이런 극단적인 고립은 우울증의 한 단면을 보여주는 사례이다.

'파수꾼(2011)'에서는 차가운 색감과 흐릿한 조명 등 어두운 시각적 표현을 통해 우울증의 무거운 분위기를 극대화한다. 영화는 학교 폭력과 가정 문제로 인해 친구가 우울증에 빠지고 결국 극단적인 선택을 하는 과정을 담담하게 보여준다.

'한공주(2013)'는 과거의 트라우마와 사회적 낙인이 주인공을 깊은 우울감으로 몰아넣는 현실적인 묘사를 통해 관객들에게 강렬한 메시지를 던진다. 트라우마로 고립된 삶을 사는 주인공의 모습은 우울증이 단순히 개인의 문제가 아니라 사회적 맥락과도 밀접하게 연결되어 있음을 드러낸다.

'우아한 거짓말(2014)'에서는 내면의 극심한 우울감을 감춘 평범한 소녀가 극단적인 선택에 이르는 과정을 가족과 친구들의 시선을 통해 다루며, 인간관계 속에서 벌어지는 감정적 소외와 갈등을 심도 있게 표현한다.

영화 '미스백(2018)'은 아동 학대의 트라우마로 인해 사회와 단절된 주인공이 무기력한 삶을 이어가는 모습을 보여준다. 주인공의 일상조차 버거워하는 모습은 우울증이 단순한 슬픔을 넘어선 심각한 문제임을 상기시킨다.

이처럼 미디어는 우울증의 다양한 모습을 드러내며, 우리에게 우울증의 본질과 복잡성을 생각하게 한다.

우울증, 인식의 전환이 만드는 변화

우리가 인식한 우울증의 모습과 미디어에서 나타난 다양한 우울증의 표현을 살펴보면 우울증의 부정적인 이미지들이 대부분임을 알 수 있다. 그러나 이러한 모습들은 우울증의 일부 측면만을 반영할 뿐이다. 건강하고 밝아 보이는 사람도 우울증을 겪고 있을 수 있다. 직장이나 학교, 가정에서 일상적인 생활을 유지하는 듯하지만 속으로 깊은 고통을 감추고 있을 수 있다. 다시 말해 외적으로 드러나는 모습이 우울증 전부를 나타내는 것은 아니다.

우울증은 때로 예상치 못한 순간에 서서히 모습을 드러내기도 한다. 첫 아이를 낳고 산후 우울증을 겪었던 A의 사례다.

출산 후, 남편은 직장 관계로 지방에 머물렀고 A는 TV도 없는 방에서 종일 아이와 단둘이 지내야 했다. 그런 시간이 6개월 넘게 지속되었다. 아기와 대화를 나누기보다는 울음을 달래고, 모유 수유를 하며 기저귀를 가는 일에만 집중했다. 자신을 위한 시간은 거의 없었고, 그저 조용히 책을 읽으며 하루를 보낼 뿐이었다. 그러던 어느 날, 언니와의 통화 중 "왜 그렇게 짜증이 많니?"라는 말을 듣고 나서야 자신의 상태를 자각했다.

A는 자신이 평소와 다를 바 없다고 생각했지만, 그동안 했던 말과 감정을 되돌아보며 모든 것이 짜증스러웠다는 사실을 깨달았다. 이처럼 우울증은 자신도 자각하지 못하는 사이 삶에 영향을 미친다.

사람들은 우울증을 단순한 슬픔이나 일시적인 기분 저하로 생각하는 경우가 많다. 그래서 "그냥 기분 전환을 하면 나아질 거야."라고 쉽게 말하기도 한다. 또는 '의지가 없어서 그래.'라고 판단하기도 한다. 하지만 우울증은 단순한 감정이나 의지의 문제가 아니다. 우울증은 개인의 기분, 감정뿐만 아니라, 사고의 과정, 동기, 신체, 행동, 대인관계에 이르기까지 광범위하게 영향을 미친다. 그렇기에 우울증은 단순한 기분 전환이나 의지로 해결할 수 있는 문제가 아니며, 주변의 적절한 지원과 전문적인 치료가 필요한 것이다.

우울증에 대한 인식과 대처 방식에 따라 그 고통의 정도는 크게 달라질 수 있다. 우울증을 단순히 '위험하다.', '무기력하다.'라는 식으로 단정 짓기보다는, 그것이 얼마나 다양한 모습과 형태로 나타날 수 있는지를 이해하고 자신의 삶뿐만 아니라 주변 사람들에게도 영향을 미칠 수 있다는 것을 인식하는 것이 우울증 치료의 첫걸음이다.

다양한 얼굴을 가진 우울증

우울증은 단순한 질환이 아니기 때문에 사람마다 경험하는 우울증의 모습은 다를 수 있고, 그 증상과 경과도 매우 다양하다. 우울증을 제대로 이해하기 위해서는 우울증이 얼마나 다양한 형태와 특징을 가질 수 있는지를 살펴볼 필요가 있다. 여기에서는 대표적인 우울증 유형들을 구체적으로 하나씩 설명하며, 그 특징과 주요 증상을 탐구해 본다.

주요 우울장애 (Major Depressive Disorder, MDD)

우리가 흔히 떠올리는 전형적인 우울증의 형태로, 가장 일반적이면서도 흔히 진단되는 유형이다. 주요 우울장애는 단순한 기분 저하를 넘어선 심리적, 신체적 고통을 동반하며, 삶의 모든 영역에 부정적인 영향을 미친다.

이 유형의 우울증은 최소 2주 이상 지속되는 깊은 우울감과 흥미 상실을 특징으로 한다. 일상생활에서 기쁨을 느끼지 못하고, 심한 슬픔과 무기력에 빠진 상태가 이어진다. 또한 식욕이나 수면 패턴이 변하거나, 극단적인 죄책감에 시달리며 자살 충동을 느끼는 경우도 많다.

미국 정신의학회(APA)의 DSM-5에서는 주요 우울장애를 진단하기 위해 9가지 증상 중 5가지 이상이 2주 이상 지속되어야 한다고 명시하고 있다. 이 중 반드시 하나는 '우울한 기분' 또는 '흥미나 즐거움의 상실'이어야 한다.

주요 증상

- 극심한 슬픔과 무기력
- 일상생활에 대한 흥미와 즐거움 상실
- 식욕 변화(과식 또는 식욕 부진)
- 불면증 또는 과다수면
- 자살에 대한 반복적인 생각

주요 우울장애는 치료하지 않으면 장기화하거나 악화할 수 있다.

증상이 일상생활을 방해할 정도로 심각하다면, 반드시 전문적인 도움을 받아야 한다.

계절성 우울장애 (Seasonal Affective Disorder, SAD)

계절성 우울장애는 특정 계절에 반복적으로 나타나는 우울증의 한 형태이다. 주로 가을과 겨울처럼 햇빛이 부족한 계절에 증상이 심해지며, 봄과 여름이 되면 호전되는 경향이 있다. 햇빛이 부족하면 행복 호르몬으로 알려진 세로토닌의 분비가 감소하고, 멜라토닌이 과다 생성되어 생체리듬이 깨지는 것이 주요 원인으로 여겨진다. 겨울철 계절성 우울장애를 겪는 사람들은 마치 겨울잠을 자는 것처럼 에너지가 부족하고, 하루 10시간 이상 자는 과다수면과 탄수화물을 과다 섭취하는 특징을 보인다.

주요 증상

- 하루 대부분 우울한 기분
- 극심한 피로감과 무기력
- 과다수면 및 체중 증가
- 탄수화물 과다 섭취
- 사람들을 피하며 사회적 고립을 선택

계절성 우울장애는 증상이 계절과 밀접하게 연결되어 있으므로, 햇빛 노출을 늘리는 광선 치료가 큰 효과를 보인다.

비전형적 우울증 (Atypical Depression)

비전형적 우울증은 이름 그대로, 전형적인 우울증과 다른 특징을 가진 우울증이다. 주요 우울장애와 달리, 긍정적인 사건이나 상황에서 일시적으로 기분이 좋아지는 특징을 보인다. 하지만 이러한 변화는 일시적일 뿐, 기본적인 우울감은 계속해서 지속된다. 과식과 과다수면이 흔하며, 대인관계에서 지나치게 민감한 반응을 보이는 경우가 많다. 특히, 자신에 대한 비판적인 생각이 두드러지며, 극도로 거절에 대한 두려움을 느낀다.

주요 증상

- 즐거운 일이 있을 때 기분이 일시적으로 좋아짐
- 체중 증가 및 과다수면
- 거절에 대한 과민 반응
- 팔다리가 무겁게 느껴지는 신체 증상

비전형적 우울증은 겉으로는 평범해 보이지만 내면적으로는 깊은 고통을 겪고 있다는 점에서 주의 깊은 이해와 지지가 필요하다.

산후 우울증 (Postpartum Depression)

출산 후 여성들이 경험하는 우울증으로, 단순한 '산후 블루'와는 차원이 다르다. 산후 우울증은 출산 후 몇 주에서 몇 달 이내에 발생하며, 심각한 경우 산모 자신뿐만 아니라 아기에게도 부정적인 영향을 미칠 수 있다. 출산 후 호르몬 변화, 신체적 회복, 그리고 새로운 역할에 대한 스트레스가 복합적으로 작용해 발생하며, 여성의 약 10~20%가 이 유형의 우울증을 경험한다고 알려져 있다.

주요 증상

- 극심한 피로와 무기력
- 아기에 대한 애착 형성 어려움
- 심한 불안감과 자책감
- 자살 충동 또는 아기에 대한 해를 가하고 싶은 생각

산후 우울증은 여성의 삶에서 가장 행복해야 할 시기에 겪게 되는 고통이라는 점에서 산모와 가족 모두의 세심한 관심과 도움이 필요하다.

고기능 우울증 (High-Functioning Depression)

겉으로는 아무 문제가 없는 것처럼 보이지만, 내면적으로는 지속적인 우울감과 공허함을 느끼는 우울증이다. 고기능 우울증은 일상생활을 유지하면서도 우울감을 숨기고 살아가는 경우가 많아 주변에서 쉽게 알아차리기 어렵다.

주요 증상

- 사회생활과 업무를 정상적으로 수행
- 내면적으로 공허함과 무기력감 지속
- 감정을 잘 표현하지 않음
- 완벽주의적 성향

고기능 우울증은 방치되면 자살 위험이 커질 수 있으므로, 본인이 느끼는 내면의 고통을 외면하지 않는 것이 중요하다.

살다 보면 '그때가 우울증이었나?' 하고 나도 모르는 사이에 지나갔던 순간이 있을 수도 있다. 어떤 이는 누구나 걸릴 수 있는 감기 같다고 말하기도 한다. 하지만 그것은 우리의 의지와 상관없이 우리를 무기력하게 무너뜨릴 수도 있다. 다양한 형태와 증상을 가진 이 질병은 우리 삶의 깊숙한 곳까지 영향을 미치며, 죽음에 이르게도 한다. 때로는 자신도 모르는 사이에 삶을 서서히 갉아먹을 수도 있다. 또한 대인관계에도 영향을 미쳐 가족, 가까운 주변 사람들과의 관계를 악화시킬 수 있다. 우울증을 치료하기 위해서는 자신뿐만 아니라, 우울증을 겪고 있는 이의 주변 사람들까지도 우울증에 대한 이해가 필요하다.

따라서 자신과 주변 사람들의 고통을 인지하고, 적절히 대처해야 한다. 우울증은 치료할 수 있으며, 그 시작은 우울증에 대한 정확한 인식이다. 우울증을 겪고 있는 자신과 주변 사람들이 어떻게 우울증을 인식하느냐? 어떻게 이해하고 공감하는가? 에서 시작된다.

2. 우울증에 관한 진실과 거짓

우울증은 기분이 나쁜 상태가 아니다. 슬픔이나 우울감이 오래 지속되는 것만이 아니라 신체적, 정신적, 감정적 요소가 얽혀 나타나는 복합적인 질병이다. 따라서 적절한 치료가 없으면 점점 깊어질 수 있다.

우리는 누구나 힘든 순간을 겪는다. 실패하고, 좌절하고, 사랑하는 것을 잃을 때 깊은 슬픔을 느낀다. 하지만 우울증은 이런 감정이 일시적으로 지나가는 것이 아니라, 삶의 모든 부분을 무겁게 짓누르며 아무것도 할 수 없게 만드는 상태를 말한다.

우울증을 겪는 사람들은 단순한 낙담과는 다르게 깊은 절망감을 경험한다. 아무리 노력해도 기분이 나아지지 않고, 이전에는 즐거웠던 일조차 무의미하게 느껴진다. 단순한 기분 문제라면 시간이 지나면 자연스럽게 회복될 수 있지만, 우울증은 그렇지 않다. 전문가의 도움이 필요하며, 자신의 의지만으로 회복하기 어려운 질병이다.

누군가는 우울증을 '보이지 않는 골절'이라고 표현한다. 겉으로는 멀쩡해 보이지만, 속에서는 뼈가 부러진 것처럼 움직일수록 아프고 힘들어진다. 때문에 보이지 않는다는 이유로 가볍게 넘겨서는 안 된다. 적절한 치료 없이 방치하면 점점 더 깊어지고, 일상마저 무너뜨릴 수 있다. 그렇기에 우리는 자신의 마음 상태를 돌아보고, 필요하다면 전문가의 도움을 받을 용기를 가져야 한다. 그리고 무엇보다, 누구나 회복될 수 있다는 확신이 필요하다.

약한 사람이 우울증에 걸린다?

'우울증은 마음먹기에 달린 것이다.'
'우울증에 걸리는 사람은 의지가 약한 것이다.'
'우울증에 걸리는 사람은 성격이 나약하고, 게으르기 때문이다.'
'우울증을 극복하려면 강하게 마음을 먹어야 한다.'

우울증에 대한 이야기를 하면서 간혹 듣는 이야기들이다. 이는 많은 사람들이 우울증에 대하여 가지고 있는 편견이다. 오해에서 생긴 잘못된 믿음들이다. 여기서는 우울감과 우울증의 차이점에 대해 이야기하고자 한다.

우울감은 누구나 느낄 수 있는 보편적인 감정이다. 우울감을 느끼지 않는다면 그것은 거짓말이다. 누구나 어떤 문제에 맞닥뜨릴 때, 실패나 좌절감을 느끼면서 우울감을 경험할 수 있다. 하지만 우울증에서의 우울감은 일상적인 우울감과는 질적인 부분과 양적인 측면에서 차이가 있다. 때로는 일상적인 우울감을 호소할 때, "굳게 마음먹고 극복해."라는 말을 하는 게 도움이 될 수도 있지만 일상적인 우울감과 우울증은 질적으로나, 양적인 부분에서 차이가 있다.

우울한 것은 마음먹기에 따라 다른 것이라고 이야기하는 사람이 있다. 전혀 틀린 말은 아니다. 하지만 우울증에 걸린 사람이 심한 우울감을 호소할 때는 잘못된 이야기가 된다. 일반적인 우울감이 주변의 환경에 따라 기분이 바뀔 수 있는 것이라면, 우울증에서의 우울감은 주변 환경에 따라 기분이 변화되는 것은 아니다.

기쁜 일이 있어도 크게 기뻐하지 못하고, 가라앉은 기분은 쉽사리 나아지지 않는다. 우울증에서 나타나는 우울감은 일상생활 활동은 물론이고, 대인관계 측면에서도 많은 제약을 가져온다. 일반적인 우울감은 그럭저럭 참고 견디면서, 일할 정도의 에너지나 일상생활을 유지할 수 있다. 하지만 우울증에서의 우울감은 의욕이 없고, 집중하지 못한다. 대인관계를 맺고 유지해 나가는 데 어려움을 겪는다. 때로 주변과 어울려도 재미나 흥미가 상실되어, 대인관계를 회피하게 되며, 평상시와는 다른 모습을 보인다. 우울증에서 우울감은 쉽게 호전되지 않고, 장기간 지속되며, 마음먹기에 따라 쉽게 좋아지지 않는다.

우울증을 일으키는 요인이 무엇인지는 아직 명확하게 밝혀진 것은 없다. 다만, 어느 한 가지 특정한 요인에 의해서 우울증이 발생하는 것은 아니며, 우울증의 유형에 따라 유전적 소인이 큰 비중을 차지하는 경우가 있는가 하면, 개인의 심리적, 환경적 요인이 우울증을 유발한다는 여러 원인이 있다.

우울증을 일으키는 다양한 원인

생물학적 원인

생물학적 이론은 우울증이 신체적 원인에서 발현된다는 가정에 기초하고 있으며, 주로 정신의학자에 의해서 발전되었다. 우울증에는 유전적 소인이 있을 수 있다는 연구 결과도 보고되고 있다. 우울증의 원인에는 유전자가 중요한 역할을 한다. 우울장애가 발생할 확률은 우울증이 있는 직계가족이 있는 경우, 일반인의 경우보다 1.5~3배 정도로 높다. 또한 호르몬이 우울 증상의 발현에 중요한 역할을 할 수도 있다.

코르티솔은 스트레스에 대한 우리 몸의 반응과 연관된 호르몬이다. 코르티솔은 면역체계, 신장 기능, 지방과 당의 혈중 농도 등을 변화시킨다. 뇌에 있는 뇌하수체에 의해 조절되는 코르티솔은 우울증 환자에서 정상적인 형태를 보이지 않는다. 건강한 사람에게서 코르티솔은 아침에 대량 방출되고, 낮 동안에는 방출량이 감소하는 것이 보통이다. 그런데 일부 우울증을 앓고 있는 사람에게는 낮과 밤 구분 없이 똑같은 양이 방출된다. 코르티솔이 뇌의 신경전달물질 농도에 영향을 미치는 것만은 확실하다.

우울증이 시상하부의 기능장애로 생긴다는 주장도 있다. 시상하부는 기분을 조절하는 기능을 지니고 있을 뿐만 아니라, 우울증에서 흔히 나타나는 식욕이나 성기능의 장애에도 영향을 미친다. 또한 생체리듬의 이상이 우울증을 유발한다는 주장도 있다. 특정한 계절에 주기적으로 나타나는 계절성 우울장애는 생체리듬과 밀접한 관계가 있는 것으로 여겨지고 있다.

심리적 원인

우울증은 한 가지 원인으로 생기는 것이 아니다. 우리 내면 깊은 곳에서부터 차곡차곡 쌓여온 감정들, 과거의 경험들 그리고 자신을 바라보는 시선이 복합적으로 얽혀 작용한다. 어떤 사람에게는 어린 시절의 상처가, 또 어떤 사람에게는 끝없는 실패 경험이, 또는 자신을 끊임없이 깎아내리는 습관이 우울의 씨앗이 될 수도 있다.

우울증은 슬픔만을 뜻하지 않는다. 그것은 오랫동안 마음속에 쌓여온 감정과 경험들이 만들어 낸 깊은 흔적이다. 누구나 힘든 순간을 겪지만, 때로는 그 감정이 너무 커서 스스로 빠져나올 힘조차 없어질 때가 있다. 어쩌면 그 시작은 아주 작은 상처였을지도 모른다. 소중한 관계를 잃었을 때, 기대했던 것들이 무너졌을 때, 혹은 반복되는 좌절 속에서 점점 자신을 믿을 수 없게 되었을 때, 마음 한구석에 남아 있던 감정들이 조용히 스며들어 우울이라는 이름으로 자리 잡는다.

마음이 약해서 우울한 것이 아니라, 오히려 너무 오래 참고 버텼기 때문에 마음이 지쳐 더 이상 버틸 수 없다는 마음의 신호다. 혼자 힘으로 어떻게든 이겨내려고 했던 시간이 쌓이고, 그 안에서 자신의 감정을 표현하는 법을 잊어버리면서, 우울은 더욱 깊어진다. 노력해도 달라지지 않는 현실 앞에서 무력감을 느끼고, 자꾸만 자신을 탓하게 되고, 아무리 애써도 나아질 것 같지 않다는 생각이 들면서 삶은 점점 더 무겁게 다가온다.

삶이 원래 이런 것이라며 체념하고, 무엇을 해도 소용없을 거라는 생각이 들 때, 우리의 시야는 점점 좁아진다. 예전에는 아무렇지 않게 넘겼던 말 한마디도 날카롭게 꽂히고, 작은 실수조차 자신을 비난하는 이유가 된다. 현실을 바라보는 방식이 조금씩 뒤틀리면서, 모든 것이 부정적으로 보이기 시작한다. 그런 생각들이 반복될수록 우울감은 더욱 깊어지고, 어느 순간부터는 자신을 돌보는 것조차 포기하게 된다.

환경적 원인

대부분의 심리학적 이론은 생활 사건이 우울증 발생에 중대한 역할을 한다고 본다. 상실과 좌절감을 의미하는 부정적인 사건은 생활 속의 변화를 의미한다. 주요한 생활 사건은 커다란 좌절감을 안겨주는 충격적인 사건들을 뜻한다. 또한 우울장애를 유발할 수 있는 충격적인 사건은 없었지만, 일상생활 속에서 자주 경험하게 되는 여러 사소한 부정적인 생활 사건이 오랜 기간 누적되면 우울증이 유발될 수 있다.

사회적 지지가 부족하거나 결핍되어도 마찬가지다. 개인의 정서적 안정감과 자존감이 서서히 낮아져 우울증을 촉발할 수 있다. 우울한 사람은 사회적 연결망이 빈약하다. 연결망으로부터 사회적 지지를 거의 받지 못하고 있다고 생각하기 쉽다. 사회적 지지를 받는 정도가 줄어들면 부정적인 사건을 다루는 능력이 감소한다. 이렇게 반복적이고 지속적인 현상이 나타나면 우울증에 걸리기 쉽다.

한 연구에 따르면 친한 친구 하나 없이 심각한 생활 사건을 경험하는 여성은 우울 발생 가능성이 약 40%나 된다. 반면에 친한 친구가 있는 여성은 단 4%만이 우울 발생 가능성이 있다는 것으로 나타났다. 이렇듯 사회적 지지는 우울증을 유발하는 생활 사건을 차단해 줄 뿐 아니라 어려움이 닥치더라도 극복해 낼 수 있다는 자신감을 주게 된다.

가족과 떨어져 지내는 지속적인 상태, 친구의 부족, 도움을 요청하고 어려움을 상의할 사람의 부족 등과 같은 상태가 우울증 발생에 영향을 미칠 수 있다. 우울증을 다루는 데 있어 다양한 요인들을 고려하고, 이를 적절히 치료하는 것이 중요하다.

우울증, 우리가 잘못 알고 있는 것들

우울증 치료에 대해 많은 사람들이 잘못된 믿음을 가지고 있는 경우가 많다. 이러한 믿음은 우울증 치료를 지연시키거나 효과적인 치유를 방해할 수 있다.

'우울증은 나약한 사람만 걸린다.'

우울증을 의지 부족이나 약한 마음의 문제로 보는 시선이 있다. 하지만 우울증은 단순한 기분 문제가 아니라, 신경전달물질의 불균형, 스트레스 반응, 유전적 요인 등 다양한 원인이 복합적으로 작용하는 질병이다. 의지가 강한 사람도 우울증에 걸릴 수 있다. 오히려 책임감이 강하고 주변에 기대지 않으려는 사람일수록 증상을 숨기고 버티다가 더 깊은 우울로 빠질 수도 있다.

'우울증은 시간이 지나면 저절로 좋아진다.'

몸이 아프면 치료가 필요하듯이, 우울증도 치료가 필요하다. 이때 적절한 치료가 없으면 시간이 지나도 나아지지 않을 수 있다. 오히려 방치하면 더 깊어지거나 만성화될 가능성이 높다. 특히 우울증은 뇌의 신경전달물질과 호르몬 변화에도 영향을 미치기 때문에, 단순히 시간이 흐른다고 해서 해결되는 문제가 아니다. 적절한 치료와 지지적인 환경이 함께할 때 더 빠른 회복이 가능하다.

'운동이나 여행을 하면 우울증이 사라진다.'

운동과 여행은 우울한 기분을 완화하는 데 도움이 될 수 있지만, 그것만으로 우울증이 치료되지는 않는다. 물론 가벼운 우울감이나 스트레스 해소에는 효과가 있을 수 있지만, 임상적으로 진단된 우울증은 단순한 기분 문제를 넘어선다. 우울증이 심하면 운동조차도 어려워질 수 있으며, 일시적인 기분 전환이 아니라 근본적인 치료가 필요하다. 여행을 다녀와도 현실로 돌아왔을 때 다시 깊은 우울감이 밀려올 수 있다. 따라서 운동이나 여행은 보조적인 방법일 뿐, 근본적인 치료를 대신할 수는 없다.

'우울증은 치료해도 시간이 오래 걸린다.'

사람들은 우울증 치료가 길고 고통스러운 과정이라고 생각한다. 그러나 사실, 치료는 개인에 따라 다르지만, 적절한 치료를 받으면 빠른 시간 안에 호전될 수 있다. 약물치료와 심리치료를 병행하면 우울증의 증상이 개선되는 속도가 빨라질 수 있다. 즉, 치료가 즉각적인 효과를 보일 수도 있다는 점을 기억하는 것이 중요하다.

'우울증은 극복할 수 없는 병이다.'

우울증을 영원히 해결할 수 없는 문제로 인식하지만 우울증은 치료할 수 있는 질환이다. 적절한 치료와 심리적 지원을 통해 많은 사람이 우울증에서 완전히 회복하거나 증상을 관리하면서 정상적인 삶을 일구어 나갈 수 있다.

'우울증 치료는 오직 약물만으로 가능하다.'

약물치료는 효과적인 치료 방법 중 하나로 우울증 치료에는 심리치료, 운동, 생활 습관 개선 등 다양한 접근 방법이 필요하다. 인지행동치료나 심리 상담을 병행하는 것이 많은 사람에게 더 큰 도움이 된다. 항우울제는 우울장애의 증상을 완화하고 재발률을 감소시킬 수 있지만, 근본적 원인에 대한 치료 방법이라고 할 수 없다. 약물치료와 심리치료를 병행되는 것이 가장 바람직하다.

'치료 받으면 약해 보인다.'

우울증을 치료받는 것에 대해 부끄러워하거나 나약하게 보일까 봐 걱정하는 사람들이 많다. 사회적 편견 때문에 치료를 받지 않는 경우도 있다. 그러나 우울증 치료를 받는다고 해서 약해 보인다고 생각하는 것은 잘못된 인식이다. 치료받는 것은 오히려 자신을 돌보고, 건강을 회복하려는 강한 의지와 용기를 보여주는 행동이다. 나를 위한 중요한 첫걸음이 될 수 있다. 치료를 받는 것은 결코 약해 보이는 것이 아니라, 더 건강하고 행복한 삶을 위한 중요한 선택이다. 치료를 통해 마음이 더 강해지고 정신건강이 증진될 수 있다.

'약물치료는 의존성을 만든다.'

우울증 약물은 일시적인 효과를 위한 것이 아니다. 우울증의 생리적 원인에 대응하기 위해 사용된다. 많은 사람들이 약물치료를 받으면 약물에 의존하게 될 것이라고 걱정한다. 특히 장기적인 치료를 받으면 중독이나 의존성이 생길 수 있다고 걱정한다. 그러나 약물치료가 의존성을 불러일으킨다는 것은 오해다. 항우울제는 신경전달물질의 불균형을 조절하여 우울증의 증상을 감소시켜 주는 역할을 한다.

'약물치료는 위험하다'

잘못된 믿음이 치료를 방해할 수 있다. 특히 약물치료에 대한 '위험하다.'라는 편견은 우울증을 치료하는 데 방해가 된다. 항우울제의 부작용이 크고, 심각한 위험을 초래할 수 있다는 오해가 있다. 많은 사람이 약물의 부작용에 대한 두려움 때문에 치료를 기피하기도 한다. 이는 정확한 정보에 기초하지 않은 오해에서 비롯된 것이다. 우울증에 사용되는 항우울제는 과학적 연구에 의해 매우 신중하게 개발되었다. 대표적인 항우울제인 '선택적 세로토닌 재흡수 억제제'는 부작용이 적고, 우울증 치료에 매우 효과적이다. 우울증 약물치료는 과학적으로 안전하고 효과적인 치료법이다. 약물치료는 우울증 증상을 완화하고, 뇌의 화학적 불균형을 조절하는 데 도움을 준다.

따라서 항우울제는 뇌의 화학적 균형을 맞추는 데 도움을 주어 증상을 개선한다. 하지만 우울증의 근본 원인을 해결하기 위해서는 약물치료와 함께 심리치료를 병행한 통합적인 접근이 가장 효과적인 치료 방법이다.

3. 슬픔일까 우울증일까

슬픔과 우울증, 감정의 두 얼굴

우리는 삶을 살아가며 시시때때로 기분의 변화를 겪는다. 바라던 대로 이루어지고, 다른 사람과의 관계에서 즐거움을 얻으며 기분이 좋을 때가 있다. '나'라는 사람이 마음에 들고 의욕과 자신감이 넘쳐 기분이 들뜰 때도 있다. 그러나 때로는 잦은 실패가 반복되어 기분이 한없이 가라앉고 울적할 때가 있다. 무가치한 것 같고 자신감과 의욕을 잃은 채 비관적인 기분에 휩싸이는 때도 찾아온다. 삶의 과정에서 이러한 기분의 변화를 경험하는 것은 아주 자연스러운 일이다.

슬픔을 마주했을 때 우리는 심리적으로 고통스러움을 느낀다. 사랑하는 사람과 이별하거나, 오랫동안 바라던 소망이 좌절되었을 때, 혹은 예상치 못한 어떤 상실을 겪을 때 우리는 깊은 슬픔에 빠진다. 이때 이 슬픔이 단순한 감정의 흐름인지, 아니면 우울증의 신호인지 알기 어려운 경우가 많다.

'시간이 지나면 자연스럽게 사라질 거야. 그렇지 않으면 어쩌지?'
'이건 단순한 슬픔일까? 나에게 무슨 일이 생긴 걸까?'

스스로에게 질문을 던져보지만, 그 답을 찾기는 쉽지 않다. 슬픔과 우울증은 아주 비슷해 보이지만, 그 본질은 다르다. 슬픔과 우울증을 구별하는 것은 자신의 감정을 이해하고, 필요한 도움을 받는 데 중요한 역할을 한다.

슬픔과 우울증 무엇이 다를까?

슬픔과 우울증은 어떤 차이가 있을까? 우리는 흔히 "나 우울해." 하고 이야기한다. 슬픈 기분을 우울증처럼 이야기하기도 하고, 우울증인지 모른 채 '슬프다.'는 감정만 표현하기도 한다.

슬픈 기분이 오래 지속되면 우울한 것인지, 어떤 상태가 되어야 우울증인지, 이 정도는 괜찮은지 쉽게 판단하기 어렵다. 그래서 우울증을 겪는 사람 중에는 자신이 우울증을 앓고 있다고 자각하지 못하는 경우도 많다. '다른 사람들도 이 정도쯤은 슬프고 우울하겠지?' 하고 생각하다가 일상적·사회적 상황에서 문제가 발생되고 나서야 알아차릴 가능성이 크다. 그래서 우울증은 까다롭고 어려운, 우리의 가장 가까이에 있는 심각한 질병이다.

슬픔이란?

인간이라면 누구나 슬픔을 경험한다. 인간뿐 아니라 포유류인 동물도 겪을 수 있는 아주 자연스러운 현상이다. 게다가 인간은 내가 경험하지 않은 타인의 불행한 사건에 대해서도 슬픔이라는 감정을 느낄 수 있다.

미국심리학회 심리학 사전에 따르면 슬픔은 관계의 파탄 등 소중한 무언가를 잃음으로써 일어나는 불행한 감정 상태를 말하며, 가벼운 것부터 극단적인 범위를 포함한다. 슬픔은 특정한 사건에 관련된 일시적인 감정으로 시간이 지나면 점차 완화된다.

슬픔이 일어날 수 있는 특정한 사건은 대개 소중한 무언가를 잃은 상실과 관련되어 있다. 나와 가까운 사람을 떠나보냈을 때, 열심히 노력한 일들이 실패할 때, 관계가 원치 않게 단절되었을 때 우리는 슬픔을 느낀다. 처음에는 눈물이 멈추지 않을 만큼 울거나, 가슴이 먹먹하고 고통스러워 아무것도 할 수 없는 기분이 들 수도 있다. 하지만 시간이 흐르면서 감정이 조금씩 안정되고 서서히 삶에 적응해 간다. 슬픔을 통해 우리는 상실을 받아들이고 고통 속에서도 의미를 찾으며 성장할 기회를 얻기도 한다.

우울증이란?

그렇다면 우울증은 어떨까? 우울은 특정한 원인과 관계없이 극심한 슬픔, 비관, 허탈감에 이르기까지 일상생활이나 사회생활에 지장을 주는 부정적인 정서 상태이다. 어떤 특별한 사건이 없어도 지속해서 감정이 가라앉고, 삶의 전반적인 흥미를 잃게 만든다. 아무것도 하고 싶지 않고, 할 수 없을 만큼 무기력하고 이유를 알 수 없는 공허함이 마음을 가득 채운다. 마치 무거운 돌덩이와 함께 깊은 물 속으로 빨려 들어 가는듯한 느낌이 계속되고, 움직이는 것조차 힘겹게 느껴진다.

우울증을 겪고 있는 사람들은 삶에서 아무런 기쁨을 느끼지 못하고, 하루를 견디는 것 자체도 버겁게 느낀다. 좋아했던 일들도 재미없고, 지속해 오던 일상도 아무런 의미가 없다고 느끼며, 좋아하는 사람들과 함께 있어도 마음이 채워지지 않는다.

우울증은 시간이 지난다고 나아지지 않는다. 시간이 지나기만을 기다리는 것은 방치다. 방치하면 더 깊어지고, 일상생활을 유지하는 것이 더 어려워질 수 있다. 이런 점에서 슬픔과 우울증은 본질적으로 다르다.

단순한 감정의 기복이 아니라, 식습관과 수면 습관의 균형이 깨지고 삶을 살아갈 에너지가 저하된다. 정신적·신체적 기능까지 마비시키며, 때로는 삶을 계속 살아갈 의지마저 앗아갈 수 있는 심각한 질병이다. '시간이 지나면 나아질 거야.' 하고 생각하며 버티기만 하면 더 악화될 수 있다. 그렇기 때문에 우울증을 겪는 사람은 때를 놓치지 말고, 적절한 치료와 도움을 받아야 한다.

흐르는 슬픔, 머무는 우울

슬픔에도 유효기간이 있을까? 얕은 슬픔부터 깊은 슬픔까지 그 깊이는 다양하지만 슬픔에는 유효기간이 존재한다. 처음에는 숨 막힐 정도로 큰 슬픔이 나를 덮쳐와 눈물을 흘리는 것 말고는 아무것도 할 수 없을 것이다. 하지만 시간이 지나면서 슬픔이 조금씩 소화되고, 이를 받아들이는 수용 과정이 시작된다.

예를 들어 오랫동안 준비한 중요한 시험에 떨어진 사람은 처음에는 좌절하며 눈물과 한숨 속에서 의미 없는 나날을 보낼 수 있다. 하지만 시간이 지나면서 다시 시작할 것인지, 포기하고 다른 것을 할지 생각을 정리해 나가게 된다. 어느 순간부터는 눈물을 멈추고 미래를 고민하며, 다시 일상을 되찾아갈 힘을 얻게 된다.

슬픔은 이처럼 특정한 사건에 의해 발생하며, 시간이 지나면서 점차 완화되는 경향이 있다. 슬픔의 강도가 매우 크고 회복하기까지 시간이 걸릴 수 있지만, 고통은 점차 줄어들고 그 자리를 새로운 감정과 성장의 기회가 자리 잡게 된다.

하지만 우울증은 다르다. 우울증은 시간이 지나도 저절로 사라지지 않고, 오히려 심리적인 고통이 점점 더 커질 수 있다. 우울증은 몇 주에서 몇 달, 심하면 몇 년 동안 지속되며 삶 전체를 마비시킨다. 우울증을 겪는 사람은 기쁨을 느끼기 어렵고, 하루하루가 끝이 보이지 않는 터널처럼 어둡게만 느낀다.

우울증을 겪는 사람은 특정한 이유 없이도 무기력감과 무감각, 공허함에 빠진다. 주변에서는 "뭔가 안 좋은 일이 있어?"라고 묻지만, 정작 본인도 왜 이렇게 힘든지 설명하기 어려운 경우가 많다. 아침에 눈을 떠도 하루를 시작할 의욕이 없고, 평소 즐기던 활동도 더 이상 의미 없게 느껴진다. 단순히 기분이 가라앉는 것이 아니라, 삶 전체가 무너지는 듯한 감각이 지속되는 것이 우울증의 특징이다.

다른 병과 마찬가지로 우울증에 걸리면 이를 구분할 수 있는 증상들이 정신적·신체적으로 나타난다. 지금 내가, 혹은 내 주변에 어떤 사람이 우울증이 의심된다면 가볍게 넘기지 않고, 심각한 상태가 되기 전에 치료할 기회를 찾는 것이 필요하다.

슬픔인가, 우울증인가? 사례로 이해하기

내가 지금 느끼는 감정이 슬픔인지, 우울증인지 구분하는 것은 매우 중요하다. 만약 이유 없이 슬픈 감정이 오랫동안 지속되고, 삶의 활력이 사라지고 있다면 단순한 슬픔이 아닐 가능성이 높다. 그렇다면 자신을 돌아보고, 전문가의 도움을 받는 것이 필요하다.

> **슬픔의 사례: 사랑하는 반려견과 이별 후 깊은 슬픔**
>
> 민영은 어린 시절부터 함께한 반려견 '코코'를 떠나보냈다. 15년 동안 가족처럼 함께했던 코코가 세상을 떠나자, 처음 몇 주 동안은 아무것도 할 수 없었다. 코코가 없다는 사실이 믿기지 않았고, 지나가던 강아지를 보면 자신도 모르게 눈물이 났다. 민영은 습관처럼 밥그릇을 채워주려다 눈물을 흘렸고, 집이 너무 조용하고 외롭게 느껴졌다. 외출하다 돌아오면 코코가 꼬리를 흔들며 반갑게 달려올 것 같았다.
> 하지만 시간이 지나면서 코코와 찍은 사진을 보며 미소 짓고, 가족들과 코코 이야기를 나누며 따뜻했던 기억을 떠올렸다. 어느 순간부터 민영은 코코를 떠올릴

때마다 울기보다는 미소 지을 수 있게 되었다. 여전히 코코가 그립지만, 그 슬픔은 점차 줄어들고 그 자리를 코코가 남긴 사랑과 소중한 기억으로 채웠다. 민영은 여전히 일상생활을 유지하며, 하루하루를 살아가고 있다.

슬픔
- 이별이라는 명확한 원인이 있다.
- 시간이 지나면서 감정이 조금씩 정리된다.
- 여전히 그리움이 남아 있지만, 일상생활이 가능하다.
- 감정을 표현하며 주변의 지지를 받는다.

우울증의 사례: 이유 없는 무기력감과 삶의 의미 상실

민재는 오랫동안 다니던 직장에서 인정받는 직원이었다. 하지만 몇 달 전부터 이유 없이 기운이 빠지고 집중이 어려워지기 시작했다. 특별히 힘든 일이 있었던 것도 아닌데, 아침에 눈을 뜨는 것이 점점 버거워졌다. 출근길에 평소 즐겨 듣던 음악이 귀에 들어오지 않았고, 커피를 마셔도 예전처럼 기분이 나아지지 않았다.

퇴근 후에는 지쳐서 아무것도 하고 싶지 않았다. 예전에는 친구들과의 술자리를 좋아했지만, 어느 순간부터 연락을 피하기 시작했다. '나가봤자 뭐하나….'라는 생각에 혼자 있는 시간이 많아졌다. 그러다 보니 자연스럽게 사람들과의 관계도 멀어졌고, 혼자 있는 시간이 늘어갔다.

시간이 지나면서 민재는 '내가 이러면 안 되는데.'라고 생각하면서도 몸을 움직일 수가 없었다. 머릿속에서는 '너는 무능해.', '아무도 너를 신경 쓰지 않아.', '네가 존재하는 게 무슨 의미야?'라는 생각이 계속 떠올랐다. 이런 생각이 반복되면서 민재는 점점 더 자신을 책망했고, 희망이 없다고 느끼기 시작했다.

어느 날, 민재는 출근길에 문득 이런 생각이 들었다. '내가 사라져도 아무도 신경 쓰지 않겠지.' 그 순간, 민재는 자신의 상태가 단순한 피곤이나 스트레스가 아니라는 것을 깨달았다. 하지만 이미 너무 지쳐 있었고, 누구에게 도움을 요청해야 할지도 몰랐다. 민재는 그저 그 무거운 감정 속에서 하루하루를 버티고 있을 뿐이었다.

> **병리적 우울증**
> - 특별한 사건 없이 서서히 시작된다.
> - 시간이 지나도 나아지지 않고, 오히려 증상이 심해진다.
> - 의욕과 즐거움이 점점 사라지고, 일상생활 유지가 어려워진다.
> - 사회적 관계에서 멀어지고, 혼자 있는 시간이 늘어난다.
> - 감정을 설명하기 어렵고, 이유를 찾지 못한다.

우울증의 진단기준(DSM-5-TR)과 슬픔의 차이

우울증은 단순한 기분 저하가 아니라 진단 기준이 있는 정신질환이다. DSM-5(정신질환 진단 및 통계 편람)에서는 다음과 같은 기준으로 진단하고 있다. 다음 9가지 증상 중 5개 이상의 증상이 거의 매일 연속적으로 2주 이상 나타나야 한다.

〈우울증 진단 기준〉

1) 우울한 기분

우울한 기분은 보통 하루의 대부분, 그리고 거의 매일 지속되는 우울한 기분이 자신의 주관적인 보고나 객관적인 관찰을 통해 나타난다. 아주 뚜렷한 슬픔이 며칠에서 몇 주씩 지속되면서 심리적인 고통을 겪는다.

2) 흥미나 즐거움의 상실

거의 모든 일상 활동에 대한 흥미나 즐거움이 하루에 대부분 또는 거의 매일 같이 뚜렷하게 저하되어 있다. 모든 것에서 재미와 흥미를 잃고, 기쁨을 느끼지 못하고 오래 지속되면 무표정하고 감정이 없는 사람처럼 느껴지기도 한다.

3) 식욕이나 체중의 변화

체중조절을 하고 있지 않은 상태에서 현저하게 체중의 감소나 증가가 나타난다. 또는 현저하게 식욕의 감소나 증가가 거의 매일 나타난다.

4) 불면이나 과다수면

거의 매일 불면이나 과다수면이 나타난다. 피곤한데 잠을 이루지 못하는 경우, 반대로 종일 잠만 자게 되는 경우도 있다.

5) 정신 운동의 저하나 초조감

거의 매일 정신운동성 초조나 지체를 나타낸다. 즉, 안절부절못하거나 축 처져있는 느낌이 주관적으로 경험될 뿐만 아니라 다른 사람에 의해서도 관찰된다.

6) 피로나 활력의 상실

거의 매일 피로감이나 활력 상실을 나타낸다. 늘 피곤하고 기력이 없어서 아무것도 하고 싶지 않고 할 수 없게 느껴진다.

7) 무가치감 또는 죄책감

거의 매일 무가치감이나 과도하고 부적절한 죄책감을 느낀다.

8) 사고력, 집중력의 저하

거의 매일 사고력이나 집중력의 감소, 또는 우유부단함이 주관적 호소나 관찰에서 나타난다.

9) 자살 생각이나 계획과 시도

죽음에 대한 반복적인 생각이나 특정한 계획 없이 반복적으로 자살에 대한 생각이나 자살 기도를 하거나 자살하기 위한 구체적인 계획을 세운다.

이 기준에 따르면, 슬픔과 우울증의 차이는 감정의 지속성, 강도, 그리고 삶의 기능에 미치는 영향이 뚜렷하게 나타난다. 슬픔은 분명한 원인이 있고 시간이 지나면서 점차 완화되지만, 우울증은 특별한 원인 없이도 발현되며 시간이 흐름에 따라 점점 더 깊어지고, 고통스러운 부적응 상태를 초래한다. 내가 느끼는 감정이 슬픔인지, 우울증인지 구별하는 것은 매우 중요하다. 우울증은 질병이지만, 적절한 치료를 받으면 회복할 수 있다.

다양한 감정은 날씨처럼 변화무쌍하게 나를 스쳐 지나간다. 하지만 슬픔이 오랫동안 머물러 '나'다운 삶을 유지하기 어렵다면, 우울증이 찾아온 것일 수 있다. 혼자서 고민하고 온전히 고통을 감내하기보다 필요할 때 도움을 요청하면, 원래의 나로 다시 돌아갈 수 있다.

슬픔 VS 우울증

	깊은 슬픔	병리적 우울증
원인	이별, 상실, 실패 등 명확한 사건	특별한 이유 없이 시작
감정의 흐름	시간이 지나면서 점차 완화	시간이 지나도 감정이 무거워지고 심화
일상생활	감정을 조절하며 일상생활 유지	일상생활 유지 어려움, 기능 저하 발생
감정 표현	주변과 공유	감정을 내면에 가두고 점점 고립
필요한 도움	스스로 감정을 정리하여 회복 가능	전문가의 도움이 필요

4 심리학자들은 우울증을 어떻게 이해할까

우리는 우울증을 어떻게 이해하고 있는가? 우울증을 이해하는 방식은 개인의 특성에 따라 그리고 학문적 관점마다 다를 수 있다. 어떤 접근법은 우리의 무의식과 과거 경험을 탐색하고, 어떤 접근법은 현재의 생각과 행동을 변화시키는 데 초점을 맞춰야 한다고 설명한다.

이 장에서는 정신분석, 인지치료, 행동주의, 인간중심이론 등을 통해 이론가와 이론적 입장 및 심리학적 관점에서 우울증을 바라보고, 각 이론이 제시하는 우울증이 유발되는 원인과 과정을 살펴보고자 한다. 우울한 감정과 마음을 어떻게 이해할 수 있을지 우울증의 심리적 메커니즘을 깊이 깨닫도록 돕는 동시에, 자신을 돌아보며 우울을 새로운 시각으로 바라볼 수 있도록 안내할 것이다.

프로이트의 정신분석: 무의식 속 상실과 분노

지그문트 프로이트(Sigmund Freud, 1856~1939)는 인간의 마음 속 깊은 무의식이 우리의 감정과 행동을 어떻게 이끄는지를 탐구한 심리학자다. 그는 우울증이 단순히 기분이 가라앉는 것이 아니라, 마음 속에 숨어 있는 무의식적인 갈등과 상처에서 비롯된다고 보았다.

프로이트는 인간의 마음이 세 가지 요소로 이루어져 있다고 말했다. 원초아(id)는 본능과 욕구를 상징하고, 자아(ego)는 현실을 고려해 우리의 행동을 조절하며, 초자아(superego)는 사회의 규범과 도덕에 따라 옳고 그름을 판단한다. 이 세 가지가 조화를 이루면 마음은 평온하고 만족감을 느끼는 반면, 이러한 요소들이 서로 충돌할 때는 큰 긴장이 생기며, 그 갈등을 자아가 적절히 조절하지 못할 때 우울증을 일으킬 수 있다고 한다.

특히, 프로이트는 사랑하는 대상을 잃는 상실감이 우울을 깊게 만든다고 했다. 그 상실은 소중한 사람일 수도 있고, 직업이나 꿈처럼 가치 있게 여긴 것일 수도 있다. 이런 상실은 깊은 슬픔, 좌절감과 함께 그 대상을 향한 억눌린 분노와 화를 남긴다. 이러한 분노와 화, 때로는 원망의 마음을 밖으로 표출하지 못하면, 결국 자신을 향한 자기 비난과 죄책감으로 바뀐다. 이렇게 무의식 속 자신을 향한 분노는 자존감을 무너뜨리고, 자신이 괜찮은 사람이 아니라는 자기비하와 함께 우울증을 불러온다. 이러한 우울증상이 나타나는 과정은 무의식적으로 진행되기 때문에 미처 깨닫지 못한다.

프로이트의 제자 칼 아브라함(Karl Abraham)은 이런 우울의 뿌리를 어린 시절 성장 과정에서 찾았다.

아이는 언제나 부모에게 사랑받기를 원하지만 많은 소망이나 욕구가 모두 받아들여지지는 않는다. 이 과정에서 아이는 부모를 향한 사랑과 미움이 뒤섞인 감정을 느낀다. 만약 부모가 실제로 떠나거나 혹은 심리적으로 멀어지는 경험을 하게 되면, 아이는 사랑했던 대상에 대한 미움, 화, 원망, 분노와 같은 감정을 느끼게 된다. 대상을 향해 품었던 이러한 미움이나 원망 때문에, 그리고 자신이 나쁜 행동을 해서 그 대상을 잃게 만들었다는 생각에 죄책감과 후회를 하게 된다. 그러나 그 미움을 풀 대상이 사라진 현실에서 풀 곳이 없는 아이는 자신을 부모와 동일시하며 분노의 방향을 자신에게 돌린다. 그렇게 자신을 책망하고 자책하며, 무가치한 존재라고 여기는 부정적인 감정이 깊어져 우울증으로 이어진다.

아브라함은 우울증이 단순한 슬픔이 아니라 사랑, 상실, 분노, 그리고 그 안에 가려진 죄책감이 얽혀 만들어 낸 깊은 심리적·무의식적 과정이라고 보았다. 많은 사람이 자신의 우울한 감정과 마음을 명확히 표현해 내지 못하는 이유도 이러한 과정이 무의식 속에서 일어나기 때문이라는 견해이다.

프로이트와 아브라함은 우울증이 마음이 약해서 생기는 것이 아니라고 말한다. 그것은 우리가 알아채지 못한 내면의 무의식 속 갈등에서 비롯된다. 자신의 내면에서 일어나는 감정에 관심을 가지고 들여다보고, 무의식 속 상실의 마음과 분노를 이해할 때, 우리는 긴 터널 끝에서 비로소 빛을 발견할 수 있다.

아론 벡의 인지치료: 우울증을 부르는 생각의 덫

아론 벡(Aaron Beck, 1921~2021)은 우리가 세상을 바라보는 방식, 즉 '생각'이 우리의 감정과 행동을 크게 좌우한다고 보았다. 벡(Beck)에 의해 개발된 인지치료(Cognitive Therapy)는 우울증을 부르는 '생각'의 요소와 과정을 정교하게 설명하고 이를 통해 오늘날 우울증 등 많은 심리적 문제를 해결하는 대표적인 이론이다.

인지 치료에서는 우울증이 마음속에 자리 잡은 부정적인 생각에서 비롯된다고 설명한다. 인간이 느끼는 심리적 고통이 외부에서 일어난 일이 아닌 그것을 해석하는 생각이 현실을 부정적으로 바라보는 것에서 나온다고 강조한다. 예를 들어 뜻밖의 일이 일어났을 때 똑같은 상황이라도 어떤 사람은 슬퍼하고, 다른 사람은 담담한 이유가 바로 해석이 다르기 때문이라는 것이다. 따라서 이러한 왜곡하는 생각을 변화시키면 우울증도 나아질 수 있다고 보았다.

우리의 머릿속에는 빠르게 스쳐 지나가는 생각들이 있는데, 이것을 '자동적 사고(Automatic thoughts)'라고 부른다. 자동적 사고는 우리가 의식하지 못하는 사이에 일어나지만, 우리의 기분과 행동에 매우 강력한 영향을 미친다. 문제는 이 자동적 사고가 종종 잘못된 신념과 편견으로 가득 차 있다는 것이다. 특히 우울증을 앓는 사람들은 '인지 삼제(Cognitive triad)', 즉 자신, 세상, 미래에 대해 부정적인 생각을 가진다고 보았다.

예를 들어 자신에 대해서는 '나는 무능하다.', '나는 사랑받을 자격이 없다.'라고 생각하거나, 세상에 대해서는 '세상은 너무 가혹하다.',

'아무도 나를 이해해 주지 않는다.'라고 느끼는 것을 말한다. 또한 미래에 대해서는 '앞으로도 상황은 나아지지 않을 것이다.', '내 삶은 계속 힘들 것이다.'라는 절망감을 가진다. 이런 부정적인 생각들이 쌓이면, 마음은 점점 어두워지고 자신감도 떨어져 무기력한 일상과 마주하게 되면서 삶은 희망을 잃게 된다. 이러한 생각들이 우울증을 일으킨다.

그렇다면 왜 이런 부정적인 생각을 하게 되는 걸까? 벡은 사람들이 '인지적 오류(Cognitive errors)', 즉 잘못된 생각의 함정에 빠지기 때문이라고 설명했다. 따라서 몇 가지 대표적인 인지적 오류를 살펴볼 필요가 있다.

- 흑백논리: 모든 것을 '전부 아니면 전무'로 나누어 보는 것이다. 예를 들어 시험에서 한 문제를 틀리고는 '나는 완전히 실패자야.'라고 생각한다.
- 과잉일반화: 한 번의 실패를 모든 실패로 확대해석하는 것이다. '이 일도 실패했으니, 나는 앞으로도 모든 일을 망칠 거야.'
- 선택적 추상화: 전체 중에서 부정적인 부분만 골라서 보는 것이다. 예를 들어 칭찬을 열 번 들었어도 한 번의 비판만 기억하며 자책하는 것이다.
- 개인화: 자신과 상관없는 일을 자기 탓으로 돌리는 것이다. '친구가 기분이 안 좋은 건 내가 뭔가 잘못했기 때문이야.'
- 감정적 추리: 느끼는 감정이 곧 사실이라고 믿는 것이다. '내가 이렇게 불안하니까, 반드시 나쁜 일이 생길 거야.'

이 외에도 어떤 사건의 의미나 중요성을 실제보다 지나치게 확대하거나 축소하는 '의미확대와 의미축소', 충분한 근거 없이 다른 사람의 마음을 마음대로 추측하고 단정하는 '독심술', 사람의 특성이나 행동을 과장되거나 적절하지 않은 명칭을 사용하는 '잘못된 명명' 등이 있다.

일상생활에서 겪게 되는 크고 작은 생활에서의 문제들을 해석할 때, 이러한 인지적 오류의 함정에 자주 빠지게 되면, 부정적인 생각을 많이 하게 되고 그 결과 심리적 고통이 커지면서 우울증으로 발전하게 된다는 것이다.

벡(Beck)은 우울증이 어린 시절부터 생겨나기 시작한 오래된 부정적인 생각 습관이 만든 고통이라고 강조한다. 그 생각의 틀을 알아차리고 하나씩 변화시켜 간다면, 우울 속에서도 회복의 빛을 찾을 수 있다.

어린 시절의 경험에 의해 형성된 사고방식은 부정적인 생활 사건을 접할 때 영향을 미치며, 이러한 경험을 부정적인 시각으로 해석하면 우울감이 발생할 수 있다. 이는 벡의 주장으로, 인지이론의 핵심 개념이다.

스키너의 행동주의: 우울을 만드는 보상과 벌

스키너(Burrhus F. Skinner, 1904~1990)는 우리의 행동이 '강화', 즉 보상에 의해 반복되거나 사라진다고 보았다. 우울증은 긍정적 강화를 더 이상 받지 못하는 상황일 때 발생할 수 있다고 강조한다. 칭찬, 인정, 지지와 같은 긍정적인 경험은 행동을 지속시키지만, 이런 경험이 사라지면 무기력감과 우울함이 찾아온다. 예를 들어 가족이 "고생 많았어."라고 따뜻하게 말해주거나, 친구가 노력을 인정해 주면 기분이 좋아진다. 그러나 이런 긍정적인 경험이 사라지면 마음은 점점 메말라간다.

갑작스러운 해고, 사랑하는 사람의 죽음, 시험 실패 같은 상실은 중요한 긍정적 강화를 앗아간다. 이때 주변의 관심과 인정, 지지마저 사라지면 사람은 점점 기운을 잃고 우울해진다. 특히, 다른 사람들과 소통하며 지지 받을 수 있는 '사회적 기술'이 부족할수록 관계에서 소외되어 우울증이 생길 수 있다.

또 다른 행동주의 이론가 레빈슨(Lewinsohn)은 우울증이 이러한 대인관계의 상호작용과 밀접하게 연결된다고 보았다. 사랑받고 인정받는 경험이 줄어들고 거절과 비판, 무시 같은 부정적인 경험이 쌓이면 사람들은 '내가 뭘 해도 소용없구나.'라는 생각에 빠지게 된다. 대인관계에서 사랑, 인정, 칭찬, 격려와 같은 긍정적 강화를 받지 못하고, 오히려 거절, 무시, 비판, 따돌림과 같은 부정적인 영향을 받을 때 우울증이 만들어진다는 것이다. 레빈슨은 이러한 부정의 고리를 끊기 위해 '사회적 기술'을 키워야 한다고 말했다. 사회적 기술이란 사람들과 관계를 맺으며 긍정적인 반응을 얻는 능력이다. 여기에는 네 가지 핵심 기술이 있다.

- 의사소통 기술: 생각과 감정을 상대에게 잘 전달하는 능력
- 자기표현 기술: 감정을 솔직하고 적절하게 표현하는 능력
- 자기주장 기술: 부당한 요구를 거절할 수 있는 능력
- 대인문제 해결 기술: 갈등을 현명하게 풀어내는 능력

이러한 기술이 부족하면 관계가 꼬이고 외로움과 무기력감이 깊어진다고 그는 강조한다. 예를 들어 자기 의견을 표현하지 못해 오해가 쌓이고, 이로 인해 관계가 멀어지면 자신감이 떨어지고 우울감이 커지게 된다. 또한 부모가 자녀의 장점을 칭찬하지 않고, 실수만 지적하거나 직장에서 노력이 인정받지 못하는 경우가 반복되면 '어차피 뭘 해도 소용없다.'라는 생각에 갇히게 된다.

스키너를 비롯한 행동주의 이론가들은 우울증을 '유쾌한(칭찬, 도움, 지지) 경험은 적어지고, 불쾌한(거절, 무시, 비판) 경험은 늘어나는' 마음의 상태라고 말했다. 예전에는 기쁘던 일도 무미건조하게 느껴지고, 작은 실패에는 크게 상처받을 수 있다. 그렇기에 그들은 우울을 만드는 행동은 약화시키고, 긍정적인 강화를 일으킬 수 있는 행동을 일상에서 반복연습하기를 강조했다.

칼 로저스의 인간중심이론: 주어진 대로 살 것인가, 만들어 가며 살 것인가

칼 로저스(Carl Rogers, 1902~1987)는 인간은 누구나 스스로를 성장시키려는 힘, 즉 '실현 경향성'을 타고난다고 말했다. 인간은 자신만의 가능성을 펼치며, 더 나은 자신으로 나아가는 존재라는 것이다. 하지만 이 성장의 길은 언제나 순탄하지만은 않다. 로저스는 우울증이 이 성장의 길이 막혔을 때 나타난다고 보았다.

우리는 자신이 소중하게 여기는 경험을 통해 자존감을 키워간다. 좋은 경험이 쌓일수록 자신에 대한 긍정적인 믿음이 생기고, '나는 괜찮은 사람이다.'라는 건강한 자기개념이 만들어진다. 하지만 어린 시절부터 부모나 주변 사람들의 기대에 맞추어야만 사랑받을 수 있다고 느끼면서 문제는 시작된다.

어린아이는 부모의 사랑이 무엇보다 소중한 존재다. 그러나 부모가 아이의 생각과 감정을 있는 그대로 받아들이지 않고, "이렇게 해야 좋은 아이야."라며 조건을 붙이면, 아이는 부모의 사랑을 받기 위해 자신의 욕구를 억누른다. "부모 말에 잘 순종해야 착한 아이야."라는 메시지를 반복적으로 들으며 자란 아이는 자신이 정말 원하는 것보다 부모가 원하는 것을 더 중요하게 여긴다. 이렇게 부모가 제시한 기준을 내면화하게 되면, 아이는 자신의 진짜 감정과 욕구를 무시한 채, 부모의 기대에 맞추어 살아가게 된다. 그 결과, 자기 안에 있는 '현실적인 자기'와 부모가 원하는 '이상적인 자기' 사이에 큰 간격이 생긴다. 그리고 이 간격이 커질수록 마음은 불안과 혼란으로 가득 찬다. 자신이 진짜 원하는 것이 무엇인지 모른 채 마음 한편에서 공허함을 느끼게 된다.

로저스는 이런 상태가 결국 우울로 이어진다고 했다.

사람은 자신이 원하는 것을 외면하며 살아갈 때 활력을 잃고, 삶에서 기쁨은 사라지게 된다. 마음은 무겁고 밤에는 잠을 이루기 힘들며 모든 것이 무의미하게 느껴진다.

예를 들면, 부모의 기대에 맞추어 '착한 딸'로 자란 A양이 있다. A양은 사실 대학원에 진학해 학자로서의 길을 걷고 싶지만, 부모는 빨리 취업해 안정적인 직장을 가지길 바란다. 부모의 기대를 따르는 것이 '착한 딸'로 인정받는 길이라 생각한 A양은 자신이 원하는 꿈을 접고 부모가 원하는 길을 선택한다. 하지만 마음 한편에는 자신이 버린 꿈에 대한 아쉬움이 깊이 남아 있다. 시간이 지날수록 A양은 활력을 잃고, 무기력감과 함께 마음의 공허함을 느낀다. 밤마다 쉽게 잠들지 못하고 좋아하던 일에도 흥미를 잃은 채 우울감이 그녀를 짓누른다.

로저스는 이런 마음의 고통이 '자신이 원하는 것'과 '주어진 기대' 사이의 불일치에서 비롯된다고 보았다.

사람은 자신이 진심으로 원하는 삶을 살 때 생기가 있으며, 활력을 느끼고, 희로애락을 막힘없이 경험할 수 있다. 그가 강조한 것은 '무조건적인 긍정적 존중'이다. 사람은 평가나 조건 없이, 있는 그대로 받아들여질 때 비로소 자신이 존중받고, 가치 있다고 여기며 자신만의 길을 걸을 수 있다고 했다.

로저스의 인간중심이론은 우울함 속에 있는 사람들에게 이렇게 말한다.

"너는 이미 너 자신을 성장시킬 힘을 가지고 있어. 단지, 그 힘이 막혀 있을 뿐이야."

그렇기에 우리는 자신의 마음으로부터의 소리를 들어야 한다. 무엇이 내게 기쁨을 주는지, 무엇이 내 마음을 숨 막히게 하는지를 물어야 한다. 그렇게 자신을 이해하고, 있는 그대로의 자신을 받아들일 때, 잃어버렸던 활력은 다시 깨어난다. 그때 우리는 주어진 길이 아닌, 스스로 만들어 가는 길에서 나의 삶을 살 수 있다.

2장 우울증은 왜 나를 찾아왔을까

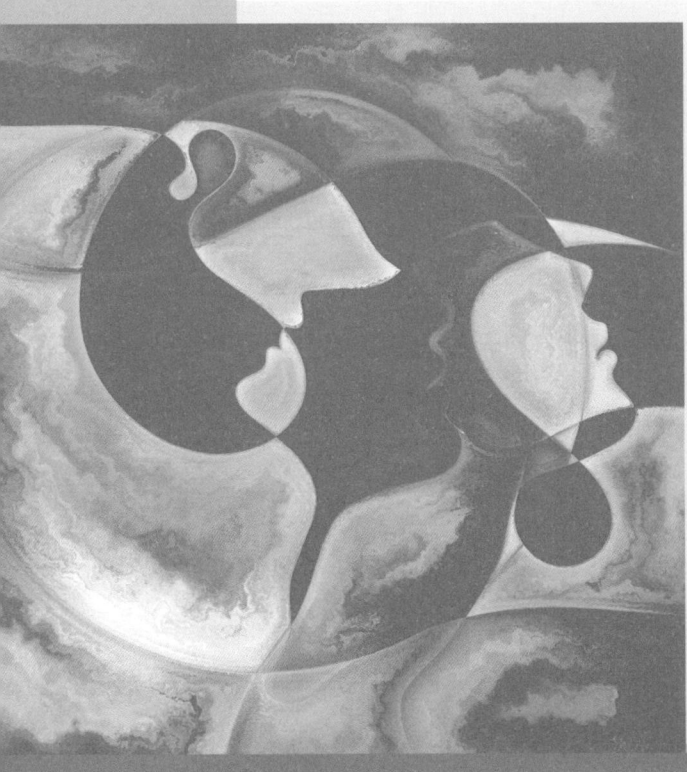

1. 생물학적 원인—뇌와 호르몬
2. 심리적 요인—상처받은 마음이 내게 말하다
3. 환경적 요인—삶의 무게, 우울증의 씨앗
4. 바쁜 세상 속 나를 잃어가다

우울증은 왜 나를 찾아왔을까? 우리는 모두 각자의 삶에서 예상치 못한 무게를 마주한다. 갑작스러운 변화나 상실, 해결되지 않은 관계의 갈등, 그리고 지속적인 스트레스는 우리를 흔들고 지치게 만든다. 하지만 우울증은 단순히 외부적인 요인만으로 설명되지 않는다. 뇌와 호르몬의 작용, 심리적 패턴, 그리고 우리가 살아가는 현대 사회의 구조적인 문제들까지 복잡하게 얽혀 있다.

이 장에서는 우울증의 근본 원인에 대해 깊이 탐구한다. 첫 번째로, 뇌와 호르몬이 우울감에 어떤 영향을 미치는지 살펴본다. 과학적인 접근은 우리의 마음이 단지 정신적인 문제에만 국한되지 않고, 몸과 밀접하게 연결되어 있다는 사실을 보여준다. 두 번째로, 감정과 생각, 그리고 관계의 상처가 우리의 마음에 어떻게 깊은 흔적을 남기는지를 탐구한다. 세 번째로는, 환경적 요인과 사회적 압박이 우리의 정신 건강에 미치는 영향을 다룬다. 마지막으로, 현대 사회와 우울증의 연결 고리를 조명하며, 우리가 놓치기 쉬운 문제들을 이야기한다.

우울증의 원인을 이해하는 과정은 단순히 문제를 정의하는 것을 넘어, 우리가 자신과 삶을 바라보는 방식을 바꾸는 데 중요한 기회가 될 수 있다. 이 장을 통해 독자들이 "왜 나에게 이런 일이 생겼을까?"라는 질문에서 벗어나, "이제 내가 할 수 있는 일은 무엇일까?"로 시선을 돌릴 수 있기를 바란다. 이는 단지 고통을 이해하는 것이 아니라, 그 고통 속에서 새로운 가능성을 발견하는 첫걸음이 될 것이다.

1 생물학적 원인-뇌와 호르몬

감정조절에 영향을 미치는 신경전달물질

우리의 감정과 기분은 단순한 마음가짐의 문제가 아니다. 뇌에서는 다양한 화학적 신호, 특히 신경전달물질을 통해 감정이 조절된다. 세로토닌, 도파민, 노르에피네프린과 같은 물질들은 서로 균형을 이루며 감정 상태를 유지하는 데 핵심적인 역할을 한다. 그러나 우울증이 발생하면 이 균형이 무너져 감정이 불안정해질 수 있다. 따라서 감정조절에 관여하는 주요 신경전달물질을 이해하는 것이 중요하다.

마음을 안정시키는 행복 호르몬: 세로토닌

세로토닌은 기분을 조절하고 스트레스 저항력을 높이는 신경전달물질이다. 이 물질은 햇볕을 쬐거나 즐거운 활동을 하면 활성화되어 감정을 안정시키고 불안을 완화하는 데 도움을 준다. 하지만 세로토닌이 부족하면 불안이 커지고 부정적인 생각이 반복되며 무기력함을 느낄 수 있다. 우울증을 앓는 사람이 '아무것도 하고 싶지 않다.'라고 느끼는 것은 세로토닌 부족과 연관되어 있다.

동기 부여와 보상의 핵심: 도파민

도파민은 목표 지향적 행동과 보상 시스템을 조절하는 신경전달물질이다. 이 물질은 작은 성취에도 기쁨을 느끼게 하며, 새로운 도전을 하도록 동기를 부여한다. 그러나 도파민 기능이 저하되면 동기가 약해지고, '하고 싶은 것도 없고, 뭘 해도 재미가 없다.'라는 감정을 자주 경험하게 된다. 이전에 좋아하고 즐겼던 활동조차 흥미를 잃게 되는 것도 도파민 부족과 관련이 있다.

스트레스 관리와 에너지 균형의 조절자: 노르에피네프린

노르에피네프린은 신체가 긴장을 유지하고 스트레스에 대응하도록 돕는 물질이다. 적절한 수준에서는 집중력을 높이고 신체 에너지를 활성화 하는데, 우울증이 있는 경우 분비가 감소하여 피로와 무기력감을 유발할 수 있다. 반면, 불안이 심한 경우에는 과도하게 분비되어 초조함과 불안이 지속될 수도 있다.

항우울제는 어떻게 작용할까?

항우울제는 신경전달물질의 균형을 조절하여 기분을 안정시키는 역할을 한다. 예를 들어 세로토닌 재흡수 억제제(SSRI)는 세로토닌이 뇌에서 너무 빨리 사라지는 것을 방지하여 감정을 조절한다. 도파민과 노르에피네프린의 균형을 조절하는 약물도 있다. 하지만 약물치료만으로 우울증을 해결할 수 있는 것은 아니며, 생활 습관의 변화와 심리적 접근이 함께 필요하다. 우울증은 뇌의 화학적 불균형과 깊이 관련되어 있다. 기분이 가라앉고, 무기력하고, 아무것도 하고 싶지 않은 감정이 나약함이 아니라 뇌에서 일어나는 변화 때문이라면, 우리는 자신을 조금 더 따뜻하게 바라볼 필요가 있다.

감정을 조절하는 뇌 구조와 기능

기분이 가라앉고, 아무것도 하고 싶지 않다는 생각이 계속될 때, 우리는 '내 의지가 약해서 그런 건 아닐까?'라고 자책하기도 한다. 하지만 우울감이 지속되는 것은 복잡한 뇌의 구조나 기능적인 변화와 관련되어 있다. 감정을 조절하는 뇌의 여러 영역이 제 기능을 하지 못하면, 쉽게 불안하고 무기력해진다.

감정과 기억의 조율자: 해마

해마는 기억과 감정을 조절하는 데 중요한 역할을 한다. 즐겁거나 힘든 경험을 저장하고, 필요할 때 떠올릴 수 있도록 돕는다. 그러나 지속적인 스트레스와 우울감은 해마의 크기를 줄이고, 그 기능을 저하시킬 수 있다. 스트레스 호르몬인 코르티솔이 과도하게 분비되면 해마의 신경세포가 손상되면서 감정을 조절하는 능력이 떨어진다. 이때 우리는 과거의 부정적인 기억을 쉽게 잊지 못하고, 반복해서 떠올리는 경향이 강해질 수 있다. 사소한 실수가 반복해서 떠오르고, 과거의 아픔이 여전히 현재의 감정과 행동에 영향을 미친다면, 과거에서 벗어나지 못하고 있다는 느낌이 들 수 있다. 이는 기억과 감정을 담당하는 해마의 기능이 저하되었기 때문일 수 있다.

감정을 다스리고 의사 결정을 돕는 뇌: 전두엽

전두엽은 논리적으로 사고하고 감정을 다스리며 중요한 결정을 내리는 데 영향을 미친다. 우울증이 심해지면 전두엽의 기능이 저하되어 감정조절이 어려워지고, 부정적 사고가 반복될 가능성이 커진다. 전두엽이 제대로 작동하지 않으면 '아무 의미가 없어.' 또는 '어차피 잘 안 될 거야.' 같은 부정적인 생각이 머릿속을 떠나지 않는다. 또한 동기부여가 감소하여 일상적인 활동조차 어렵게 느껴질 수 있다. 이러한 변화는 우리의 삶을 소극적으로 만들고, 현실적인 문제를 해결하기보다는 회피하고 싶게 만든다. 결국, 해야 할 일을 미루면서 자책하는 악순환이 반복되기도 한다.

불안과 스트레스 반응을 감지하는 뇌의 경보 시스템: 편도체

편도체는 위험을 감지하고 감정적 반응을 조절하는 역할을 한다. 특히, 위험한 상황에서 '경고'를 보낸다. 우울증이 있는 경우 편도체가 과활성화되어 사소한 일에도 과도한 불안과 두려움을 느낄 수 있다. 예를 들어 친구가 평소보다 답장을 늦게 하면 '혹시 나를 싫어하는 걸까?' 하고 거절당할까 봐 걱정하거나, 직장에서 작은 실수를 했을 때 '나는 무능한 사람일지도 몰라.'라는 생각이 들 수 있다. 편도체가 과민해진 상태에서는 이러한 별것 아닌 상황도 실제보다 훨씬 위협적으로 느껴지기 때문에, 불안과 우울이 더 심해질 수 있다. 또한 스트레스에 대한 반응이 과장되어 감정이 쉽게 진정되지 않는다. 보통은 시간이 지나면서 자연스럽게 가라앉을 감정이지만, 우울증이 있을 때는 쉽게 사라지지 않고 머릿속을 맴도는 것이다.

우울증은 뇌의 변화와 연결되어 있다

우울증은 신경 구조와 기능의 변화와 관련이 있다. 해마의 위축은 과거의 부정적인 기억을 떠올리게 만들고, 전두엽의 기능 저하는 감정을 조절하고 동기를 부여하는 능력을 발휘하기 어렵게 만든다. 편도체의 과활성화는 불안과 두려움을 과장하며 사소한 일에도 스트레스를 심화시킨다.

그러나 희망적인 사실은 뇌는 변화할 수 있다는 것이다. 적절한 치료와 실천을 통해 뇌의 균형을 회복할 수 있으며, 작은 변화들이 쌓이면 감정도 점차 안정을 찾을 수 있다. 비록 오늘은 큰 변화를 느끼지 못하더라도 아주 작은 노력 하나가 쌓이면 어느 순간, 머릿속이 맑아지고 감정이 조금 더 가벼워지는 날이 올 것이다. 내 마음이 보내는 신호를 이해하고, 그것을 돌보는 것이야말로 우울증을 극복하는 시작이다.

우울감을 증폭시키는 호르몬과 스트레스 반응

우울증은 신체 호르몬의 균형과도 밀접한 관련이 있다. 스트레스가 지속되면 호르몬 시스템이 균형을 잃고 감정조절이 어려워지기 때문이다.

몸과 마음을 지치게 만드는 스트레스 호르몬: 코르티솔

스트레스가 쌓이면 몸을 보호하기 위해 코르티솔을 분비한다. 코르티솔은 단기적으로 신체를 보호하지만 스트레스가 만성화되면 이 호르몬이 과도하게 분비되면서 몸과 마음이 점차 지쳐간다. 코르티솔 수치가 높아지면, 감정조절을 담당하는 해마가 위축되면서 부정적인 기억이 강하게 남고 감정을 다스리기 어려워진다. 신체적으로도 피로가 쉽게 쌓이고 면역력이 약해지며, 집중력이 떨어질 수 있다. 우리가 사소한 일에도 쉽게 예민해지고 감정 기복이 심해지는 이유가 여기에 있다.

스트레스에 대한 몸의 과잉 반응: HPA(시상하부-뇌하수체-부신) 축의 불균형

우리 몸에는 스트레스에 대응하는 HPA 축이라는 시스템이 있다. 이 시스템이 정상적으로 작동하면 스트레스가 해소된 후 몸과 마음이 자연스럽게 균형을 회복한다. 그러나 우울증을 앓는 사람들은 이 시스템이 과활성화되거나 기능이 저하되는 경우가 흔하다. 그 결과, 지속적인 긴장 상태가 유지되거나 반대로 무기력한 상태에 빠질 수 있다. 이러한 불균형은 수면 장애, 면역력 저하, 만성 피로 같은 증상을 유발하며, 감정적으로도 쉽게 무너질 수 있다. 특히, 밤에도 긴장이 풀리지 않아 불면증을 겪고 아침마다 극심한 피로를 느끼는 경우가 많다.

감정의 균형을 좌우하는 열쇠: 성호르몬과 갑상샘 호르몬

호르몬 불균형도 감정 기복과 밀접한 관련이 있다. 에스트로겐(여성호르몬)과 테스토스테론(남성호르몬), 갑상샘 호르몬이 부족하거나 균형을 잃을 경우, 감정이 쉽게 흔들릴 수 있다. 여성의 경우, 생리주기 및 임신과 출산 그리고 폐경 등의 과정에서 에스트로겐 수치가 급격히 변하면서 감정이 불안정해질 수 있다. 출산 후 우울증이나 폐경기 우울증도 이러한 호르몬 변화와 깊이 관련되어 있다. 남성은 테스토스테론 수치가 낮아지면 무기력감이 커지고, 의욕이 줄어들며 자신감이 떨어지는 경향을 보인다. 또한 갑상선 기능 저하는 신진대사를 둔화시키고 체력을 저하시켜 만성 피로와 집중력 저하를 초래할 수 있

으며, 기분이 쉽게 가라앉아 우울감이 동반되는 경우가 많다. 따라서 호르몬 균형을 유지하는 것은 감정적 안정과 전반적인 정신건강에 중요한 역할을 한다.

우울감은 몸이 보내는 신호일 수도 있다

감정 변화는 몸의 균형이 깨졌다는 신호일 수 있다. 스트레스가 쌓이고 몸의 리듬이 흐트러지면 감정도 함께 불안정해질 가능성이 크다. 이럴 때는 자신을 탓하기보다 '내 몸이 지금 어떤 신호를 보내고 있는 걸까?'라고 한 번 살펴볼 필요가 있다. 몸과 마음은 긴밀하게 연결되어 있으므로, 우울감을 겪을 때는 자책하기보다 몸이 보내는 신호를 이해하고 균형을 회복하는 방법을 찾는 것이 중요하다.

우울증 취약성에 영향을 미치는 유전적 요인

우울증이 가족 내에서 반복되는 모습을 본 적이 있는가? 부모나 형제가 우울증을 겪었다면, 나도 같은 위험을 안고 있을까? 이 질문은 두려움을 안겨준다. 유전은 우울증 발병에 영향을 줄 수 있지만 결정짓는 요인은 아니다. 유전적 요인은 단지 취약성을 높일 가능성이 있는 요소일 뿐이다.

우울증과 가족력: 유전의 영향은 얼마나 클까?

우울증은 유전적인 영향을 받을 수 있다. 가족 중 우울증을 앓았던 사람이 있으면, 그렇지 않은 사람보다 발병 확률이 높아질 가능성이 크다. 앞장에서도 언급했듯이 부모 중 한 명이 우울증을 경험한 경우, 자녀가 우울증을 겪을 가능성이 일반적인 경우보다 1.5~3배 정도 높다. 우울증과 관련된 대표적인 유전자 중 하나는 세로토닌 수송체 유전자(5-HTTLPR)이다. 이 유전자는 세로토닌이라는 신경전달물질의 조절에 관여하며, 특정 변이를 가진 경우 스트레스에 더 민감하게 반응할 가능성이 높아진다.

그러나 여기서 중요한 것은 유전적 요소를 가졌다고 해서 반드시 우울증을 겪는 것은 아니라는 점이다. 유전은 기질적인 취약성을 의미할 뿐이며, 환경과 개인의 경험이 더 큰 영향을 미칠 수 있다. 같은 스트레스 상황에서도 어떤 사람은 금방 회복하는 반면, 어떤 사람은 깊은 우울감에 빠질 수 있다. 이는 우울증이 단순한 유전적 문제가 아니라, 우리가 살아온 환경과 경험이 상호작용한 결과임을 보여준다. 따라서 가족력이 있다고 해서 필연적으로 우울증이 발생하는 것은 아니며, 적절한 환경적 지원과 스트레스 대처 방법을 통해 발병 위험을 줄일 수 있다.

유전과 환경의 상호작용: 취약성을 완충하는 힘

'유전-환경 상호작용(Gene-Environment Interaction)'이라는 개념이 있다. 이는 유전적 요인이 있다고 해도 어떤 환경에서 자랐는지, 어떤 경험을 했는지가 결정적인 역할을 한다는 뜻이다. 같은 유전적 취약성을 가진 사람이라도 정서적으로 안정된 환경에서 성장하고, 건강한 대처 방법을 배운다면 우울증을 예방하거나 완화할 수 있다. 반면, 지속적인 스트레스와 정서적 지지가 부족한 환경에서는 우울증 발병 확률이 더 높아질 수 있다. 이는 마치 씨앗과 같다. 같은 씨앗이라도 어떤 땅에 심었느냐에 따라 다르게 자란다. 척박한 환경에서는 제대로 성장하지 못하지만 충분한 물과 햇빛을 받으면 건강하게 자랄 수 있다. 우리의 감정과 정신건강도 마찬가지다.

가족력이 있다고 반드시 우울증을 겪는 것은 아니다

가족력이 우울증을 결정하는 것은 아니다. 중요한 것은 우울증을 예방하고 관리하는 방법을 배우는 것이다. 만약 자신이 스트레스에 민감하게 반응하는 성향이라면, 감정을 건강하게 해소하는 습관을 기르는 것이 도움이 된다. 규칙적인 운동과 균형 잡힌 식습관, 충분한 수면을 유지하는 것도 신체적 균형을 유지하고 감정 조절에 긍정적인 영향을 줄 수 있다. 무엇보다 지속적인 스트레스나 우울감이 느껴진다면, 혼자 해결하는 대신에 신뢰할 수 있는 사람에게 도움을 요청하거나 전문가의 상담을 받아보는 것이 필요하다.

생체리듬이 깨지면 기분도 흔들린다: 수면과 우울증

우울할 때 가장 먼저 영향을 받는 것이 수면이다. 밤이 되면 생각이 꼬리를 물고, 잠들고 싶어도 머릿속은 분주하다. 그렇게 밤을 보내고 아침이 오면 극심한 피로가 몰려오고 다시 눈을 감고 싶어진다. 흐트러진 수면 패턴은 쉽게 회복되지 않으며 낮에는 멍한 상태로 무기력함이 계속된다. 우울증과 수면은 서로 얽혀 있다. 잠이 불규칙해지면 감정도 흔들리고, 감정이 가라앉으면 다시 숙면을 취하기 어려운 악순환이 반복된다. 깊은 밤이 되면 걱정과 불안이 더욱 선명해져 잠을 방해하고, 피로가 쌓일수록 감정조절도 어려워진다. 하지만 이 모든 것이 '수면'에서 시작된 것이라면, 우리는 다시 건강한 잠을 되찾는 것만으로도 감정을 안정시킬 실마리를 찾을 수 있다.

수면 부족이 우울감을 키우는 이유

우리 몸에는 일정한 시간에 잠들고 일어나는 '생체리듬'이 존재한다. 일정한 시간에 잠들고 일어나야 몸이 편안해지고 감정도 안정된다. 하지만 수면 시간이 불규칙하거나 밤늦게까지 잠들기 어려운 상태가 지속되면 뇌는 낮과 밤을 구분하지 못한 채 혼란에 빠진다. 그러면 감정을 조절하는 능력이 떨어진다. 작은 일에도 예민해진다. 피곤한데도 쉽게 잠들지 못하는 상태가 지속된다. 우울증이 심해질수록 기분을 조절하는 멜라토닌과 세로토닌이 불균형을 일으킨다. 멜라토닌은 밤이 되면 우리 몸이 자연스럽게 잠들 수 있도록 돕는 호르몬이다. 스트레스와 불안이 지속되면 이 호르몬의 균형이 깨지면서 수면 장애가 발생할 수 있다. 반대로 세로토닌은 낮 동안 햇빛을 받을 때 활성화된다. 낮 동안 충분한 햇빛을 받지 못하거나 활동량이 부족하면 세로토닌이 감소된다. 부족할 경우 결국 밤에도 쉽게 잠들지 못하는 상태로 이어진다. 이렇게 낮과 밤의 균형이 깨지면 감정의 안정성이 무너져, 우울감은 더욱 심화할 가능성이 커진다.

수면과 감정의 밀접한 연결

우울할수록 잠을 많이 자고 싶어지거나, 반대로 밤새워 뒤척이며 잠들지 못하는 경우가 많다. 불면증과 과다수면 모두 우울증과 밀접한 관련이 있다. 불면증은 쉽게 잠들지 못하거나, 새벽에 자꾸 깨거나, 혹은 아침 일찍 눈이 떠진 후 다시 잠들지 못하는 경우이다. 이는 뇌가 긴장 상태를 유지하면서 충분한 휴식을 취하지 못하고, 피로가 누적되는 원인이 된다. 반면, 과다수면은 밤에 충분히 잤음에도 불구하고 낮에도 계속 졸음이 몰려오고, 누워 있고 싶은 충동이 강해지면서 활동 의욕이 떨어지는 증상이다. 이는 신체가 극심한 피로와 무기력을 신호로 보내는 것일 수도 있다. 두 경우 모두 생체리듬이 깨지면서 감정 조절이 어려워지고, 일상생활에도 부정적인 영향을 미칠 수 있다.

수면이 바뀌면 감정도 달라진다

우울한 감정 속에서는 수면의 중요성이 쉽게 간과된다. 하지만 하루의 리듬이 조금씩 회복되면, 마음도 서서히 안정을 찾아간다. 수면은 단순한 휴식이 아니라 감정을 회복하는 중요한 과정이라는 점을 기억해야 한다. 깊은 잠을 자는 동안 뇌는 하루 동안 받은 감정적 자극을 정리하고 몸의 피로에서 회복된다. 그래서 규칙적인 수면 패턴을 유지하면 몸이 편안해지고 감정의 기복도 줄어들 수 있다. 건강한 수면 습관을 통해 생체리듬을 회복하는 것이 감정 조절과 우울증 완화에 중요한 역할을 한다.

2. 심리적 요인-상처받은 마음이 내게 말하다

상처받은 기억이 남긴 흔적

우울증을 경험하는 사람은 과거의 상처가 현재의 삶에 미치는 영향을 자각하지 못한 채 살아간다. 어린 시절의 정서적 학대, 부모의 이혼, 가까운 사람과의 이별, 배신, 학교폭력 등의 경험은 단순히 과거의 사건이 아니다. 이러한 경험은 내면에 깊은 상처를 남기며, 자아 정체성과 감정 조절 방식, 대인관계 패턴에 지속적인 영향을 미친다.

생애 초기경험

어린 시절 충분한 보호와 사랑을 받지 못한 경험은 '나는 중요한 존재가 아니다.', '나는 보호받을 수 없다.'라는 신념을 형성할 수 있다. 이러한 신념은 시간이 지나도 쉽게 사라지지 않으며, 성인이 되어서도 삶의 여러 측면에 영향을 미친다. 사람들과 관계를 맺을 때도 '내가 사랑받을 자격이 있을까?', '언제든 버려질 수 있어.'라는 불안감이 뒤따르며, 타인의 관심과 애정을 신뢰하지 못하게 된다. 또한 반복적으로 자기 자신을 비난하거나 자신을 돌보지 않는 방식으로 행동하기도 한다.

우울증이 있는 사람은 과거의 트라우마를 떠올릴 때 강한 감정적 반응을 보인다. 이를 완전히 억누르고 외면하려 할수록 억압된 감정은 다른 방식으로 표출이 된다. 불안, 분노, 수치심과 같은 감정이 무의식적으로 떠오르며, 때로는 이유 없이 극심한 무기력감으로 나타나기도 한다. 또한 반복적으로 떠오르는 부정적인 생각과 감정은 현재의 삶을 왜곡하고, 우울한 사고방식을 더욱 강화한다.

심리학자 팀 라하이(Tim Lahaye)는 우울증의 중요한 원인을 '대상과의 분리'라고 설명한다. 사랑하는 사람과의 단절, 중요한 목표의 상실, 안전한 환경의 부재 등은 심리적으로 극심한 고통을 초래한다. 이러한 감정이 제대로 해소되지 않으면 우울증으로 이어질 가능성이 높다. 특히, 중요한 관계에서 반복적으로 거절당하거나 배척당한 경험이 있는 사람들은 정서적으로 자신을 보호하는 능력이 약해지고, 우울증에 더 취약해질 수 있다.

과거의 상처는 단순한 기억이 아니라 우리의 정체성과 감정의 흐름에 직접적인 영향을 미친다. 어린 시절 안전한 애착을 경험하지 못한 사람은 성인이 되어서도 타인과의 관계에서 불안을 느끼며, 가까운 관계에서도 거리감을 두거나 지나치게 의존적인 태도를 보이기도 한다. 또한 신체적 혹은 정서적 학대를 경험한 사람들은 자신의 감정을 제대로 인식하지 못한 채, 오랫동안 억눌린 상태로 있다. 이러한 감정의 억압은 무기력감과 자책감으로 이어져 우울감이 더욱 깊어지게 만든다.

우울증은 오로지 현재 상황에서 비롯되는 것이 아니라, 과거의 경험이 축적되고 내면화된 결과일 가능성이 크다. 과거의 경험이 부정적인 신념을 형성하고, 지속해서 반복적으로 현재의 감정과 행동을 결정짓는 패턴을 만든다. 우울증을 겪는 많은 사람은 자신이 왜 이렇게 힘든지 명확하게 설명하지 못하는 경우가 많다. 하지만 그 내면에는 해결되지 않은 과거의 경험들이 자리 잡고 있으며, 의식하지 못하는 사이에 우리를 지배하는 감정적 요인으로 작용한다.

어린 시절의 트라우마가 우울증의 발병에 미치는 영향은 매우 크지만, 이는 반드시 눈에 보이는 형태로 나타나는 것은 아니다. 때로는 성인이 된 후에도 '나는 왜 이렇게 불안할까?', '나는 왜 작은 일에도 쉽게 상처받을까?'와 같은 형태로 드러나며, 이는 과거의 경험이 현재의 감정에 영향을 미치는 방식 중 하나다. 우울증이 단순히 현재의 문제에서 비롯된 것이 아니라는 점을 이해하는 것은 자신을 더 깊이 이해하고, 감정을 객관적으로 바라볼 수 있도록 돕는 중요한 과정이다.

따라서 우울증을 이해하는 과정에서 우리는 단순히 현재의 감정을 다루는 것이 아니라, 그 감정이 어디에서 비롯되었는지를 탐색하는 것이 필요하다. 그리고 그 상처가 어떻게 현재의 삶을 형성했는지 인식하는 것만으로도, 우울감에서 벗어나는 첫걸음을 내디딜 수 있다.

'나는 충분한 사람일까?' 낮은 자존감이 만드는 생각의 함정

우울증을 경험하는 사람들에게 가장 깊이 자리 잡은 심리적 기제 중 하나는 부정적 사고 패턴과 낮은 자존감이다. 특히 '나는 가치가 없다.'라는 핵심 신념은 우울한 감정을 지속시키고, 삶을 무기력하게 만들며 대인관계를 어렵게 만드는 중요한 요소다. 이러한 신념은 일시적인 감정이 아니라, 개인의 성장 과정에서 형성되고 굳어지면서 우울증의 심리적 토대를 이루는 핵심요소 중 하나가 된다.

어린 시절부터 형성된 부정적 사고 패턴

부정적인 사고 패턴은 주로 어린 시절의 경험에서 비롯되는 경우가 많다. 성장 과정에서 중요한 타인(부모, 가족, 교사, 친구 등)으로부터 충분한 인정과 지지를 받지 못한 경우, 아이는 자신을 긍정적으로 평가하는 법을 배우지 못하게 된다.

예를 들어 부모가 자녀의 장점보다 실수를 더 강조하는 경우를 생각해 보자. "이건 잘했지만, 왜 여기서는 틀렸어?", "더 노력해야 해, 아직 부족해."라는 말을 반복적으로 들은 아이는 '나는 완벽하지 않으면 인정받을 수 없다.'라는 신념을 형성하게 된다. 이러한 환경에서 성장한 사람은 시간이 지나면서 자신이 무엇을 해내든 자신을 온전히 인정하지 못하는 성향을 보이며, 자존감이 낮아진다.

어린 시절 심리적 안정감이 결여된 환경에서 성장한 경우에도 부정적 사고 패턴이 고정되거나 굳어질 가능성이 높다. 부모의 이혼, 가족 내 갈등, 감정적으로 냉담한 양육 태도 등은 아이가 세상을 불안정하고 위험한 곳으로 인식한다. 안정적이고 정서적 지지를 받지 못한 아이는 '나는 사랑받을 가치가 없다.'라는 신념을 내면화하는데, 이런 신념은 성인이 되어서도 지속된다.

부모의 과도한 통제와 비판도 부정적 사고 패턴을 강화하는 요인 중 하나다. 예를 들어 부모가 자녀에게 높은 기대를 강요하며 "너는 반드시 성공해야 해."라고 압박하는 경우, 아이는 실패에 대한 두려움을 크게 느끼게 된다. 그리고 작은 실패나 실수조차 자신이 무가치하다는 증거로 해석한다. 결국 이러한 환경 속에서 성장한 사람은 '나는 부족한 사람이다.', '나는 인정받을 가치가 없다.'라는 사고 패턴이 굳어지며, 이것이 우울증으로 이어질 가능성이 커진다.

'나는 가치가 없다.'라는 신념의 지속과 강화

이러한 부정적 신념이 형성되면, 사람들은 무의식적으로 자신이 가진 신념을 강화하는 방식으로 세상을 해석하게 된다. 이를 심리학에서는 확증 편향(confirmation bias)이라고 부른다. 확증 편향은 자신이 믿고 있는 신념을 뒷받침하는 정보만을 선택적으로 받아들이고, 그렇지 않은 정보는 무시하는 경향을 의미한다.

예를 들어 직장에서 좋은 평가를 받았을 때, 건강한 사고방식을 가진 사람이라면 '내가 열심히 한 결과야.'라고 생각할 수 있다. 하지만 '나는 가치가 없다.'라는 신념을 가진 사람은 같은 상황을 '운이 좋았을 뿐이야.', '다음에는 이렇게 못 할 거야.'라고 해석한다. 또한 누군가 자신을 칭찬하는 말도 그대로 받아들이기보다 '예의상 하는 말일 거야.'라며 무시하는 경향을 보인다.

이러한 사고 패턴이 지속되면, 현실과 무관하게 자신을 비하하는 태도가 습관화된다. 작은 실수를 저질렀을 때, '나는 항상 이래. 나는 제대로 할 수 없는 사람이야.'라는 식으로 해석하며, 자신을 비난한다. 이러한 인식 구조가 굳어질수록 부정적인 감정이 쌓이게 되며, 우울감은 점점 더 깊어진다.

고립과 의사소통의 단절

우울증을 겪는 사람은 타인과의 관계를 점점 단절시키며 고립되는 경향을 보인다. 이전에는 자연스럽게 유지되던 인간관계를 부담스러워 하고, 연락을 주고받는 것조차 버겁게 여긴다. 친한 친구에게 답장을 미루고, 가족과의 대화마저 피하게 되며, 결국 혼자 있는 시간이 길어진다. 처음에는 '혼자 있는 게 차라리 편하다.'라고 생각할 수 있다. 하지만 시간이 지나면서 이러한 고립은 우울감을 더욱 깊게 하는 요소가 된다.

고립은 단순한 외로움과는 다르다. 이는 감정적으로 단절된 상태를 의미하며, 자신을 세상과 분리시키는 무의식적인 방어 기제일 수 있다. 우울한 감정이 깊어질수록 사람들과의 관계에서 오는 피로감을 점점 견디기 어려워한다. 결국 가장 쉬운 선택이 '자신을 고립시키는 것'이 되어버린다. 그러나 이러한 고립이 반복되면 자기 비난이 깊어지고, 세상과의 단절이 더욱 굳어져 익숙해진다. '내가 사라져도 아무도 신경 쓰지 않을 거야.', '어차피 다들 나를 이해하지 못해.'와 같은 생각이 자연스럽게 자리 잡으며, 이러한 사고방식은 우울증을 더욱 심각하게 만들 수 있다.

의사소통의 단절 또한 우울증을 심화시키는 주요 요인 중 하나다. 우울한 감정을 지닌 사람은 자신의 감정을 표현하는 것이 무의미하게 느껴지거나, 다른 사람에게 짐이 될까 봐 자신을 숨기는 경향을 보인다. 감정을 말하는 것이 무의미하다고 여기게 되면 점점 타인과의 대화를 피하고, 그 과정에서 감정은 더욱 억누르게 된다. 그러나 억눌린 감정은 사라지는 것이 아니라, 내면 깊이 쌓여서 우울감을 더욱 깊게 만든다.

닫힌 마음, 멀어진 관계

우울감이 깊어질수록 사람들은 자신을 보호하려는 본능적인 반응으로 마음을 닫고 타인과의 관계에서 점점 멀어진다. 처음에는 단순히 '나만 힘들면 돼. 누군가에게 폐를 끼치고 싶지 않아.', '지금은 혼자 있는 게 편할 것 같아.'라는 생각에서 시작될 수도 있다. 하지만 시간이 지나면서 사람들과의 거리감은 커지고, 그 과정에서 타인의 관심과 지지를 불신하거나 오해하는 경우가 많아진다.

특히, 관계에서 반복된 상처를 경험한 사람들은 점점 감정을 솔직하게 표현하는 것이 어려워진다. 과거에 자신의 감정을 드러냈을 때 충분한 공감이나 이해받지 못했던 경험이 있다면, '어차피 나를 이해해 줄 사람은 없다.'라는 신념을 갖게 되고, 결국 내면의 감정을 더욱 깊숙이 숨기려 한다. 단순한 안부 인사조차 진심이 아닐 것 같고, 누군가 도움을 주려 해도 '나를 진심으로 걱정하는 게 아닐 거야.', '내가 너무 약한 모습을 보이면 더 실망할 거야.'라는 생각에 사로잡힌다. 이러한 사고방식은 점점 타인과의 거리가 멀어지고, 결국 혼자만의 세계에 갇히는 결과로 이어진다.

오랜만에 받은 친구의 전화조차 어떻게 받아야 할지 고민하게 되고, 결국 다시 관계를 회복하기가 더 어렵게 느껴진다. '어떻게 말을 시작해야 할지 모르겠어.', '이미 너무 오랫동안 연락하지 않았는데, 갑자기 연락하면 어색하지 않을까?'라는 생각이 관계의 문을 더욱 굳게 닫아버린다.

이처럼 관계의 단절은 서서히 진행된다. 처음에는 자신을 보호하기 위한 선택이었지만, 시간이 지나면서 타인과의 소통 자체가 어려워진다. 결국 감정을 표현하는 방법을 잊어버리는 단계에까지 이르게 된다. 우울감이 깊어질수록 감정을 숨기려는 경향이 강해지고, 점점 더 말수가 줄어들며, 누군가에게 자신의 속마음을 드러내는 것이 불가능하다고 느껴진다. 더 나아가, 이러한 관계 단절이 반복되면 타인뿐만 아니라 자기 자신과의 관계에도 영향을 미친다. 자신의 감정을 솔직하게 바라보기가 점점 더 어려워지고, 내면의 목소리조차 들리지 않게 된다. '나는 대체 왜 이럴까?', '나는 왜 이렇게 외로운 걸까?'라는 생각이 들지만, 그 원인을 찾기보다는 자신을 탓하거나 더욱 감정을 억누르는 방향으로 흐른다.

억눌린 감정, 우울로 변하다

우울증을 겪는 사람은 자신의 감정을 억누르거나 부정하는 경향을 보인다. 불안이 밀려와도 자신을 다그치며 '이런 감정을 느끼면 안 돼.'라고 말하고, 죄책감이 들면 '내가 부족해서 그래.'라며 자신을 몰아붙인다. 분노가 치밀어 오르면 그것을 표현하는 대신 삼키고 억누른다. 그러나 감정은 억제한다고 사라지는 것이 아니라, 더욱 강한 형태로 우리 내면에 쌓인다. 억눌린 감정은 차곡차곡 쌓여 무의식 깊은 곳에서 우울증이라는 형태로 나타나게 된다.

우울한 감정이 들 때면, 감정을 표현하는 것에 대해 강한 저항감을 느낀다. 이는 어릴 때부터 감정 표현이 허용되지 않는 환경에서 성장했거나, 감정을 드러냈을 때 부정적인 반응을 경험했기 때문이다. "괜히 티 내지 마.", "그 정도는 참아야지."라는 말을 들으며 감정을 표현하는 것이 소용없다고 배우거나, "너는 왜 그렇게 예민하니?"라고 지적받으며 자신의 감정을 부정당한 경험이 반복되었을 수 있다. 이러한 환경에서 자란 사람은 감정이 느껴질 때 그 감정을 숨기는 것이 습관이 되어, 점차 자신의 감정이 무엇인지 명확히 알지 못하게 된다.

죄책감

죄책감은 우울증을 심화시키는 중요한 요소다. 우울증을 겪는 사람들은 사소한 실수에도 지나치게 자책하는 경향이 있다. 죄책감은 자신이 잘못했다고 느끼거나 어떤 행동이 도덕적으로 잘못되었다고 생각할 때 느끼는 감정이다. 죄책감을 지나치게 자주 느끼거나 너무 강하게 느껴지면 정신적인 부담이 될 수 있다. '내가 좀 더 잘했더라면 이런 일이 일어나지 않았을 텐데.', '내가 무능해서 이런 결과가 나왔어.'라는 사고방식이 굳어지면, 모든 일이 자신 때문에 일어난 것이라고 여기게 되어 자신을 용서하는 것이 어려워지고, 더 깊은 자기 비난의 굴레에 빠지게 된다.

불안

불안 또한 우울증과 깊이 연관되어 있다. 우울한 사람들은 미래에 대한 극심한 불안을 경험할 수 있다. '앞으로도 나아질 가능성이 없어.', '내가 무슨 일을 해도 결국 실패할 거야.'라는 생각이 반복되어 현실적인 대안을 찾기 어렵고 모든 것이 절망적으로 느껴지게 된다. 불안이 지속되면 신체 증상이 동반되어 가슴이 답답하거나, 두통과 소화 장애를 겪기도 한다. 그러나 이러한 신체 증상 역시 감정을 제대로 다루지 못한 결과일 가능성이 크다.

분노

분노도 우울증과 밀접한 관련이 있다. 어떤 사람들은 분노를 표출하는 것이 옳지 않다고 배운다. 분노를 표현하는 대신 안으로 삼키면, 결국 그 감정이 자신을 향하게 된다. '내가 더 참아야 했는데', '괜히 내가 화를 내서 일이 더 커졌어.'라며 자신을 책망하는 경우가 흔하다.

하지만 억눌린 분노는 저절로 사라지는 것이 아니다. 감정을 표현하는 것이 허용되지 않으면, 분노는 내면에 쌓여 무력감과 우울로 변형된다. 어린 시절부터 지속적으로 감정을 억압해 온 사람은 결국 타인에게 화를 내는 대신, 자기 자신에게 그 화살을 돌린다.

우울증은 죄책감, 불안, 분노 등과 같은 감정들이 제자리를 찾지 못한 채 어지럽게 내면에 쌓이면서 생겨난 결과일 수 있다. 감정을 억누르는 것은 단기적으로는 도움이 되는 듯 보이지만, 결국에는 더욱 강한 형태로 우리를 짓누른다. 특히 오랫동안 감정을 억압해 온 사람들은 자신의 감정을 인식하는 것 자체가 어려울 수도 있다. 감정이 억눌린 상태에서 벗어나려면, 무엇보다 먼저 내면에 자리 잡은 감정을 있는 그대로 바라보고 나의 마음을 이해하는 과정이 있어야 한다. 하지만 이러한 과정은 혼자서 감당하기 어렵기 때문에, 전문가의 적절한 도움을 받는 것이 필요하다.

3 환경적 요인-삶의 무게, 우울증의 씨앗

일상 속 스트레스

　인생은 고뇌의 연속이라는 말이 있다. 그만큼 우리의 삶은 크고 작은 스트레스 속에서 살아간다. 어느 정도의 적당한 스트레스는 동기부여가 되고 자신의 능력을 향상시킬 수 있는 기회가 된다. 하지만 그것이 계속 누적되고 해결되지 않은 채 지속된다면 심리적으로나 정신적으로, 나아가 신체 건강에까지 깊은 영향을 미칠 수 있다.

　우리가 살고 있는 대한민국은 IT 강국으로 초고속 인터넷 속도를 자랑하며 세계 어느 나라에도 뒤지지 않는 SNS 이용자를 보유하고 있는 국가이다. 이런 IT 강국의 이면에는 오히려 많은 사람들이 '사회적 고립감'을 느끼며 마음 둘 곳을 찾아 헤매고 있는 것이 현실이다. 이런 현실 속에 고립감은 허전함과 정서적인 허기짐으로, 누군가와 함께 있어도 공허하고 헛헛한 우울감으로 이어져 주변 사람들과 점점 거리를 두게 하고, 타인과의 관계에서 스스로를 고립시켜 관계의 단절을 유발한다. 하지만 고립은 단순히 개인적인 성향 때문만이 아니다. 현대 사회의 구조적 변화와 펜데믹 이후 비대면 문화의 확산이 우리 삶에 점차 영향력을 미치면서 고립되어 외로움은 지배적인 감정으로 자리 잡아가고 있다.

행복 배틀하는 사회: SNS 속 비교와 커지는 열등감

현대인에게 SNS는 외부와 연결하는 고리이지만, 역설적이게도 SNS의 발달은 사회적 고립을 심화시키고 있다. SNS 속 사람들은 모두가 행복한 것처럼 보이며, 심지어 누가 더 행복한지 경쟁을 하는 것처럼 보인다. SNS 속에는 근사한 곳으로 여행을 다니고, 잘 차려진 음식을 먹고, 성공적인 커리어를 쌓아가는 사람들의 모습이 넘쳐난다. 하지만 정작 우리는 그런 타인의 모습과 자신을 은연중에 비교하며 알 수 없는 패배감에 자신을 초라하게 느낀다. 그러면서 '나는 왜 저렇게 살지 못할까?'라는 열등감에 사로잡히기도 한다.

특히 우울감을 느끼는 사람들은 타인의 삶을 현실보다 더 이상적으로 바라보는 경향이 있다. SNS에 올라온 사진 한 장, 짧은 글 하나만으로 상대방의 삶이 완벽하게 행복할 것이라 단정 짓는다. 그리고 자신의 현실과 비교하며 더 깊은 좌절감을 경험한다. 이러한 경험이 반복되고 지속되면 자기 비하로 이어져 자신에 대한 부정적인 감정이 커지고, 자존감은 추락한다. 결국 짙어진 부정 정서는 내면의 깊은 우울감을 불러오게 된다.

은둔하는 삶: 개인주의의 심화와 증가하는 독거 청년

양육의 최종 목적지는 독립이다. 그런 만큼 대부분의 부모는 아이를 독립적으로 키우기 위해 애쓴다. 과거에는 대가족이 함께 모여 마을 공동체를 이루며 생활했다면, 현대 사회는 핵가족과 1인 가구가 일반화되며 독립적이고 개인주의적인 생활 형태로 변화하고 있다.

특히 도시 생활이 익숙한 사람들은 가까운 이웃과의 교류가 없어 바로 옆집에 누가 살고 있는지조차 모르는 경우도 많다. 가족과도 물리적인 거리뿐만 아니라 정서적인 거리까지 멀어지고 있는 것이 현실이다. 이렇게 개인주의적인 삶에 익숙해지면서, 사람들은 타인에게 기대고 의지하기보다 혼자 문제를 해결하면서 오히려 문제를 더 키우기도 한다. 도움을 요청할 수 있다는 것 자체를 생각하지도 못한 채 어려움 속에서 허우적거리며 살아간다.

이처럼 개인주의가 심화되면서 사회적 관계는 서서히 약해지거나 추상적인 형태로 변질되고 있다. 사람들은 지치고 외로운 감정이 들어도 의지하거나 마음을 나눌 대상이 없이 고립된 채 혼자 감당한다. 그러다 버거움과 외부 세상을 향한 분노, 커지는 불안감이 정신건강을 위협하기도 한다. 이러한 위협은 우울감을 증폭시키는 중요한 요인 중 하나이다.

취약한 연결망과 지지 체계가 부른 정서적 단절

감당하기 어려운 상황에 처해 막막해질 때, 가장 도움이 되는 것은 어려움을 함께할 사람이 있는가 하는 것이다. 그러나 현대 사회에서는 개인이 필요한 도움을 받을 수 있는 지지 체계가 매우 제한적이다. 더욱이 정서적인 지지를 받을 수 있는 환경은 더욱 그러하다. 상황이 어려울수록 가까운 친구나 선후배 정도에게 속마음을 털어놓고 도움을 구하지만 때로는 이것도 부담스럽게 느껴진다. 가족과도 정서가 묻어나는 마음속 이야기를 나누는 것이 불가능하다고 말하는 사람들이 많아지고 있다.

정서적 단절은 우울감을 악화시키는 핵심적인 요소다. 우울증을 겪는 사람들은 '내가 힘들다고 이야기해도 아무도 이해하지 못할 거야.', '괜히 짐이 되기 싫어.'라는 생각에 자신의 감정을 숨긴다. 하지만 자신의 상태를 털어놓지 않고 혼자 감당하려 할수록, 우울감은 더욱 깊어지고 사회와는 점점 멀어진다.

도움을 요청하는 것이 약함의 표현이라고 느껴지는 문화적 분위기 역시 사회적 고립을 심화시킨다. '힘든 걸 티 내면 안 된다.', '혼자서도 잘 해내야 한다.'라는 사회적 기대에 자신을 맞추려 한다. 하지만 이러한 태도는 정작 도움을 요청해야 할 순간에도 입을 닫게 만들고, 결국 더 큰 고립과 심리적 부담을 가져온다.

완벽함을 요구하는 사회와 가중되는 심리적 부담

우리의 일상은 매 순간 선택의 연속으로 이어진다. 후회 없는 선택을 하기 위해 스스로 완벽주의자를 꿈꾸며 자신을 몰아세우기도 한다. 하지만 어떤 경우에는 어떤 선택도 하지 않으며 아무것도 하지 않는 이들도 있다. 우울감이 상당히 깊게 스며들어 자기가 우울한지도 모르는 경우에 특히 그렇다. 이렇게 우울감이 만성적으로 깊은 사람들의 일상을 들여다보면, 아주 치열하게 살았음에도 더 많은 것을 요구받았거나, 어떠한 보상도 받지 못한 채 사회적으로 혹은 스스로 실패자라는 낙인을 찍은 경우가 많다. 이러한 낙인은 타인과의 관계에서 자신을 고립시킨다.

우울증과 사회적 고립은 서로를 강화하며 악순환을 이루는 관계에 있다. 우울감을 느낄수록 사람들과의 만남을 피하게 되고, 사회적 관계가 줄어들수록 지지받을 기회도 함께 사라진다. 그러다 보면 점점 혼자가 되는 느낌이 강해지고, 우울감은 더욱 깊어진다. 사회적 지지망이 부족하고 약할수록 회복의 속도도 느려진다. 하지만 현대 사회에서 점점 관계가 단절되고, 정서적 지지를 받을 수 있는 기회가 줄어들면서 많은 사람들이 외로움 속에서 깊은 우울감을 겪게 된다. 이 과정에서 점점 혼자가 된 것 같은 느낌이 강해지고, 대인관계를 피하려는 경향이 생기며 우울감은 더욱 심화될 수 있다.

타인은 지옥이다? 입시와 취업, 진급 무한 경쟁사회

서연고, 서성한, 중경외시, 건동홍 등 입시를 준비하는 학생이나 학부모라면 한 번쯤 들어봤을 대학 서열이다. 어느 유명 학원가에서 대학교 이름의 첫 글자를 따서 학교를 서열화시킨 것으로 학생들의 위치를 설명하기 위해 만들어졌다고 한다. 이러한 서열화는 입시가 학생들에게 엄청난 스트레스가 되고 있음을 보여주는 단적인 예다. 이처럼 끝없는 순위 경쟁과 과제와 시험, 원하는 대학이나 학과에 입학하기 위한 테스트는 끊임없는 인내와 노력을 요구하며 감당하기 어려운 불안과 부담을 안겨주고 있다. 학업에 대한 기대가 클수록, 혹은 스스로 설정한 목표가 높을수록 압박감은 더욱 커진다.

졸업 후 취업을 준비하는 과정은 많은 청년들에게 심리적 소진을 가져온다. 특히 원하는 대기업에 들어가기 위해 필수적인 인턴이나 프로젝트 경험은 그들에게 과도한 희생을 요구한다. 수많은 이력서를 제출하고 면접을 보며, 끊임없이 자신의 가치를 증명하는 과정에서 반복적인 실패 경험을 할 수 있다. 이런 경험은 깊은 좌절감과 무능력감으로 이어져 자신을 부정적으로 바라보게 한다. 경쟁에서 뒤처졌다는 좌절감은 스스로를 실패자라 여기게 하며 '나는 무능해.', '난 이제 망했어.'라는 생각으로 점차 위축되기도 한다.

일상에서 대부분의 시간을 보내고 있는 직장이나 학업에서의 과도한 경쟁과 같은 문제는 개인에게 정신적인 과부하를 초래한다. 벗어날 수 없는 압박감으로 인해 심리적 소진과 함께 우울증을 유발하거나 악화시키는 주요한 환경적 요인이 된다. 직업은 단순히 경제적인 안정뿐만 아니라, 개인의 정체성과 자존감을 형성하는 중요한 요소이다. 갑작스럽게 일자리를 잃거나 장기간 실업 상태에 놓이게 되면 자신의 가치를 의심하게 되고, 무력감을 느끼기 쉽다. 이러한 환경적 요인은 인간 내면에서 우울증을 키우는 씨앗이 될 수 있다.

과부하 걸린 삶: 직장 내 부담과 압박

빠르게 변화하는 현대 사회에서 직장인은 끊임없이 성과를 내야 한다는 압박을 받는다. 직장 내에서 동료 간 비교나 승진 경쟁, 실적 평가나 과중한 업무는 많은 현대인에게 정신적 부담을 준다. 매일 반복되는 출근, 밀려드는 업무 메일과 잦은 회의, 상사의 요구를 맞추기 위한 야근, 작은 실수에도 느끼는 자책감은 직장인들을 지치게 한다.

이런 환경 속에서 우리는 긴장과 피로를 풀 시간조차 없이 지쳐간다. 그래서 직장을 그만두고 싶어 하지만 막상 실직에 대한 두려움은 스트레스를 유발하며, 그들은 그 무게를 견디면서 하루하루 버티는 삶을 살아간다. 경제적인 상황이 불안정할수록 직장을 잃을지도 모른다는 불안은 감당하기 어려운 정신적 압박감이 된다. '만약 내가 성과를 내지 못한다면?', '다른 사람보다 뒤처진다면?' 등의 생각이 불안을 가중시키고 자신을 더욱 몰아붙이게 만든다. 이러한 상황이 지속되면 무능력감과 무기력으로 자존감이 낮아지고, 서서히 우울한 정서를 느끼게 된다.

관계의 상실과 변화: 이혼, 실직, 가족의 죽음

우리는 안정적인 대인관계를 원한다. 건강한 관계는 우리가 삶을 살아가는 데 중요한 요소다. 이런 관계에서 특별히 의미 있는 사람과의 이별은 깊은 상실감과 우울한 정서를 경험하게 한다. 가까운 사람의 죽음이나 이혼, 실직과 같은 일로 생기는 변화는 단순한 사건을 넘어 어떤 경우에는 생을 마감하고 싶다는 생각을 들게 할 정도의 큰 스트레스를 유발한다. 따라서 이러한 변화들은 단순히 슬픔만을 유발하는 것이 아니라 깊은 상실감과 우울감을 불러일으키는 것임을 인식하고, 건강한 애도 작업을 통해 자신의 정신 건강을 돌봐야 한다.

상실에 대한 애도와 우울증

특별히 친밀한 사람을 잃는 경험은 우리에게 가장 고통스러운 감정을 가져다준다. 가족이나 배우자, 친구 등 가까운 사람을 떠나보내는 것은 마치 자신의 삶의 일부가 무너져 버리는 것과 같은 깊은 상실감과 결핍감을 가져온다. 어떤 이는 이런 아픔을 자신의 팔 하나가 잘려 나가는 것과 같은 고통이라고 말하기도 한다. 이별이 예고 없이 갑작스러운 경우이든, 오랜 투병 끝에 맞이한 죽음이든 남겨진 사람은 충격과 슬픔을 피할 수 없다.

이런 상황에서 상실에 대한 애도는 필수적인 과정이지만, 큰 슬픔에 빠져 있는 사람들은 애도보다는 결핍감을 채우기 위해 애를 쓴다. 이 과정에서 적절한 애도가 이루어지지 못하고, 그 시간이 너무 길어지거나 복잡한 형태로 지속된다면 우울증으로 이어질 수 있다. '나는 앞으로 어떻게 살아가야 할까?', '이 공허함을 어떻게 채울 수 있을까?' 등의 물음 속에 갇힌 채, 상실의 감정은 극복하기 어려운 무거운 감정으로 바뀌게 된다.

특히 심리적으로 깊이 의존했던 사람이 떠난 뒤 그 부재는 더욱 크고 무겁게 다가온다. 이런 경우, 애도 과정은 제대로 이루어지지 않은 채 감당하기 어려운 감정을 회피하려 서둘러 다른 대상으로 시선을 돌려 마주하기 어려운 감정으로부터 자신을 보호하려 한다. 결핍감을 채우고 억누르려 애쓰지만, 내면 깊숙이 자리 잡은 우울의 씨앗은 처리되지 못한 상실감을 영양분 삼아 뿌리를 내리고 자라게 된다. 따라서 상실을 경험했다면 충분한 애도의 시간을 갖는 것이 중요하다.

구조적 문제와 대규모 환경적 충격

현대 사회에서 우울증은 단순한 개인의 문제를 넘어, 경제적 불평등과 차별, 자연재해 및 팬데믹과 같은 사회적 또는 환경적 요인과 밀접하게 연결되어 있다. 특히 사회 시스템이나 구조적인 문제는 개인이 감당하기 어려운 일로, 사회에 전반적이고 만성적인 스트레스 요인으로 작용하여 사회 구성원에게 부적응감과 우울감을 심화시키게 된다.

차별과 사회문화적 불평등, 빈곤이 불러오는 우울

사회적 차별과 불평등은 개인의 정체성과 자존감에 부정적인 영향을 미친다. 특정한 성별, 인종, 계층, 직업군에 대한 차별은 심리적 위축과 자존감 하락을 유발하며, 이는 우울증의 중요한 촉진 요인으로 작용할 수 있다. 특히, 직장에서의 차별이나 승진 기회 박탈, 성별 고정관념 등은 개인이 자신의 능력을 발휘하는 데에 커다란 심리적 장벽이 된다.

경제적 불평등은 단순한 재정적 어려움을 넘어, 개인의 심리적 안정감을 위협하는 요소로 작용한다. 예를 들어 한부모 가정에서 생계를 책임지는 한부모는 종일 일해도 생활비를 감당하기 어려운 현실에 직면하며, 자녀 교육비 충당이 어려운 상황이나 개인적인 여유를 가질 수 없는 상황에 부딪히게 된다. 이러한 경제적 부담은 개인의 자존감을 낮추고, 사회적 불평등에 대한 무력감과 분노를 유발한다. 지속적인 경제적 어려움은 친구나 가족 간의 관계에서도 모임에 참여하는 것에 부담으로 다가와 사회적 고립을 유발하며 우울감으로 이어질 가능성이 크다. 심할 경우 만성 우울증으로 발전할 수도 있다.

문화적으로 '남자는 강해야 한다.'라는 고정관념이 강한 사회에서는 남성들이 자신의 감정을 표현하는 것에 제한적이게 된다. 이러한 문화적 압박은 감정적 소통을 방해하며, 나아가 자신의 감정을 알아차리는 데에도 부정적인 영향을 미쳐 궁극적으로 사회적 고립과 우울증으로 이어질 가능성이 크다. 같은 맥락으로, 외모지상주의가 만연한 사회는 개인에게 외모에 대한 강박적 집착을 일으켜 심리적 스트레스를 준다. 특히 이러한 사회적 풍토는 외모에 민감한 젊은 세대의 우울감을 가중시키는 원인이 될 수 있다.

자연재해, 기후 변화, 팬데믹

외부적 충격은 개인과 사회 전체의 정신 건강에 큰 영향을 미친다. 코로나19가 3년 이상 장기화되면서 많은 사람이 경제적 어려움, 사회적 고립, 건강에 대한 불안으로 인해 정신적 스트레스를 호소하였다. 특히 팬데믹으로 인한 수입의 감소나 실직, 무모하고 경쟁적인 투자

심리 등으로 떠안게 된 과도한 경제적인 부채는 심리적 고갈로 이어져 극심한 우울감으로 나타났다. 또한 코로나19의 높은 감염성으로 인해 거리두기를 실천하면서 사회적인 연결감이 약화 되고 고립감이 증가 되었다. 연구에 따르면, 팬데믹 이후 사회적 모임에 참여하는 빈도가 낮아진 사람들의 우울감이 크게 증가한 것으로 나타났다.

기후 변화 또한 정신건강에 부정적인 영향을 미칠 수 있다. 계절성 우울장애(SAD)는 일조량이 부족한 겨울철에 우울감이 증가하는 현상으로, 일조량의 감소가 신경전달물질인 세로토닌과 도파민 분비의 감소로 이어져 우울증을 유발한다. 특히 장기간 지속적으로 흐린 날씨나 지구 온난화로 인한 극심한 미세먼지는 우리의 심신을 위협하며 심리적 위축을 야기한다. 환경의 급격한 변화로 인한 불안감은 불쾌감의 증가와 기분 저하로 이어지며, 그로 인한 우울감을 경험하는 사람들이 늘어나고 있다는 연구 결과가 증가하고 있다.

사회적 안전망 부족과 개인의 부담 증가

사회적 안전망이 부족한 사회에서는 개인이 감당해야 할 심리적 부담이 증가한다. 우울증을 경험하는 사람들이 치료를 받지 못하는 가장 큰 이유 중 하나는 정신건강 서비스에 대한 접근성의 어려움 때문이다. 아직 우리 사회에는 정신건강 치료에 대한 편견이 존재한다. 게다가 경제적인 부담으로 인해 치료를 포기하는 경우도 많다. 또한 사회적 안전망의 부족은 위기 상황에 처한 개인을 더욱 취약한 상황으로 내몰 수 있다.

경제적 위기를 겪고 있는 사람들이 실업이나 주거 불안을 경험할 때, 이를 완충해 줄 제도적 지원이 부족하다면 위기에 처한 사람들은 극단적인 선택을 취할 가능성이 높아진다. 이처럼 경제적 어려움이나 사회적 불평등과 차별, 자연재해와 같은 환경적인 문제들은 단순한 외부적인 어려움 이상으로 개인의 정신건강에 직접적인 영향을 준다. 낮은 경제적 지위는 의료 접근성을 떨어뜨려 정신건강 치료를 받는 데에도 걸림돌이 된다. 만약 이런 경험을 반복적, 지속적으로 하게 된다면 심각한 무력감을 유발하며, 이는 만성적인 우울감으로 이어져 사회적인 문제를 초래할 수 있다.

이러한 만성적 우울증은 개인의 성향이나 취약성만의 문제가 아니다. 우리를 둘러싼 사회 전반의 환경적인 요인들과 복합적으로 연관되어 작용하면서 병리적인 우울증을 유발하고 지속적인 악영향을 미치게 된다. 따라서 우울증을 예방하고 완화하기 위해서는 개인의 생물학적, 심리적 측면뿐 아니라, 사회적 안전망을 강화하고 안정적인 정신건강 서비스를 제공하며 이를 보호하는 정책 측면의 지원체계가 마련되어야 한다.

4 바쁜 세상 속 나를 잃어가다

SNS, 행복을 소비하는 시대

현대 사회에서 디지털 기기는 없어서는 안 될 필수품이 되었다. 아침에 눈을 뜨면 스마트폰 알림을 확인하고, 잠들기 전까지 SNS에서 타인의 일상을 살피는 일이 자연스러워졌다. 하지만 이런 디지털 환경이 우리의 생각하는 힘과 창의력을 서서히 **빼앗아** 가고 있다는 점을 아는 사람은 많지 않다. 짧고 자극적인 동영상이나 끊임없는 알람에 길들여지다 보면, 우리의 뇌는 점점 단순한 자극에만 반응하게 되고, 깊이 있는 사고나 문제 해결 능력이 약해질 수 있다.

이러한 디지털 환경의 부작용은 일상에서 여러 방식으로 나타난다.

첫째, SNS에 올라오는 끝없는 글과 사진들을 보면서 피로감을 느끼고, 집중력이 떨어지는 경우가 많다. 한 가지 일에 오래 집중하지 못하고 금방 지치게 되는 것이다.

둘째, 방금 본 정보조차 금세 잊어버리는 일이 반복되면서 기억력이 점점 약해지는 현상도 나타난다.

셋째, 새로운 아이디어를 떠올리거나 문제를 창의적으로 해결하는 일이 어려워지기도 한다. 마지막으로, 공부나 책 읽기 같은 지적인 활동에 흥미를 잃고, 무기력감에 빠지기도 한다.

이 모든 증상은 우리가 게을러서가 아니라, 디지털 환경에 지나치게 의존하면서 생기는 변화라고 할 수 있다. 짧고 자극적인 콘텐츠에 익숙해지면서 우리의 뇌는 깊이 있는 사고를 점점 더 어렵게 느낀다. 또, 여러 일을 동시에 하려는 멀티태스킹(multitasking) 습관은 뇌의 에너지를 빠르게 소진시키고, 결국 신체적 피로와 정신적 탈진을 가져온다. 디지털 환경에 과도하게 몰입하면 신체 활동이 줄어들고, 이는 뇌 기능 저하를 가속하는 결과를 낳는다.

SNS는 소통을 돕는 도구를 넘어 사람들 간의 비교와 경쟁을 부추기는 장이 되기도 한다. 다른 사람들의 화려하고 행복해 보이는 일상을 보며, 자기 삶이 초라하게 느껴지는, 이른바 'SNS 우울증'이 점점 더 많은 사람에게 영향을 미치고 있다. SNS는 분명 유용한 소통 도구이지만, 과도하게 몰입하면 정서적 불안과 고립감을 심화시키는 원인이 될 수 있다.

현대 사회는 사람들이 끊임없이 자신을 비교하며, 타인의 삶을 기준 삼아 자신의 가치를 평가하게 만든다. 온라인에서 자신의 사생활을 노출하며 관계를 형성하려 하지만 그 과정에서 충분한 만족을 얻지 못하면 상대적 박탈감을 느끼고, 우울감을 경험할 수 있다. 이러한 문제들은 디지털 환경 속에서 자신을 지키고 균형을 유지하는 노력이 필요함을 보여준다.

디지털 과부하로 지치는 우리들

인터넷은 이제 현대인들에게 또 하나의 세상처럼 느껴진다. 네트워크로 연결된 가상의 공간에서 우리는 원하는 정보를 얻고, 스트레스를 해소하기도 한다. 하지만 인터넷의 편리함 뒤에는 과도한 정보와 유해한 콘텐츠가 가져오는 부작용도 존재한다. 특히 인터넷 중독은 신체와 정신건강 모두에 부정적인 영향을 미칠 수 있다. 거리나 지하철, 버스에서도 스마트폰을 손에서 놓지 못하고, 웹 서핑에 집중하는 모습은 이제 흔한 풍경이 되었다. 하지만 이렇게 접하는 정보 중에는 거짓 뉴스나 잘못된 정보도 많아 불안, 걱정, 두려움 같은 스트레스를 유발한다. 문제는 많은 사람이 이런 부작용을 인지하지 못한다는 점이다.

과잉 정보는 우리 일상에 큰 영향을 끼친다. 과잉 정보가 가져올 수 있는 문제를 연령대별로 살펴보면 다음과 같다.

첫째, 청소년들은 인터넷 중독으로 돌발적인 행동을 하거나 또래 친구나 부모와의 관계에서 문제를 겪을 수 있다. 인터넷 속에 빠져 시간을 보내며 정서가 불안정해지고, 인간관계가 틀어질 가능성도 커진다. 이러한 문제는 청소년 개인에게 그치지 않고 가족 전체에 영향을 끼친다. 또한 청소년기에는 가치관과 정서가 형성되는 중요한 시기인 만큼, 인터넷 중독은 성인이 된 이후까지도 영향을 미칠 수 있다.

둘째, 성인들은 인터넷 중독으로 업무 효율성이 떨어지고, 직장에서 스트레스를 더 심하게 느끼게 된다. 인터넷에 지나치게 몰입하면 정신적·육체적 에너지가 빠르게 소모된다. 이런 상태가 지속되면 업무에 집중하지 못하고, 결과적으로 직장과 가정에서 부정적인 평가를 받는 상황까지 이어질 수 있다.

셋째, 노년층의 경우 인터넷 사용이 대인관계에서 소외감을 느끼게 하거나 애정 욕구가 충족되지 않는 문제로 이어질 수 있다. 특히 은퇴 이후 새로운 인간관계를 맺는 데 어려움을 겪으면서 인터넷에 지나치게 의존하게 된다. 놀이 문화가 부족한 노년층에게 인터넷은 유일한 즐길 거리로 여겨지기도 하지만 그 속에서 잘못된 정보를 접하거나 사회적 고립을 더 깊게 느끼는 경우도 많다.

기술 중독 역시 다양한 문제를 일으킨다. 카카**, 페이** 같은 같은 메신저를 습관처럼 사용하는 사람들은 무의식적으로 반복해서 앱을 열어보곤 한다. 이 과정에서 정신적·육체적 피로가 쌓이고, 사람들과의 관계에서 겉돌게 된다. 인스타**, 트위*, 페이**과 같은 SNS는 사람들이 관계를 맺는 데 도움을 주지만, 지나치게 몰입할 경우 사생활 침해, 직장과 사회생활에서의 문제, 학업 성취 저하 같은 부정적인 결과를 초래할 수 있다.

언론사의 인터넷 뉴스 게시판도 문제를 일으킨다. 거짓 뉴스나 확인되지 않은 정보가 유포되고, 혐오 표현이나 정치적으로 극단적인 의견이 난무하기도 한다. 이런 콘텐츠는 단순히 불쾌한 수준을 넘어 사용자에게 스트레스를 주고 사회적인 갈등을 부추긴다.

스마트폰과 인터넷이 일상이 된 현대 사회에서 과도한 정보와 기술 사용은 집중력을 흐트러뜨리고, 피로감을 증가시키며, 결국 스트레스 지수를 높이는 원인이 된다. 메타버스나 가상현실 같은 새로운 디지털 플랫폼이 확산하면서 이러한 디지털 과부하 현상은 더욱 심각해질 것으로 보인다. 우리에게 필요한 것은 디지털 세상에서 벗어나 자신을 돌보는 방법을 찾는 것이다.

온라인 속 군중, 그러나 더 외로운 사람들

현대 사회에서 가장 힘들고 고통스러운 감정 중 하나는 외로움과 고립감일 것이다. 고립감은 다른 사람들과의 관계에서 거리감을 느끼거나, 자신이 속한 집단에서 인정받지 못한다고 느낄 때 찾아온다. 이런 감정은 단순히 외로움에 그치지 않고, 심리적으로 불안을 가져오며 결국 사회적 관계가 단절되는 결과를 낳는다.

빠르게 변화하는 세상 속에서 사람들은 점점 더 고립감을 느끼고 있다. 이에 따라 신체적, 정신적 건강도 위협받고 있다. 많은 사람들은 이런 고립감을 해소하기 위해 SNS를 활용하거나 온라인 여가 활동에 몰두한다. 영화나 음악, 방송 프로그램을 보며 고독감을 줄이기도 한다. 하지만 일부 온라인 활동은 오히려 고독감을 더 심화시키기도 한다. 혼자 즐길 수 있는 활동에 치우치거나, 지나치게 폐쇄적인 환경에서 시간을 보내다 보면 현실에서의 소외감이 더 커질 수 있다.

인터넷과 익명성이 주는 자유는 어떨까? 스트레스를 풀 수 있는 공간이 될 수도 있지만, 다른 한편으로는 문제의 씨앗이 되기도 한다. 인터넷에서는 사람들이 서로를 비난하거나 공격하는 일이 흔히 벌어진다. 익명성 뒤에 숨어 악성 댓글을 달거나 근거 없는 소문을 퍼뜨리는 모습은 우리 사회의 한 단면을 보여준다. 이렇게 부정적인 인터넷 환경은 누군가에게 큰 상처를 주고, 고립감을 더 깊게 만든다.

고립감을 느끼는 사람들은 사회적 의사소통이 어려운 경우가 많다. 그래서 온라인에서의 소통에 더욱 의존하게 된다. 하지만 이런 의존이 지나치면 오히려 현실 세계에서의 관계가 더 단절되고, 외로움이 심해지는 악순환에 빠지기 쉽다. SNS 활동에 몰두하면서 순간적인 위안을 얻을 수는 있지만, 오히려 더 큰 상처를 받게 되는 일도 있다. 결국, 인터넷과 SNS에 지나치게 의존하면 고립감은 점점 더 커지게 된다.

현대 사회에서 고립감과 익명성이 가져오는 부정적인 영향을 이해하는 것은 매우 중요하다. 사람들과의 진정한 관계를 회복하려는 노력이 필요한 이유이기도 하다. 온라인이 주는 편리함은 분명히 가치가 있지만, 그것만으로는 인간적인 소통과 연결을 완전히 대체할 수 없다는 점을 기억해야 한다.

물질은 쌓이는데 마음은 비어간다

현대 사회에서 개인주의는 점점 더 강해지고 있다. 사람들은 자신을 더 중요하게 여기고, 자율성과 독립성을 추구하며, 집단보다 개인의 목표를 우선시하는 경향이 크다. 과거에는 가족이나 공동체의 가치가 중심이 되었다면, 이제는 각자의 삶을 스스로 선택하고, 원하는 방식으로 살아가려는 흐름이 강해졌다. 개인주의가 강할수록 자신을 소중히 여기고, 독립적으로 삶을 결정하는 것을 중요하게 여긴다. 하지만 이러한 변화가 반드시 긍정적인 것만은 아니다.

개인주의가 강하면 자아에 대한 확신이 높아지고, 삶의 방향을 스스로 결정할 수 있다는 점에서 심리적으로 안정감을 느낄 수 있다. 하지만 반대로, 다른 사람과의 유대감이 약해지고, 관계 속에서 오는 따뜻함이나 소속감을 쉽게 놓치게 된다. 사회적 연결이 부족해지면 외로움과 소외감이 커질 수 있고, 이는 스트레스나 불안으로 이어지기도 한다.

소비주의 역시 현대 사회에서 중요한 요소로 자리 잡고 있다. 물질적인 소비가 단순한 필요 충족을 넘어 삶의 중요한 부분이 되어가고 있다. 새로운 옷을 사고, 최신 스마트폰을 구매하고, 해외여행을 다녀오는 것이 단순한 생활 방식이 아니라, 자신의 가치를 증명하는 수단처럼 여겨지기도 한다. 소비를 통해 자신의 개성과 정체성을 표현하고, 더 나아가 행복을 찾으려 하는 경향이 강해지고 있다.

문제는 이러한 소비가 끊임없이 반복된다는 점이다. 새로운 것을 얻으면 잠시 기분이 좋아지지만, 곧 익숙해지고 나면 더 자극적인 것을 원하게 된다. 소비가 지속적인 만족을 주기보다는 끝없는 욕망을 불러일으키는 것이다. 더 비싼 물건, 더 화려한 경험을 추구하면서도 만족하지 못하는 심리가 소비주의 사회에서 흔하게 나타난다.

SNS는 소비주의와 개인주의를 더욱 부추기는 역할을 한다. 사람들은 SNS를 통해 자신의 삶을 공유하고, 타인의 삶을 들여다보면서 자연스럽게 비교하게 된다. 다른 사람이 누리는 화려한 라이프스타일을 보며 부러움을 느끼거나, 자신이 뒤처진다고 생각하는 순간 불안감이 커진다. 그러다 보니 더 나은 삶을 위해 더 많은 소비를 하지만 그 결과는 끝없는 경쟁과 좌절로 이어질 수 있다.

이러한 환경에서 우리는 '더 많이 소비하고, 더 나은 것을 가져야만 행복할 수 있다.'라는 착각에 빠지기 쉽다. 하지만 행복은 소비에서 오는 것이 아니라, 사람들과의 관계 속에서 얻을 수도 있고, 자신만의 가치를 찾아가는 과정에서 더 깊어질 수 있다.

점점 비대면 문화가 확산되고, 직접적인 인간관계보다는 온라인 소통이 더 활발해지고 있다. 이런 변화는 편리함을 주지만, 한편으로는 사람들 간의 거리를 멀어지게 만들고, 관계 속에서 오는 정서적 안정감을 잃게 만들 수도 있다. 혼자만의 시간을 즐기는 것도 중요하지만 진정한 행복과 안정감을 얻기 위해서는 사람들과의 소통과 관계를 지속적으로 유지하는 것이 필요하다.

무엇이든 균형이 중요하다. 개인주의가 강해지는 시대에도 서로 의지할 수 있는 관계를 만들어 가는 것이 필요하고, 소비가 삶의 중심이 되는 것이 아니라, 진정한 만족을 찾는 방법을 고민해 보는 것이 중요하다. 물질적인 풍요가 늘어난 시대에, 오히려 정신적인 여유와 관계 속에서의 행복을 다시 한번 돌아볼 때다.

변화에 쫓기는 삶, 우리는 잘살고 있을까?

현대 사회는 하루가 다르게 변하고 있다. 새로운 기술과 트렌드가 끊임없이 등장하면서, 사람들은 변화에 적응하느라 정신없이 바쁜 시간을 보내고 있다. 마치 빠르게 움직이는 롤러코스터를 타는 듯한 느낌이다. 이렇게 급변하는 사회에서 적응하는 일은 쉽지 않고, 그 과정에서 스트레스를 느끼는 경우가 많다.

특히, 디지털 기술의 발전은 삶의 많은 부분을 바꿔놓았다. 인공지능, 자동화, 디지털 전환 등 새로운 기술이 우리의 일상과 업무 환경에 깊숙이 자리 잡으면서, 이전과는 다른 방식의 변화에 직면하게 되었다. 이러한 변화는 편리함을 제공하지만 동시에 적응하지 못한 사람들에게는 큰 부담으로 다가온다.

예를 들어 과거에는 사람이 직접 주문받던 패스트푸드점에서 이제는 키오스크를 이용해 음식을 주문하는 것이 일반화되었다. 이런 변화는 디지털 기기에 익숙한 사람들에게는 아무런 문제가 되지 않지만, 어르신들이나 장애인처럼 디지털 환경이 낯선 사람들에게는 오히려 불편함과 소외감을 느끼게 만들 수 있다. 병원에서도 종이 차트 대신 전자 시스템을 사용하거나, 키오스크로 접수하는 방식이 늘어나면서 기술에 익숙하지 않은 사람들은 어려움을 겪고 있다. 단순한 편리함을 넘어, 이러한 변화가 사회적 차별로 작용할 수 있다는 점도 고민해야 할 부분이다.

앞으로 다가올 변화는 더욱 빠를 것으로 예상된다. 기후 변화, 사회적 불평등, 경제적 격차 등 다양한 사회 문제들이 더 심각해질 가능성이 높다. 지금도 존재하는 불평등이 디지털 기술과 맞물리면서, 디지털을 자유롭게 활용할 수 있는 사람과 그렇지 않은 사람 사이의 격차가 더욱 커질 수 있다. 이는 단순한 불편함을 넘어 정보 접근의 차이가 삶의 질을 결정짓는 중요한 요소가 될 수도 있다.

이런 변화 속에서 중요한 것은, 스트레스를 피하기보다 스스로 변화에 적응하는 능력을 키우는 것이다. 빠르게 변화하는 시대일수록, 자신의 속도에 맞춰 적절한 정보를 습득하고, 스트레스를 조절하는 방법을 찾는 것이 필요하다. 변화가 주는 부담을 줄이고, 이를 기회로 활용할 수 있도록 유연한 태도를 가지는 것이 현대 사회에서 건강하고 행복한 삶을 유지하는 핵심이 될 것이다.

정신건강, 편견이 치료를 막는다

정신건강은 질병이 없는 상태를 의미하지 않는다. 이는 매일 어떻게 생각하고, 느끼고, 행동하는지 뿐만 아니라 스트레스에 대처하고, 다른 사람과 관계를 맺으며, 삶의 중요한 결정을 내리는 방식까지 포함하는 개념이다. 건강한 정신 상태는 자신에 대한 긍정적인 인식, 안정적인 인간관계와 삶의 목표를 향한 의지, 그리고 어려움을 극복할 수 있는 내면의 힘과도 연결된다.

하지만 정신건강이 나빠지면 일상생활에 영향을 미칠 수밖에 없다. 자존감이 낮아지고, 인간관계가 어려워지며, 신체 건강까지 악화될 수 있다. 무엇보다 정신건강 문제를 개인의 실패나 나약함으로 보는 사회적 시선이 문제를 더 심각하게 만든다. 많은 사람이 자신의 어려움을 드러내길 꺼리고, 도움을 요청하는 것조차 두려워한다. 그러나 정신건강 문제는 감기나 다른 신체 질병과 마찬가지로 누구에게나 찾아올 수 있으며, 적절한 관리와 치료가 필요하다.

정신질환이 있는 사람들은 병 자체의 어려움뿐만 아니라, 사회적 낙인이라는 또 다른 부담까지 안고 살아간다. 정신과 치료를 받는 것만으로도 부정적인 시선을 받을 수 있고, 주변 사람들조차 이해하지 못하는 경우가 많다. 이러한 편견은 당사자뿐만 아니라 가족들에게도 큰 부담이 된다. 가족들은 정신질환을 앓는 사람을 돌보면서도 사회적 편견 속에서 위축되거나, 감정을 나눌 곳이 없어 더욱 힘들어지는 경우가 많다.

　더 큰 문제는 정신질환이 있어도 이를 인정하지 않고 치료를 거부하는 경우이다. 본인이 문제가 없다고 믿거나, 정신과 치료를 받는 것 자체를 부끄럽게 여겨 치료받지 않으려는 경우가 많다. 하지만 정신질환은 조기에 치료할수록 회복 가능성이 커지고, 삶의 질도 훨씬 좋아질 수 있다. 주변에서 적극적으로 치료를 권해도 부정하는 경우가 많은데, 이는 결국 본인뿐 아니라 가족과 사회 전체에도 부정적인 영향을 미칠 수 있다.

　법적으로 정신질환자는 망상, 환각, 기분 장애 등의 이유로 독립적인 생활이 어려운 사람을 의미한다. 하지만 일부 언론에서는 우울증이나 조울증 같은 질환이 있는 사람들까지도 마치 정상적인 생활을 할 수 없는 것처럼 묘사하는 경우가 있다. 이러한 잘못된 인식은 정신질환에 대한 편견을 강화하고, 치료를 받으려는 사람들에게 오히려 더 큰 장벽이 된다.

　우리나라는 2020년 이후 OECD 국가 중에서 우울감을 느끼는 사람의 비율이 가장 높은 나라로 보도된 바 있다. 많은 사람이 우울증을 경험하고 있지만, 치료받는 비율은 최저인 것으로 조사됐다. 최근 들어 우울증에 대한 정보가 많이 공유되고, 우울증을 자가 진단하는 방법이나 치료법이 소개되는 경우가 많다. 그럼에도 정작 실제 치료를 받는 사람이 적은 것은 정신질환을 바라보는 사회적 시선과 편견이 여전히 강하기 때문이다.

　이제는 정신건강을 더 이상 감추거나 부끄러워해야 할 문제가 아니라는 사회적 인식이 필요하다. 정신과 치료는 특별한 사람이 받는 것이 아니라, 몸이 아플 때 병원에 가듯 마음이 아플 때 누구나 받을 수 있는 치료 과정이다. 사회적으로 정신질환에 대한 편견을 줄이고, 누구나 필요할 때 도움을 받을 수 있는 환경을 조성하는 것이 중요하다. 정신건강은 삶의 모든 부분과 연결되어 있으며, 이를 잘 돌보는 것이 결국 더 건강하고 행복한 삶을 만들어 가는 시작이 될 것이다.

3장 우울증이 내게 말을 걸었다

1. 우울증이 들려주는 이야기
2. 우울을 통해 나를 배우다
3. 나와 대화하는 기술
4. 우울해도 나를 놓지 않으려면

우울증이 내게 하려는 말, 그것은 고통의 메시지가 아니다. 우울이라는 감정은 때로는 우리가 애써 외면했던 문제를 직면하게 하고, 잊고 지냈던 마음의 소리를 다시 듣게 만든다. 그것은 단순히 부정적이고 힘겨운 감정의 집합체가 아니라, 우리가 놓쳤던 삶의 중요한 신호일지도 모른다.

우울증은 불편한 손님처럼 찾아오지만, 그 안에는 우리의 삶과 마음을 깊이 들여다볼 기회가 숨어있다. 고통은 무엇을 말하려는 것일까? 우울 속에서도 우리가 성장할 수 있는 가능성은 어디에 있을까? 그리고 내면의 목소리를 듣는 법은 어떻게 배울 수 있을까? 이 질문들은 우울증이라는 복잡한 감정을 이해하는 데 필요한 출발점이 된다.

이 장에서는 우울증이 우리에게 전달하려는 메시지를 탐구한다. 고통이라는 감정의 본질을 이해하고, 그것이 전하고자 하는 신호를 파악한다. 또한 우울 속에서 자신을 돌아보고 성장의 기회를 발견하는 방법을 제안한다. 마지막으로, 내면의 목소리를 듣고 스스로와 대화하는 법을 통해, 자기 자신과 더 깊은 연결을 이루는 과정을 이야기한다.

우울증은 힘겹고 버거운 감정이지만, 그 속에 숨어있는 의미를 발견할 때 우리는 자신과 삶을 새로운 시선으로 바라볼 수 있다. 이 장을 통해 독자들이 우울이라는 감정을 단순히 피해야 할 대상으로 여기기보다, 스스로를 이해하고 성장하는 계기로 삼을 수 있기를 바란다.

1. 우울증이 들려주는 이야기

마음속 신호를 듣다

우울은 불쑥 찾아와 우리를 고통스럽게 만들지만, 사실 그 안에는 우리가 미처 알아채지 못한 내면의 이야기들이 숨어있다. 마음 깊숙한 곳에서 해결되지 않은 감정들이 차곡차곡 쌓이다가, 더 이상 갈 곳이 없을 때 마침내 우울이라는 형태로 모습을 드러낸다. 그것은 마치 오랫동안 닫혀 있던 문 너머에서 조용히 울리는 신호처럼 작은 소리로 시작된다. 우리가 그 소리에 귀 기울이지 않고 외면하면 마음속의 어두움은 우리가 통제할 수 없을 만큼 키를 키운다. 물론 불편한 감정을 마주하는 것은 두렵고, 그 감정을 받아들이는 것은 쉽지 않다. 하지만 마음속 신호를 무시하거나 외면하려 애쓸수록 그 어두움은 힘을 얻는다.

우울감이 찾아왔을 때, 우리는 본능적으로 그 감정을 피하고 싶어진다.

'내가 왜 이러지?', '이 감정이 빨리 사라졌으면 좋겠다.', '어떻게 하면 이 감정이 빨리 사라질 수 있을까?'

하지만 우울은 단순한 불청객이 아니다. 그것은 우리 삶에서 해결되지 않은 문제들, 놓쳐버린 것들, 혹은 오랫동안 외면해 온 감정들이 보내는 신호이다. 지금 내 감정의 신호에 귀 기울이지 않으면 그것은 다른 방식을 통해서라도 그 중요성을 알려주려 할 것이다.

고통은 때때로 우리가 무언가를 바꿔야 한다는 신호가 된다. 오랫동안 참으며 지내왔던 관계, 나를 지치게 만드는 환경, 더 이상 의미를 찾을 수 없는 삶의 방식. 어쩌면 우울은 지금의 방향이 나에게 맞지 않는다는 것을 알려주려는 것일지도 모른다. 살면서 감정을 억누르는 것이 안전하게 느껴지는 상황을 자주 경험했거나, 혹은 참고 견디는 것이 미덕이라고 배워 왔을 수도 있다. 하지만 감정을 누른다는 것은 결국 내 마음의 소리를 듣지 않겠다는 것과 같다. 내 마음의 소리를 듣지 않고 과연 내가 나답게 살 수 있을까?

우울함이 찾아올 때는 손님을 맞이하는 것처럼 그 감정이 나에게 무엇을 말하고 싶은 것인지 귀를 기울일 필요가 있다. 억지로 밀어내기보다는 손님에게 차를 한잔 대접하는 마음으로 마주 앉아 담담히 바라볼 수 있다면, 그 감정이 하고자 하는 말이 무엇인지 실마리를 찾을 수 있을 것이다.

'이 감정은 어디에서 온 것일까?', '나는 지금 무엇을 가장 원하고 있을까?', '내가 오랫동안 놓치고 있던 것은 무엇일까?'

고요히 그 감정을 바라볼 수 있을 때 비로소 자신이 하고자 하는 이야기를 꺼내놓는다. 그렇다면 우리는 이제 그 이야기를 잘 들어보아야 한다.

묻어둔 감정은 사라지지 않는다

우리는 때때로 감정을 드러내지 않는 것이 더 나은 선택이라고 배워왔다. 불편한 감정을 표현하면 관계가 어색해질까 봐, 혹은 누군가에게 짐이 될까 봐 스스로 자신의 감정은 뒤로 미룬다. 어린 시절부터 조심스럽게 행동해야 했던 사람, 갈등을 피하려 애썼던 사람, 자신의 감정보다 타인의 감정을 먼저 살폈던 사람들은 감정을 누르는 것이 마치 '숨을 쉬듯' 익숙하여 그렇게 하지 않으면 오히려 불편하게 느껴지기까지 한다.

하지만 묻어둔 감정은 결코 사라지지 않는다. 오랫동안 외면당하고 억눌려 표현되지 못한 감정들은 마치 강바닥 깊숙이 가라앉은 진흙 덩어리처럼 남아 있다가 작은 물고기의 움직임 하나, 누군가가 사소하게 던진 돌멩이 하나에도 흐트러지고 탁해진다. 겉으로는 아무렇지 않은 척하지만 이유 없이 짜증이 나거나, 작은 일에도 예민하게 반응하게 되는 순간이 있다. 때로는 불안과 초조함으로, 때로는 몸의 신호로 찾아오기도 한다. 두통, 이명, 위장장애, 만성 피로, 어깨 결림 같은 신체 증상들은 우리가 애써 눌러둔 감정들의 아우성일지도 모른다.

우울감은 신체 증상이 아닌 마음 증상이다. 우울감이라는 감정은 단순히 기분이 가라앉고 무기력해지는 것이 아닌 오랫동안 돌봄 받지 못한 내 감정이 나를 향해 내뱉는 절절한 외침일 수 있다.

'이제는 나를 좀 봐. 내 이야기를 좀 들어줘.'

하지만 우리는 늘 해야 할 일, 맞춰야 할 기준, 배려해야 할 관계들에 몰두하면서 정작 자신의 감정은 뒷전으로 미룬다. 이렇게 무시된 감정들은 우리가 알아채지 못하는 사이에 마음속 깊이 가라앉아 쌓여 가며, 언제든지 마음을 흐릴 준비를 하고 있다. 쌓인 감정들이 많고 오래될수록, 흐려진 마음이 가라앉고 다시 맑아지기까지 더 많은 시간과 노력이 필요하다.

그러니 이제는 우리 감정의 목소리에 귀 기울일 때다. 억눌린 감정은 잘못되고 나쁜 것이 아니다. 감정에는 옳고 그름이 없다. 모든 감정에는 나름의 의미가 있고 나를 위한 메시지를 담고 있다. 그 소리에 귀를 기울였을 때 우리는 성장할 수 있고 다시 건강해질 수 있다.

'나는 무엇을 참아왔을까?', '나는 언제부터 감정을 표현하는 것이 어렵다고 느꼈을까?', '내 안에 남아 있는 감정은 무엇일까?'

이런 질문을 던져보는 것만으로도, 우리는 내면 깊숙이 쌓여 있던 감정을 조금씩 마주할 수 있다.

과거의 감정, 지금의 나에게 말을 걸다

우울감이 깊어질수록, 과거의 기억들이 떠오르기 마련이다. 평소에는 잊고 지내던 어린 시절의 상처, 해결되지 않은 가족과의 갈등, 마음을 정리할 시간이 없이 지나간 이별과 상실이 다시 우리 앞에 모습을 드러낸다. 마치 오랜 시간 마음속 깊이 가라앉아 있던 감정의 찌꺼기들이, 우울이라는 파도를 타고 떠오르는 것처럼.

지금 느끼고 있는 우울감이 단순히 현재 겪고 있는 나쁜 상황이나 피로감, 스트레스 때문만은 아닐 것이다. '지금 힘든 이유가 도대체 뭐지?'라고 스스로에게 물어보았을 때 의외로 답을 찾기 어려운 때가 있다. 그럴 때는 지금의 감정이 과거에서 이어진 것은 아닌지 돌아볼 필요가 있다. 어린 시절 충분한 위로를 받지 못했던 기억이 남아 있는 걸까? 혹은 이해받지 못해 혼자 감당해야 했던 감정들이 쌓여 있는 걸까?

과거의 상처는 우리 삶에서 완전히 사라지는 것이 아니라, 해결되지 않은 채 남아 있다가 반복적으로 모습을 드러낸다. 예를 들어 어릴 적 사랑받기 위해 늘 자신의 욕구를 좌절시켜야 했던 사람은 성인이 되어서도 자신의 욕구대로 행동하기 어려울 수 있다. 또는 관계에서 깊이 상처받았던 경험이 있는 사람은 누군가와 가까워지려고 할 때 이유도 모른 채 두려움을 느낀다.

이런 감정들이 해결되지 않은 채 남아 있으면, 마치 덜 아문 상처처럼 삶에서 부는 바람 한 자락에도 마음 한편이 아려온다. 혹은 그때와 비슷한 상황이 오면 마치 다시 그때로 돌아간 것처럼 놀라고 얼어붙어 상황에 제대로 대처하지 못하기도 한다.

우울은 '그 시절의 상처를 외면하지 말고, 이제는 이 감정을 마주할 때야.'라고 말하고 있는 것인지도 모른다. 그렇다면, 우리는 이 감정들을 어떤 태도로 바라봐야 할까? 우선, 과거를 떠올릴 때 스스로를 비난하거나 탓하지 않는 것이 중요하다. '내가 그때 왜 그렇게 행동했을까?', '좀 더 강했더라면 덜 아팠을 텐데.'라는 생각보다는, '그때의 나는 최선을 다했다.', '그 순간을 견뎌낸 것만으로도 충분하다.'라고 말해주는 것이 필요하다.

과거의 경험은 바꿀 수 없지만, 그 경험을 바라보는 방식은 바꿀 수 있다. 과거의 경험은 바꿀 수 없지만, 그 경험을 바라보는 관점은 내가 선택할 수 있다. 고요히 물속을 들여다보듯 우리가 외면했던 감정을 마주할 때 비로소 밑바닥에 쌓인 우울이라는 진흙을 거두어 낼 수 있는 힘이 생긴다.

마음이 묻어둔 소리 몸이 대신 말하다

마음이 힘들면 몸도 함께 반응한다. 깊은 피로감, 이유 없는 두통, 소화 불량, 밤마다 찾아오는 불면. 특별한 질병이 있는 것도 아닌데, 몸 여기저기서 신호를 보내온다. 우리는 가끔 이를 대수롭지 않게 넘기고 '조금만 쉬면 괜찮아지겠지.'라고 생각하지만 정작 쉬어도 나아지지 않는 경우가 많다.

우울감이 지속될수록 몸은 더 강한 방식으로 신호를 보낸다. 아침에 일어나기도 전에 벌써 지친 느낌이 들거나, 아무리 쉬어도 피곤이 풀리지 않는다면, 단순한 피로가 아닐 수도 있다. 이유 없이 몸이 무겁게 느껴지고, 일상적인 활동조차 버겁다면, 그 피로는 단순한 에너지 부족이 아니라 감정이 압축된 무게일 가능성이 크다.

또한 우울감은 신체적인 통증으로 나타나기도 한다. 가슴이 답답하거나 목과 어깨가 뻣뻣해지는 느낌, 위장 장애처럼 설명하기 어려운 증상들이 계속될 수 있다. 이는 신체가 오랫동안 억눌려온 감정을 대신 표현하는 방식일지도 모른다. 말로 꺼내지 못한 감정이 몸의 통증으로 남아 우리에게 말을 하고 있는 것이다.

수면의 변화는 우울과 불안이 몸에 미치는 가장 직접적인 영향 중

하나다. 불면증에 시달리는 경우도 있고, 반대로 아무리 자도 피곤이 풀리지 않아 종일 눕고 싶어지는 경우도 있다. 어느 쪽이든 정상적인 생체 리듬이 깨진 상태이며, 이는 감정의 균형에도 영향을 미친다.

몸은 무언가 잘못되었음을 알리기 위해 이런 신호들을 보낸다. '내 몸이 이렇게 반응하는 이유는 무엇일까?', '혹시 내가 무시하고 있던 감정이 있었을까?' 몸이 보내는 신호를 단순한 불편함이 아니라 '나 자신을 돌봐야 한다.'라는 메시지로 받아들인다면, 우리는 그 신호를 억누르는 대신, 조금씩 해결해 나갈 수 있을 것이다. 몸의 반응은 그냥 사라지는 것이 아니라, 자신을 돌볼 때 비로소 편안해진다.

지금 이 길이 맞는 것일까? 우울함이 던지는 질문

문득 이런 생각이 들 때가 있다.
'내가 지금 가는 길이 맞는 걸까?', '이렇게 살아도 되는 걸까?'
겉으로 보기엔 아무 문제 없어 보이지만, 시간이 지날수록 마음은 점점 무거워지고 삶의 의미를 찾기 어려워진다.

'내가 선택한 길이 나를 위한 길이 아니라고, 나는 지금 행복하지 않다고' 마음 깊은 곳에서 소리가 들릴 때, 우리는 그 소리를 단순한 응석으로 치부하거나 상황 탓으로 넘길 수도 있다. 하지만 우리는 반드시 그 소리에 귀 기울여야 한다. 이는 우리를 진정한 나를 찾는 열쇠가 될 수 있다.

우리는 수많은 기대 속에서 살아간다. 부모로서의 모습, 자녀로서의 모습, 사회가 요구하는 성공, 타인의 시선에 맞춘 선택들. 물론 그 기대에서 완벽하게 자유로울 수는 없지만 한쪽으로 치우친 삶을 살다 보면 내가 원하는 삶에 대해 생각해 볼 기회를 놓치게 된다. 아무리 노력해도 충분하다고 느껴지지 않을 때, 행복하다는 감정을 언제 느껴보았는지 기억조차 나지 않을 때, 겉으로는 잘 지내고 있는 것처럼 보이지만 공허한 마음이 가시지 않을 때.

그 이유는 단순하다. 내가 걸어온 길이 '내가 원하는 길'이 아니었기 때문이다. 오랫동안 무언가를 원한다고 믿어왔지만, 사실 그것이 정말 내 것이었는지 생각해 보아야 한다. 다른 사람들이 보기에는 다 가진 것처럼 보이더라도, 특별한 문제가 없어 보이더라도, 마음속 깊은 곳에는 내가 원하는 방향이 맞는 것인지 이 길을 계속 가야 하는 것인지 끊임없이 고민하고 있을지 모른다. 우울감은 이러한 내면의 방황이 만들어 내는 신호이다.

내 삶의 기준, 이제는 나에게 맞추기로 했다

우울감이 던지는 질문들은 불편하다. 지금껏 당연하게 여겨왔던 삶의 방향을 의심하게 만들고, 내가 쌓아온 것들이 진짜 의미 있는 것인지 되돌아보게 한다. 이런 질문을 마주하면 우리는 쉽게 혼란스러워진다.

'내가 틀린 걸까?', '그냥 이대로 살아야 하는 걸까?'

하지만 이것이 반드시 나쁜 과정은 아니다. 오히려, 이 감정은 우리에게 더 나다운 삶을 찾을 기회를 준다.

어떤 사람들은 평생 남을 위해 살아왔다. 부모의 기대를 저버릴 수 없어서, 사회가 정해놓은 성공의 기준을 따르기 위해, 혹은 주변 사람들에게 인정받기 위해 자신을 희생해 왔다. 그런데 어느 순간, 더 이상 이 길을 걸어갈 힘이 나지 않는다면? 그건 단순한 게으름도, 나약함도 아니다. 내면 깊은 곳에서 더 이상 억누를 수 없는 감정이 터져 나오기 때문이다.

이럴 때 중요한 것은 나 자신에게 솔직해지는 것이다.

'나는 지금 무엇을 위해 살고 있는가?', '지금 내가 추구하는 것은 정말 내 것이 맞는가?', '나는 이 삶을 사랑할 수 있는가?'

이런 질문을 던지는 것이 처음에는 두려울 수도 있다. 하지만 삶의 방향이 흔들리는 순간은 곧, 변화의 순간이기도 하다. 우울감이 주는 고통, 분노에는 정체된 삶을 바꿀 만큼의 큰 힘이 있다.

우울은 내면이 보내는 방향 전환의 신호일지도 모른다

삶이라는 길은 1+1=2처럼 정해져 있지 않다. 누구나 살다 보면 삶의 방향을 틀게 되거나 왔던 길을 되돌아가야 하는 때가 있다. 하지만 너무 오랫동안 이 길이 옳다고 굳게 믿고, 같은 길을 걸어왔다면 내가 온 길을 다시 돌아가거나 방향을 바꾸는 것이 어려울 것이다. 또한 변화는 불안하다. 익숙하게 오가던 길이 구불구불 돌아서 오는 길일지라도 낯선 길을 찾아내고 탐험한다는 것은 편안하지 않고 위험하다고 느껴질 수 있다. 하지만 그 길을 가는 것이 너무 고되거나 무언가 잘못되었다는 느낌이 든다면 우리는 누군가의 도움을 받아서라도 새로운 시도를 해 보아야만 한다. 우울감도 이러한 신호 중 하나이다. 이 신호를 무시하고 계속 같은 방법만을 고집한다면 언젠가는 더 큰 공허함과 무력감에 부딪힐 수 있다.

우울은 삶이 조용히 들이밀어 오는 질문지 같은 것이다. 우리는 그 물음 앞에 서게 된다.

'지금의 방향이 맞는가?', '내가 진짜 원하는 것은 무엇인가?'

그 질문을 피하지 않고 마주할 때, 우리는 조금씩 나만의 길을 찾게 된다. 정답을 바로 알 수는 없지만, 최소한 내가 어디에서 벗어나야 하는지는 알 수 있지 않을까.

우울감이 찾아올 때, 우리는 그것을 단순한 불행으로 여기기 쉽다. 하지만 어쩌면 그것은 내면이 우리에게 건네는 조용한 속삭임일지도 모른다.

'너, 정말 이대로 괜찮은 거야?'

그 속삭임을 듣고, 한 걸음 멈춰 서서, 삶을 다시 바라볼 용기를 낼 수 있다면, 우리는 조금 더 나다운 방향으로 나아갈 수 있다.

나는 누구의 기대 속에서 살고 있는가?

우울감이 찾아올 때, 대부분의 사람은 그것을 불청객처럼 여긴다. 빠르게 해결하고 벗어나야만 하는 장애물로 느껴지기도 한다. 하지만 여러 번 이야기한 바와 같이 우울감은 우리의 삶이 보내는 중요한 신호이다. 지금 살고 있는 방식이 과거의 내가 애써온 흔적 일지라도 지금의 나에게는 맞지 않다는 경고이자, 내가 외면하고 있는 감정과 욕구를 마주하라는 메시지인 것이다.

'부적응 또한 적응의 노력'이라는 말이 있다. 겉으로 보기에는 문제 행동이라고 느껴지더라도 그 사람만의 특별한 맥락을 따라가다 보면 그 행동 역시 고통을 피하기 위한 절실한 몸부림이었다는 것을 알게 된다.

우울감은 매우 사적인 영역으로, 촉발되는 상황이나 모습이 사람마다 다를 수 있다. 우리는 누구나 타고난 기질과 이어지는 인생 여정의 합으로 형성된 어떤 성격 특성을 가지고 살아간다. 신체적으로도 약한 부분이 있는 것처럼 마음에도 취약한 부분이 있을 수 있다. 그 때문에 우울을 다룰 때는 증상 안에 숨어있는 개인의 역사를 깊이 있게 다룰 필요가 있다.

상담실에 찾아온 내담자들도 "우울한데 도통 이유를 모르겠어요.", "불안한데 문제가 무엇인지 모르겠어요."라는 등의 막연한 주관적 고통으로 방문하는 경우들이 많다. 물론 상황적인 부분이 누가 봐도 힘들겠다 싶은 문제를 가지고 오는 경우들도 있다. 하지만 신기하게도 모든 사람이 그 상황에서 우울증을 겪게 되는 것은 아니다. 취약점과 촉발 사건이 열쇠와 자물쇠처럼 딱 맞아떨어질 때 '딸깍'하고 마음속 깊은 곳의 문이 열리고 그 안에 웅크리고 있는 상처받은 나의 마음을 만날 수 있다.

그러므로 무기력하고 공허한 기분이 들 때, 하루하루 열심히 살아가고 있음에도 삶이 의미 없게 느껴질 때, '나는 지금 어디로 가고 있는 것일까?'라는 질문이 문득 떠오른다면 우리는 그 감정을 가볍게 흘려보내서는 안 된다.

'나의 욕구는 존중되고 있는가?', '지금의 삶은 내가 원했던 방향인

가?', '나에게 가장 중요한 것은 무엇인가?', '나는 진정한 나로 살아가고 있는 것인가?'

우리는 우리 인생의 여정을 되돌아보아야 한다. 과거의 경험과 정서들이 지금의 나와 내 상황과 어떻게 맞물리고 있는지 이 우울의 근본적인 원인은 무엇인지, 우울감 밑의 촘촘한 감정 안에 그 답이 있을 것이다.

우울이라는 신호, 마음이 보내는 소리

어떤 사람들은 오랫동안 남의 기대에 맞춰 살아왔다. 좋은 성적을 받아야 했고, 좋은 직장을 가져야 했으며, 타인이 정해놓은 '성공'의 기준을 따르며 자신을 희생하기도 했다. 그러다 보니 어느 순간, 내가 진짜 원하는 것이 무엇이었는지 조차 잊어버리게 된다. 사람들은 묻는다. '그러면 이제 와서 모든 걸 바꿔야 할까?' 하지만 삶의 방향을 바꾼다는 건 거창한 결정을 내리는 것이 아니다.

우리는 때때로 스스로를 속이며 살아간다. '이 정도면 괜찮아.', '이 길이 맞겠지.', '다들 이렇게 사니까.'라고 말하며 자신의 진짜 감정을 눌러버린다. 하지만 마음은 그것을 기억하고 있다. 지금의 삶에서 내가 놓치고 있는 것은 무엇일까? 나는 나의 감정을 존중하며 살아가고 있는가? 내면이 계속해서 보내는 신호를 무시한 채 살아가고 있지는 않은가?

우울은 어쩌면 우리에게 쉬어가라고, 되돌아보라고, 그리고 무엇보다 나 자신을 다시 마주하라고 말하는 것일지도 모른다. 그 목소리를 피하지 않고 진심으로 들어볼 때, 우리는 조금씩 더 나다운 삶으로 나아갈 수 있다. 자 이제 내 안을 바라보자. 나의 마음을 자세히 들여다볼 수 있는 용기를 내는 것만으로도 우리 마음의 풍경은 달라질 수 있다.

2 우울을 통해 나를 배우다

　우울은 오히려 성장의 계기가 될 수 있다. 정신분석가 에미 거트(Emmy Gutt)는 정상적인 우울한 감정이 우리가 살아감에 있어서 적응력을 강화해 준다고 한다. 우울한 반응은 내적으로 뭔가 풀리지 않고 막다른 상태에 도달했을 때 무의식적으로 우리의 모든 주의를 내부로 향하게 한다. 이렇게 시작하는 우울은 의식적으로는 삶의 무의미함이나 목적 상실로 인해 발생할 수 있다. 하지만 무의식적으로는 더 나은 삶을 향한 성장 욕구에서 비롯되기도 한다. 이런 이중적인 측면을 이해하는 것은 우울증을 극복하는 데 큰 도움이 된다. 우울을 통해 삶의 의미와 목적에 대해 깊이 고민한다면 더 성숙하고 단단한 자아를 형성하는 과정이 될 것이다. 이러한 어려운 시기를 통해 내면의 힘을 발견하고, 더 나은 삶을 향해 나아가는 동력을 얻을 수 있다.

성장과 변화를 위한 길목에서 만나는 성장통

우울증은 개인을 성장과 성숙으로 이끄는 과정으로 성장통이라 할 수 있다. 이 과정에서 자신의 한계와 약점을 직면하고, 이를 극복하기 위해 다양한 방법을 찾아 나서게 된다. 그 과정은 다음과 같다.

첫째, 깊은 자기 이해를 위한 과정이다. 우울증을 겪으며 자신을 더 깊이 이해하게 된다. 또한 자신의 감정과 생각을 분석하고, 왜 이러한 감정이 생기는지 고민한다. 이를 통해 자기 이해가 더 깊어지고, 자아 인식의 중요성을 깨닫게 된다.

둘째, 회복을 위한 노력의 과정이다. 우울증을 극복하는 과정에서 자신의 회복력을 발견하게 된다. 힘든 시간을 견뎌내면서 자신이 얼마나 강한지를 깨닫게 되고, 미래의 도전에 대한 자신감을 얻는다. 이러한 경험은 개인의 성장에 중요한 역할을 한다.

셋째, 문제 해결 능력이 향상되는 과정이다. 우울증을 겪는 동안 다양한 문제와 직면하게 된다. 이러한 문제들을 해결해 나가는 과정에서 문제 해결 능력이 향상되고, 더 나은 방법을 찾아내는 능력을 키우게 된다.

넷째, 회복탄력성이 강화되는 과정이다. 우울증을 겪고 회복하는 과정에서 마음의 회복력을 강화할 수 있다. 이는 어려운 상황에서도 긍정적인 생각과 감정을 유지하고, 다시 일어나게 하는 힘을 길러준다.

다섯째, 더 나은 인간관계를 형성하는 과정이다. 우울증을 겪는 동안에 수많은 사람이 주변 사람들과의 관계를 재조명하게 된다. 자신의 감정을 솔직하게 표현하고, 도움을 청하는 과정에서 더 깊은 연결감을 형성한다. 이 과정은 자신을 이해하고, 타인과의 연결을 통해 치유를 받는 기회를 제공한다.

이렇듯 우울증은 단순히 고통스러운 경험이 아니라, 성장하고 발전하는 중요한 지표로 작용한다. 이를 통해 자신의 감정과 생각을 깊이 이해하게 되고, 더 강하고 지혜로운 사람으로 변화할 수 있다. 우울증을 성장의 기회로 삼는 것은 자신의 내면을 더 잘 돌보고, 자신을 사랑하며, 어려운 상황에서도 긍정적인 변화를 일으키는 것을 의미한다. 이를 통해 우리는 더 건강하고 만족스러운 삶을 살아가게 된다.

삶의 전환기에 찾아오는 우울

우울증은 종종 우리가 삶에서 중요한 전환기를 맞이할 때 찾아오곤 한다. 이러한 시기는 새로운 적응을 위해 정서적으로 고통스러울 수 있다. 하지만 동시에 더 성숙하고 단단한 사람으로 나아갈 수 있는 중요한 계기가 되기도 한다. 현재 상태에 만족하며 살아가는 일부 사람 중에는 외부의 스트레스나 내면의 갈등을 경험하지 않아 우울증을 경험할 가능성이 적을 수 있다. 하지만 내적 갈등과 고통을 감내하는 경험이 부족함으로써, 성장을 촉진하는 기회를 놓치는 경우가 있을 것이다. 고통과 어려움 속에서 개인은 더 깊이 자신을 이해하고, 성장하는 법을 배운다. 정신적 어려움은 내적 성장에 중요한 역할을 한다. 이를 통해 더 성숙하고 강한 사람이 된다. 모든 사람에게 우울증이 반드시 필요하다고 주장하는 것은 아니다. 하지만 내면의 갈등을 통해 성장할 수 있다는 가능성을 인식하는 것은 중요하다.

정신분석가이자 아동심리학자인 멜라니 클라인(Melanie Klein)은 초기 아동기의 경험과 이로 인한 심리적 갈등이 성인의 정신건강에 큰 영향을 미친다고 보았다. 이러한 결과로 우울증이 나타날 수 있다고 보았다. 또한 클라인은 우울증이 외부 현실이나 생리적인 문제와 관계가 있을 수도 있지만, 개인의 내면적인 갈등이나 무의식적인 욕구가 중요한 원인으로 작용한다고 했다. 따라서 그녀는 우울증을 자신을 이해하고 성장하는 중요한 과정이라고 인식하고 완전히 없애기보다는 자아가 감당할 수 있는 범위 내에서 갈등을 조절하고 다루는 것이 필요하다고 보았다.

건강한 우울증도 있다

건강한 우울증은 정신적 회복력과 적응력을 반영하는 중요한 지표이다. 이것은 우울한 감정이 일시적으로 찾아올지라도, 일정 시간이 지나면 그 감정에서 빠져나와 현실을 살아가는 능력을 말한다. 이와 같은 우울증은 내면의 갈등과 어려움을 직면하고 해결하는 데 도움이 된다. 이러한 접근 방식은 우울증을 단순히 부정적인 감정으로 보는 것만이 아니다. 이는 내면의 문제를 해결하고 성장을 촉진하는 도구로 활용할 수 있는 긍정적인 측면도 강조한다. 건강한 우울증을 통해 자신의 감정을 인정하게 되고, 더 깊이 있는 성찰과 성장의 기회를 얻을 수 있다. 이는 결국 우리가 더 강하고 유연한 사람으로 살아갈 수 있도록 도와준다.

우울증은 복잡하고 다층적인 감정 상태이다. 이는 익숙한 환경에서 벗어나 새로운 환경에 적응하는 과정에서 겪는 감정적 혼란과 불안을 반영한다. 이러한 감정을 반영한 우울감은 자신을 더 강하고 성숙한 사람으로 성장하게 한다. 새로운 것이 오지 않은 상태에서 때로 혼란과 다양한 불쾌한 감정을 경험한다. 이 시기는 심리적으로 매우 어려운 시간이다. 하지만 동시에 성장하는 중요한 기회이기도 하다. 이러한 혼란기에는 짜증, 화, 죄책감, 후회감 같은 감정들이 나타날 수 있다. 그러므로 이와 같은 감정들을 이해하고 받아들이는 것이 중요하다. 변화를 통해 더 나은 자신으로 성장할 수 있다. 그리고 이 과정은 자신의 인생에서 중요한 전환점이 된다.

위인들의 성장과 함께 한 우울에서 배우다

위인들의 삶에서 우울증은 종종 그들의 성장과 깊은 연관이 있다. 많은 역사적 인물이 개인적인 고통과 심리적 어려움을 겪으면서도 이를 극복하고 뛰어난 업적을 남겼다. 다음은 몇 가지 예시를 통해 우울증이 이들의 삶에 있어서 어떻게 성장으로 이어졌는지 살펴보고자 한다.

에이브러햄 링컨(Abraham Lincoln)

에이브러햄 링컨은 미국의 16대 대통령으로, 그의 삶에서 우울증과 같은 정신적 고통을 겪었던 사실은 잘 알려져 있다. 링컨은 젊은 시절부터 여러 차례 우울증을 경험했다. 이는 그의 개인적 삶과 정치적 경력에 큰 영향을 미쳤다. 링컨은 젊은 시절 여러 차례 사랑하는 사람을 잃었다. 이는 그에게 큰 상실감을 안겼다. 그의 아내인 메리 토드 링컨과의 관계에서도 많은 갈등이 있었다. 이러한 요소들이 그의 정신적 고통을 심화시켰다. 자신의 우울증을 '블루스'라고 표현한 링컨은 이를 통해 자기의 감정 상태를 솔직하게 드러냈다. 때때로 심한 우울증에 시달리기도 한 그는 이러한 감정이 자신의 리더십에 영향을 미쳤다.

이러한 고통에서도 링컨은 우울증을 인정하고, 자신을 더 깊이 이해하는 계기로 삼았다. 그는 자신의 감정을 솔직하게 표현하면서, 더 많은 사람과 공감할 수 있었던 것 같다. 또한 그는 우울증을 극복하기 위해 여러 방법을 찾았다. 이런 과정을 통해 더 강력한 리더로 성장했다. 그의 고난과 역경은 그를 단련시켰으며, 다양한 위기 상황에서 효과적으로 대응할 수 있는 능력을 키웠다. 링컨은 자신의 고통을 바탕으로 타인에 대한 이해와 공감을 높였다. 이는 그의 정치적 결정과 대인관계에서도 긍정적인 영향을 미쳤다. 이러한 그의 인간적인 면모는 많은 사람에게 사랑받는 지도자로 자리 잡을 수 있게 했다. 링컨의 우울증은 그의 삶에서 무겁고 힘든 부분이기도 하였다. 그는 이를 극복하고 성장하는 과정에서 수많은 사람에게 영감을 주는 인물로 남았다. 이러한 경험은 그가 위대한 지도자로서 남을 수 있는 기반이 되었다.

윈스턴 처칠(Winston Churchill)

윈스턴 처칠은 영국의 정치가이자 제2차 세계대전 중 영국의 총리로 잘 알려져 있다. 그가 겪었던 우울증은 개인적인 고뇌와 정치적 역경 속에서 그의 성장과 리더십에 중요한 영향을 미쳤다. 처칠은 자신의 우울증을 '블랙 독'이라고 표현했다. 이는 그가 경험한 깊은 우울감과 불안감을 상징하는 용어로, 그의 삶과 경력에 자주 등장한다. 젊은 시절부터 처칠은 여러 차례의 실패와 절망을 경험했다. 군 복무와 정치 경력에서의 어려움, 그리고 가족 문제 등이 그의 우울증을 악화시켰다. 특히, 제1차 세계대전 중 갈리폴리 전투의 실패는 그에게 큰 타격이었다.

처칠은 우울증을 극복하기 위해 다양한 방법을 시도했다. 그는 글쓰기를 통해 자신의 감정을 표현하고, 정처 없이 걷는 것을 통해 스트레스를 해소했다. 이러한 활동은 그에게 정신적인 안정을 가져다주었다. 처칠은 제2차 세계대전 중 영국을 이끄는 과정에서 자신의 우울증을 숨기지 않고, 오히려 이를 통해 더 강한 리더십을 발휘했다. 그의 연설은 국민에게 희망을 주고 국민의 사기를 높이는 것으로 유명하다.

처칠은 자신의 고통을 통해 다른 이들에 대한 깊은 이해와 공감을 하게 되었다. 그의 경험은 그를 복잡한 인간으로 만들었고, 이는 정치적 결정과 대인관계에서도 긍정적인 영향을 미쳤다. 처칠의 우울증은 그의 삶에서 고통스러운 요소였다. 하지만 그는 이를 극복하고 성장하는 과정에서 뛰어난 지도자로 자리 잡았다. 그의 경험은 많은 이들에게 영감을 주며, 인간의 복잡한 감정과 고난 속에서도 강인함을 발휘할 수 있다는 메시지를 전달한다.

헤르만 헤세(Hermann Hesse)

　헤르만 헤세는 독일의 작가이자 시인으로, 그의 작품은 개인 내면의 갈등과 성장, 그리고 우울증과 같은 주제를 깊이 탐구하고 있다. 헤세는 어린 시절부터 감정적으로 고통스러운 경험이 많았다. 가족 내 갈등, 특히 부모와의 관계 어려움은 그에게 깊은 상처를 남겼다. 이러한 감정들은 그의 우울증을 유발하는 요소로 작용했다. 제1차 세계대전 당시 헤세는 전쟁의 참극을 목격하며 깊은 우울감에 빠졌다. 전쟁의 폭력과 인간의 고통을 목격하면서, 그는 인간 존재에 대한 회의와 불안을 느꼈다. 헤세는 자신의 감정과 내면세계를 탐구하기 위해 글쓰기를 선택했다. 그의 주요 작품인 『데미안』, 『싯다르타』, 『유리알 유희』 등은 자아 탐색과 성장의 과정을 다룬다. 이러한 작품들은 그의 내면 갈등과 우울증을 반영하며, 독자에게 깊은 공감을 불러일으킨다. 그는 자연과의 교감을 통해 위안을 찾았다. 정원 가꾸기 같은 활동을 통해 정신적인 안정과 치유를 경험했다. 이러한 경험은 그의 작품에서도 자연과 조화로운 관계로 나타난다.

　헤세는 동양 철학, 특히 불교와 타오이즘에 큰 영향을 받았다. 이러한 사상들은 그의 세계관을 넓히고, 내면의 평화를 찾는 데 기여하기도 했다. 그는 자아를 넘어서 더 깊은 진리를 찾기 위한 여정을 통해 성장했다. 헤르만 헤세의 우울증은 그의 삶과 작품에서 중요한 역할을 했다. 그는 고통과 갈등을 통해 자신을 발견하고 성장하는 과정을 겪었다. 이러한 경험은 그의 문학적 성취에 큰 영향을 미쳤다. 그의 작품은 내면의 갈등을 이해하고 극복하고자 하는 이들에게 많은 영감을 준다.

빈센트 반 고흐(Vincent van Gogh)

빈센트 반 고흐는 그의 삶과 작품에서 우울과 성장의 복잡한 관계를 보여준다. 그는 불행한 개인적 경험과 정신적 고통 속에서도 예술가로서의 정체성을 찾아갔다. 그는 평생 심각한 우울증과 정신적 문제를 겪었다. 그의 우울은 종종 고독감과 사회적 고립과 연결되어 있었다. 이는 그의 작품에 깊은 감정적 영향을 미쳤다. 그의 많은 작품에서 어두운 색조와 비극적인 주제가 나타난다. 이는 그의 내면 갈등을 반영한다. 그의 편지들에서도 이러한 고뇌와 고독감이 드러난다. 그러나 그의 우울은 단순한 고통의 원인이 아니라, 예술적 성장을 위한 촉매제가 되기도 했다.

고흐는 우울한 감정 표현을 위해 그림을 그리며, 자기 내면을 탐구하고 성장할 수 있었다. 특히 후기 작품에서는 그의 색채 사용과 붓질이 더욱 자유롭고 강렬해지면서 감정의 깊이를 전달하는 데 성공했다. 그의 예술은 고통을 뛰어넘어 인간의 경험을 탐구하는 과정이었다. 결국 그의 작품은 후대에 큰 영향을 미쳤다. 그리고 감정의 진실성과 예술의 힘을 보여주는 상징이 되었다. 빈센트 반 고흐의 삶은 우울과 성장의 복잡한 교차점에서 고찰할 수 있다. 이는 그의 예술이 오늘날에도 여전히 공감과 감동을 주는 이유 중 하나이다.

아이작 뉴턴(Isaac Newton)

　아이작 뉴턴의 천재성과 과학적 발견뿐만 아니라, 그의 우울증과 그것이 그의 성장에 미친 영향을 살펴보는 것은 흥미로운 주제이다. 뉴턴은 평생 여러 차례 우울증을 경험한 것으로 알려져 있다. 그의 개인적이고 사회적인 관계는 종종 복잡했다. 특히 고립감과 불안감이 그를 괴롭혔다. 그는 대학 시절과 이후에 몇 차례의 심각한 우울을 경험했다. 이는 그가 종종 세상과 단절된 상태로 지내게 했다. 그는 1665년에 플레인 연구를 위해 케임브리지 대학에서 한동안 물러나 있었다. 이 시기에 그가 겪었던 고독감은 그의 감정적 고통을 더욱 심화시켰다. 그러나 뉴턴의 우울증은 그의 과학적 성취와도 밀접한 관련이 있다. 그의 고독한 시간은 깊은 사고와 집중을 가능하게 했다. 이는 그가 주목할 만한 발견을 하게 만드는 계기가 되었다. 그는 만유인력의 법칙, 미적분학의 발전, 광학에 관한 연구 등을 통해 과학 역사에 길이 남을 업적을 남겼다.
　뉴턴은 자신의 고통을 예술 또는 지적 창조의 원천으로 활용했다. 그의 집중력은 과학적 탐구에 대한 그의 열망을 더욱 강화했다. 그의 내면 갈등과 고독은 그가 복잡한 문제를 해결하고 새로운 개념을 탐구하는 데 중요한 역할을 했다. 이처럼 아이작 뉴턴의 우울증은 그의 개인적인 삶에서 큰 고통의 원천이었다. 하지만 동시에 그의 과학적 성장과 혁신에 기여한 요소로 작용했다. 그의 이야기는 고통이 어떻게 창조성과 발전으로 이어질 수 있는지를 보여주는 좋은 예이다.

레프 톨스토이(Leo Tolstoy)

레프 톨스토이는 그의 문학적 업적뿐만 아니라, 개인적인 고뇌와 성장의 과정을 통해 많은 사람에게 영향을 미친 작가이다. 그의 삶에서 우울증은 중요한 주제이며, 이는 작가로서 성장하는 데 기여했다. 그는 자신의 삶에서 여러 차례 우울증을 겪었다. 특히 중년기에 접어들면서 존재의 의미에 대한 심각한 의문과 불안감을 느꼈다. 이러한 우울증은 그의 개인적인 삶뿐만 아니라 가족과의 관계에도 영향을 미쳤다. 그는 불행한 결혼생활과 사회적 고립, 그리고 자신의 문학적 업적에 대한 회의감으로 인해 우울해지곤 했다.

그의 후기 작품, 특히 『안나 카레니나』와 『전쟁과 평화』는 인간의 복잡한 감정과 도덕적 갈등을 탐구하였으며, 그의 내면 갈등을 반영하고 있다. 또한 톨스토이는 우울증을 극복하기 위해 종교적 신념과 철학에 눈을 돌렸다. 이는 그의 생애 후반부의 주요한 변화로 이어졌다.

그는 단순한 개인적 구원의 차원을 넘어 사회적 책임과 인류애를 강조하는 삶을 살게 되었다. 또한 톨스토이의 우울증은 그의 문학적 성장과 사상적 탐구에 기여하기도 했다. 이는 독자들에게 깊은 공감과 통찰을 제공하는 작품으로 이어졌다. 그의 삶과 작품은 고통과 성장, 그리고 인간 경험의 복잡성을 탐구하는 중요한 예시로 여겨진다.

이처럼 위인들은 우울증과 같은 심리적 고통을 경험하면서도 이를 극복하고 성장하는 과정을 거쳐 뛰어난 업적을 남겼다. 그들의 이야기는 고통이 어떻게 창조성과 발전으로 이어질 수 있는지를 보여주는 중요한 사례로써 수많은 사람에게 영감을 준다. 이러한 성장 경험은 단순한 개인적 고난을 넘어서, 인류의 복잡한 감정과 존재의 의미를 탐구하는 데 기여한다.

우울 속에서 발견하는 성장의 기회

우울증을 경험하면서 얻은 통찰과 변화는 많은 사람에게 중요한 삶의 전환점을 제공한다. 우울증이 단지 '마음의 병'이 아니라, 개인의 내면을 깊이 들여다보게 만드는 중요한 기회일 수 있다. 그 과정에서 얻게 되는 몇 가지 중요한 통찰을 정리하면 아래와 같다.

자기 탐구

우울증은 종종 깊은 자기 탐구를 촉발한다. 고통스러운 감정에 직면하며, 자신의 과거 경험이나 가치관, 신념을 검토하게 된다. 이러한 과정은 자신에 대한 통찰을 얻는 데 도움이 된다. 나를 행복하게 하는 것은 어떤 것이며, 자신을 괴롭히는 것은 무엇인지를 이해하게 된다. 이와 더불어 자신의 진정한 욕구와 필요를 인식하게 된다.

감정의 수용

우울증을 경험하면서 감정을 억누르기보다는 이를 수용하고 인정하는 법을 배운다. 슬픔, 분노, 불안 등 다양한 감정을 느끼는 건 자연스러운 인간 경험이다. 이 과정에서 감정을 건강하게 표현하는 방법을 터득한다. 감정을 인정하는 것은 치유의 시작이 된다.

관계의 중요성

우울증을 겪는 동안에 수많은 사람이 주변 사람들과의 관계를 재조명하게 된다. 자신의 감정을 솔직하게 표현하고, 도움을 요청하는 과정에서 더 깊은 유대감을 형성한다. 이 과정은 자신을 이해하고, 타인과의 연결을 통해 치유를 받는 기회를 제공한다.

회복력의 발견

우울증을 극복하는 과정에서 개인은 자신의 회복력을 발견하게 된다. 힘든 시간을 견뎌내면서 자신이 얼마나 강한지를 깨닫게 되고, 미래의 도전에 대한 자신감을 얻는다. 이러한 경험은 개인의 성장에 중요한 역할을 한다.

삶의 우선순위 재조정

우울증을 경험하면서 많은 사람은 삶의 우선순위를 재조정한다. 진정으로 중요한 것이 무엇인지를 깨닫고, 불필요한 것들을 정리하는 기회가 된다. 이는 더 의미 있는 삶을 추구하는 데 도움이 된다.

정신건강의 가치

우울증을 겪으면서 수많은 사람은 정신건강의 중요성을 깊이 인식한다. 이를 통해 자신과 타인의 정신건강을 지키기 위한 노력을 한다. 또한 정신건강 관련 이야기를 나누는 것이 더 이상 금기시되지 않도록 하는 데 기여하기도 한다.

우울 속에서도 성장할 수 있다

우울증을 경험하면서 자신을 더 깊이 이해하게 되는 순간이 있다. 때로는 이러한 감정이 우리가 겪고 있는 내면 갈등이나 미처 인정하지 못했던 감정들, 혹은 삶에 대한 불안이나 두려움과 연결될 수 있다. 이 과정에서 자신이 어떤 사람이며, 진정 원하는 것이 무엇인지 그리고 두려운 것이 무엇인지를 알게 된다. 우울을 경험하면서 자아가 어떻게 반응하는지를 관찰한다. 그리고 이를 통해 자신에게 어떤 가치와 의미를 부여할 수 있는지를 배우는 과정은 매우 중요한 성장의 과정이 된다. 때로는 그 과정이 힘들고 고통스럽기도 하다. 하지만 이 과정에서 발견하는 자아의 깊이는 치유와 성장을 위한 중요한 발판이 된다. 고통스러운 경험을 통해 얻는 통찰은 자신을 더욱 깊이 이해하고, 더 나은 삶을 살아가는 데 도움을 준다. 이러한 경험은 결국 더 강한 자신으로 거듭나는 기회를 제공한다.

3 나와 대화하는 기술

인생을 살아가며 우리는 다양한 감정과 생각 속에서 자신과 끊임없이 대화를 나눈다. 그러나 이 대화가 언제나 우리를 돕는 방향으로 흐르는 것은 아니다. 때로는 자신을 비난하거나 깎아내리는 목소리가 더 크게 들리기도 한다. '이런 내면의 목소리를 어떻게 다루고, 그 속에서 자신과 건강한 대화를 어떻게 이어갈 수 있을까?' 이번 장에서는 내면의 목소리를 듣고, 그것과 평화롭게 공존하며 나 자신과의 관계를 개선하는 방법을 다루어 보고자 한다.

내면의 목소리 알아차리기

우리 안에는 언제나 여러 가지 목소리가 공존한다. 하나는 '넌 왜 이것밖에 못 해?'라며 매서운 비난을 퍼붓는 목소리이고, 다른 하나는 '괜찮아, 처음부터 완벽할 필요는 없어. 누구나 실수는 할 수 있지.'라며 따뜻하게 위로하는 목소리다. 삶에서 어떤 목소리에 귀를 기울이느냐에 따라 우리의 감정과 행동은 크게 달라진다. 특히 비판적인 목소리에 지배당할 때 우리는 자신을 점점 더 깎아내리게 되고, 이는 우울감, 불안, 심지어 자기 회의로 이어질 수 있다.

이런 내면의 목소리를 다루기 위한 첫 번째 단계는 '알아차리기'이다. 비판적인 목소리가 들릴 때 우리는 보통 그것에 자동으로 반응한다. '왜 나는 항상 이 모양일까?', '다른 사람들은 잘하는데 나만 못하는 것 같아.'라는 생각이 반복되며 그 목소리에 휘둘리곤 한다. 그러나 중요한 점은 이 목소리가 들릴 때, 그저 흘려보내지 않고 '지금 내 안에서 이런 목소리가 들리고 있구나.'라고 인식하는 것이다.

이 인식 과정은 처음에는 쉽지 않을 수 있다. 우리는 보통 이런 비판적 목소리를 자기 자신이라고 여긴다. '내가 나를 잘 아는데, 이건 사실이야.'라고 스스로 단정 짓기도 한다. 그러나 이 목소리는 과거의 경험에서 비롯된 외부의 목소리일 가능성이 크다. 이를테면, 어린 시절 부모님이나 선생님이 "너는 왜 그렇게 게으르니?"라고 꾸짖던 목소리가 어느새 나의 목소리가 되어 자리 잡고 있을 수도 있다. 이 목소리가 어디에서 왔는지 탐구해 보는 것이 중요하다. '이 비판적 생각은 누구의 목소리였을까?'를 질문하고, 과거의 특정 경험이 현재의 나에게 어떤 영향을 미치고 있는지 천천히 되짚어보는 것이다.

두 번째 단계는 내면의 목소리와 거리두기를 연습해야 한다. 이 목소리가 들릴 때, '지금 내 안에서 이런 비판이 떠오르고 있구나.'라고 객관적으로 표현해 보자. '나는 무능해.'라는 생각이 들었다면, '지금 내 안에서 무능하다는 생각이 떠오르고 있네.'라고 바꿔 말해보는 것이다. 이처럼 생각을 나 자신과 분리해서 바라보면, 그 목소리가 더 이상 나를 지배하지 못하게 된다.

또한 비판적인 목소리가 떠오를 때 그 내용이 얼마나 사실에 근거했는지 점검해 보는 것도 유용하다. 예를 들어 '난 항상 실패자야.'라는 생각이 들었다면, 실제로 '항상' 실패했던 적이 있었는지 구체적인 사례를 떠올려 보는 것이다. 많은 경우, 이런 비판적인 목소리는 사실에 근거하지 않은 감정의 과장이거나 왜곡된 신념에서 비롯된다. 이를 발견하는 순간, 우리는 비판의 무게에서 조금씩 자유로워질 수 있다.

내면의 목소리를 알아차리고 이를 이해하는 과정은 시간이 필요하다. 처음에는 비판적 목소리가 여전히 나를 짓누를지도 모른다. 그러나 이 목소리를 억누르거나 부정하려 하기보다는, '아, 또 내 안에서 이런 목소리가 떠오르네. 이 목소리가 나에게 무엇을 말하려고 하는 걸까?'라고 호기심을 가져보자. 예를 들어 '너는 왜 항상 이렇게 게으르니?'라는 목소리가 들릴 때, 그 목소리가 게으름이 아닌 '지금 내가 너무 지쳤고, 쉬고 싶다.'라는 메시지를 전달하려는 것일 수도 있다.

내면의 비판적 목소리를 단순히 '나쁜 것'으로 여기기보다는, 그것이 우리에게 어떤 메시지를 전하려는지 살펴보는 태도는 매우 중요하다. 우리가 자신을 이해하려고 노력할 때, 내면의 목소리는 점차 덜 공격적으로 변하며, 오히려 우리를 성장시키는 도구로 활용될 수 있다.

세 번째 단계는 내면의 목소리를 이해하고 다루는 과정에서 자신에게 친절함을 유지하는 것도 잊지 말아야 한다. 우리는 보통 친한 친구에게는 "괜찮아. 잘하고 있어."라고 위로하면서도 정작 자신에게는

"왜 이렇게 못 하니?"라고 가혹하게 대한다. 하지만 진정한 변화는 자신을 비난하는 목소리를 잠재우고, 자신을 이해하고 격려하는 목소리를 선택할 때 시작된다. "내가 지금 이렇게 느끼는 것도 당연하구나. 괜찮아. 다시 해보면 돼."라는 말을 자신에게 건네보자.

내면의 목소리를 알아차리고, 그 목소리가 나에게 전하려는 메시지를 이해하며, 비판적인 생각을 따뜻한 자기 위로로 바꾸는 과정은 자신과의 관계를 새롭게 만들어 주는 중요한 첫걸음이다. 이는 단순히 일회성이 아닌, 꾸준히 연습을 통해 우리의 삶 전반을 더 건강하고 안정적으로 변화시키는 힘을 가질 것이다.

내면과의 대화로 스스로에게 묻고 답하기

우리는 자주 바쁜 일상으로 인해 자신의 마음과 대화를 나누는 것을 잊고 지낸다. 그러나 내면의 목소리와 대화를 시작하는 것은 자신을 더 잘 이해하고 삶의 방향을 찾기 위한 중요한 첫걸음이다. 이 과정은 거창하거나 복잡한 것이 아니다. 단지 "내가 지금 가장 필요로 하는 것은 무엇일까?"라는 간단한 질문에서 시작할 수 있다.

이 질문은 우리의 삶에서 크고 작은 문제들을 다루는 데 매우 효과적이다. 우리는 흔히 주변 사람들의 기대와 요구에 맞추느라, 또는 해야 할 일들에 몰두하느라 자신의 진정한 욕구를 뒤로 미루곤 한다. 그러나 마음 한구석에서는 끊임없이 신호를 보내고 있다. '나를 좀 돌봐 줘.', '지금 너무 지쳤어.', '잠시 쉬고 싶어.'와 같은 신호들이다. 내면의 대화는 바로 이 신호를 포착하고, 자신에게 묻고 답하는 과정을 통해 자신의 상태를 점검하는 것이다.

　이 과정에서 글쓰기는 강력한 도구가 될 수 있다. 하루의 끝에 몇 분이라도 시간을 내어 일기를 쓰거나, 오늘 나를 스쳐 간 감정을 글로 써보자. '오늘 나를 가장 힘들게 했던 일은 무엇인가?' 또는 '오늘 나를 웃게 만든 것은 무엇이었을까?'와 같은 질문을 자신에게 던지며 그 답을 글로 표현해 보는 것이다. 글로 표현하다 보면 막연하게 느껴지던 감정이 점점 더 구체적인 모습으로 다가오고, 자신의 마음을 더 잘 이해하게 된다.

　예를 들어 '오늘 직장에서 너무 답답했어.'라는 한 줄에서 시작된 글이 '나는 내가 하는 일이 정말 내 적성과 맞는지 고민이야. 더 나은 방향으로 나아가고 싶은데, 어디서부터 시작해야 할지 모르겠어.'라는 통찰로 이어질 수 있다. 이렇게 글을 쓰다 보면 단순히 감정을 풀어내는 것을 넘어, 자신이 진정으로 원하는 것이 무엇인지에 대한 실마리를 찾게 된다. 글은 단순한 기록이 아니라, 내면과의 대화를 심화시키는 도구가 되는 것이다.

　또한 글쓰기는 감정의 무게를 덜어주는 역할도 한다. 하루 종일 쌓인 스트레스나 억눌린 감정을 글로 풀어내다 보면, 마치 머릿속에 가득 차 있던 생각들이 밖으로 흘러나가 마음이 한결 가벼워지는 경험을 할 수 있다. 글은 우리 내면의 혼란스러운 생각들을 정리하고, 그 속에서 감정의 실타래를 푸는 데 도움을 준다. '왜 이렇게 화가 나지?'라고 적다가도, 글을 쓰는 과정에서 '내가 화난 이유는 사실 내가 존중받지 못한다고 느꼈기 때문이구나.'라는 깨달음을 얻을 수 있다.

　물론 내면과의 대화는 글쓰기에만 국한되지 않는다. 조용한 공간에서 혼자 시간을 보내며 자신의 마음을 살피는 것도 좋은 방법이다. 가령, 차 한 잔을 마시며 창밖을 바라보거나, 짧은 산책을 하며 자신에게 이런 질문을 던져보자. '내가 진짜 원하는 건 뭘까?', '지금 내가 느끼고 있는 이 감정은 어디서 온 걸까?' 이렇게 자기 자신에게 솔직해질 수 있는 시간을 가지는 것은 생각보다 많은 위안을 준다.

내면과의 대화는 반드시 크고 복잡한 질문으로 시작할 필요는 없다. 아주 사소한 질문이라도 괜찮다. '지금 내가 가장 먹고 싶은 음식은 뭐지?' 같은 가벼운 질문도 내면과의 연결을 시작하는 데 도움이 된다. 이런 작은 대화들이 쌓이다 보면 점점 더 깊은 질문으로 나아갈 수 있다. '지금 내가 가장 두려워하는 것은 뭘까?', '내가 진정으로 원하는 삶의 모습은 어떤 것일까?'와 같은 질문에 답을 찾아가는 과정은 우리에게 자신에 대한 더 깊은 이해와 위로를 선물한다.

내면과의 대화를 통해 우리가 얻게 되는 가장 큰 선물은 자기 자신에 대한 신뢰다. 우리는 자신이 무엇을 원하는지도 모른 채 외부의 조언과 판단에 의존하려 한다. 그러나 내면의 소리에 귀를 기울이고 자신에게 물어보면, 우리가 진정으로 필요로 하는 답은 이미 우리 안에 있다는 사실을 깨닫게 된다. 이 과정은 처음에는 낯설고 어색하게 느껴질 수 있지만, 꾸준히 이어가다 보면 자신에게 더 친절하고, 더 이해심 많은 친구가 되어가는 자신을 발견할 수 있다.

내면의 대화는 결국 자신과의 관계를 깊게 하고, 삶의 방향을 찾는 중요한 과정이다. 자기 내면에 귀를 기울이는 이 작은 습관은 삶을 더 풍요롭고 의미 있게 만드는 힘을 가지고 있다. 그러니 오늘부터라도 자신에게 작은 질문을 던져보자. 그리고 그 질문의 답을 찾아가는 과정을 통해 자신의 마음속에 숨겨진 이야기를 들어보자.

마음 챙김과 명상을 통한 현재의 나를 받아들이기

내면의 목소리를 듣고 자신을 이해하기 위한 또 하나의 강력한 방법은 마음 챙김과 명상이다. 마음 챙김은 단순히 '현재 순간의 경험을 있는 그대로 받아들이는 것'이다. 이는 과거에 대한 후회나 미래에 대한 걱정에서 벗어나, 지금 이 순간에 집중하며 자신과 함께 머무르는 연습이다. 현재에 집중하는 이 단순한 행위는 마음의 평화를 가져오고, 자신을 있는 그대로 받아들이는 힘을 길러준다.

하지만 마음 챙김은 처음 시도할 때 어색하고 어렵게 느껴질 수 있다. '나는 잘하고 있는 걸까?' 또는 '명상이 효과가 있을까?' 같은 생각이 자연스럽게 떠오를 수 있다. 사실 이런 생각이 드는 것은 너무나 당연하다. 중요한 것은 그런 생각이 들 때, 그것을 억누르려 하거나 부정하지 않는 것이다. 그저 '아, 이런 생각이 드는구나.'라고 알아차리고, 그것이 지나가도록 두는 것이 핵심이다.

마음 챙김 명상을 시작할 때는 조용하고 편안한 장소를 찾아 앉아 보자. 눈을 감고 편안하게 숨을 쉬면서 호흡에 집중해 보는 것이다. 숨이 들어오고 나가는 과정을 느끼는 데 온전히 집중해 보자. 이때, 다른 생각들이 떠오를 수도 있다. '오늘 해야 할 일이 많네.' 혹은 '그때 그 말을 하지 말아야 했는데' 같은 생각들이 스쳐 갈 것이다. 이런 생각들이 떠오르는 것은 명상 중 자연스러운 과정이다. 그것을 억누르려고 하지 말고, 그저 지나가는 구름처럼 바라보자. 자신에게 이렇게 말할

수도 있다. '이 생각은 잠시 머물다 지나가는 구름과 같아.'

또 다른 방법으로는 '생각이나 감정을 시냇물 위에 떠내려가는 나뭇잎으로 상상'해 볼 수 있다. 떠오르는 생각을 하나씩 나뭇잎 위에 올려놓고 그것이 시냇물에 흘러가는 모습을 마음속으로 그려보는 것이다. 나뭇잎이 물살을 따라 멀어지는 모습을 떠올리며, 자신이 가진 부정적인 감정이나 비판적인 목소리가 자연스럽게 흘러가도록 맡겨보자. 이는 생각과 감정을 자신으로부터 분리하여 객관적으로 바라보는 데 큰 도움을 준다.

마음 챙김은 단지 현재 순간에 머무르는 것이 아니다. 현재의 자신을 있는 그대로 받아들이는 연습이기도 하다. '나는 왜 이런 상태일까?'라며 자신을 비난하거나, 더 나은 모습이 되어야 한다는 강박에 시달리곤 한다. 그러나 마음 챙김은 그러한 비난과 강박에서 벗어나 '지금, 이 순간의 나는 이렇구나.'라고 자신의 상태를 인정하고 받아들이는 태도를 길러준다. 이것은 자신을 따뜻하게 바라보는 첫걸음이다.

명상하다가 '내가 요즘 너무 무기력한 것 같아.'라는 생각이 들었다고 하자. 이때 '무기력하면 안 돼. 정신 차려야지.'라고 자책하는 대신, '요즘 내가 지쳐있구나. 지금은 힘든 시기인가 보다.'라고 자신을 이해하고 받아들이는 연습을 해보자. 이런 태도는 자신을 판단하지 않고 있는 그대로 받아들이게 하며, 점차 자신을 더욱 따뜻하게 대하는 습관을 길러준다.

마음 챙김과 명상의 또 다른 이점은 부정적인 목소리에 압도되지 않도록 돕는 것이다. 내면의 비판적인 목소리는 우리를 끊임없이 흔들고, 자신에 대한 믿음을 약화하려 한다. 하지만 마음 챙김은 그 목소리를 '그저 하나의 생각'으로 바라보게 하며, 그것이 나를 지배하지 못하도록 만든다. 이는 생각과 감정을 자신으로부터 분리하여 더 객관적으로 다룰 힘을 준다.

또한 마음 챙김은 작은 일상에서 실천할 수도 있다. 차 한 잔을 마실 때도 마음 챙김을 적용할 수 있다. 차를 마시는 순간, 차의 온도와 향, 입안에서 퍼지는 맛에 집중하며, 그 순간을 온전히 느껴보는 것이다. 이런 작은 연습이 쌓이면, 점차 자기 삶 속에서 마음 챙김을 자연스럽게 실천할 수 있게 된다.

마음 챙김과 명상은 우리의 내면을 들여다보고, 현재의 나를 받아들이는 데 강력한 도구가 된다. 처음에는 어려울 수 있지만, 꾸준히 연습하다 보면 자신을 비난하는 목소리 대신 자신을 위로하고 지지하는 목소리를 선택하는 힘을 얻게 된다. 이러한 과정은 자신에게 따뜻함을 선물하고, 내면의 평화를 되찾는 여정이 된다. 지금, 이 순간 내 안에 있는 생각과 감정을 따뜻하게 받아들이며 나 자신과 함께 머물러 보자. 이 작은 연습이 자신을 이해하고 사랑하는 길로 안내할 것이다.

모든 감정을 수용하기

우리 내면의 소리를 온전히 듣기 위해 중요한 태도 중 하나는 감정을 판단하지 않고 그대로 받아들이는 것이다. 많은 사람들은 불안, 우울, 분노와 같은 감정이 찾아올 때 이를 나쁘다고 여기며 억누르려 한다. '나는 왜 이렇게 나약할까?', '이런 기분은 느껴서는 안 돼.'라는 생각이 떠오를 때, 감정은 더 강해지고 우리는 점점 더 지쳐간다.

감정을 수용하는 첫걸음은 '내가 지금 이런 감정을 느끼고 있구나.'라고 인정하는 데서 시작된다. 감정을 좋고 나쁨으로 나누기보다, 있는 그대로 바라보는 태도가 필요하다. 불안을 느낄 때 '나는 왜 불안할까?'라고 자책하기보다 '아, 지금 내가 불안을 느끼는구나. 불안이 나를 찾아왔네. 괜찮아, 이 감정도 자연스러운 거야.'라고 자신을 다독여 보자. 이러한 자세는 자기비난을 멈추고 감정을 더 깊이 이해할 기회를 준다.

감정을 있는 그대로 받아들이는 연습은 처음에는 쉽지 않을 수 있다. 불편한 감정이 밀려올 때 자연스레 그것을 피하고 싶어지기 때문이다. 하지만 이때는 감정을 억누르지 않고 잠시 그 감정과 함께 머물러 보자. 마치 손님이 찾아왔을 때 문을 열어주고 맞이하듯이, 감정이 찾아오면 '불안이 왔구나. 나를 보호하려는 마음에서 온 걸지도 몰라. 잠시 이 감정을 느껴보자.'라고 말하며 그 순간을 존중하는 연습이 필요하다.

이 과정에서 도움이 되는 방법 중 하나는 감정에 이름을 붙이는 것이다. '이 감정은 슬픔이구나.', '지금 느껴지는 건 외로움이네.'처럼 감정을 언어로 표현하면, 감정에 압도되지 않고 한 발짝 떨어져 바라볼 수 있다.

감정은 단순히 우리를 괴롭히는 존재가 아니라, 내면에서 보내는 메시지를 담고 있다. 예를 들어 분노는 우리의 경계가 침해됐음을 알려주고, 슬픔은 어떤 상실에 대한 애도를 필요로 한다. 감정의 이름을 붙이며 그 의미를 찾아가다 보면, 자신을 더 잘 이해하게 된다. 또한 감정은 영원히 지속되지 않는다는 사실을 기억하자. 감정은 파도처럼 다가왔다가 지나간다. 불안과 우울도 마찬가지다. '이 감정이 계속될 것 같아 두려워.'라고 느껴질 때도, 그 감정은 결국 사라진다. 이때 '지금은 불안하지만 이 감정도 곧 지나갈 거야. 괜찮아.'라고 자신에게 말해보자. 감정에 대한 두려움이 줄어들고, 더 유연하게 수용할 수 있게 된다.

감정을 판단하지 않고 받아들이는 연습은 내면의 평화를 선물한다. 억누르려 애쓰던 감정을 인정하고, 그 속에 담긴 메시지를 들을 때 우리는 성장한다. 우울감이 찾아왔다면 '나는 왜 이렇게 우울하지?'라고 자책하기보다, '최근에 힘든 일이 있었나?', '무언가를 상실한 건 아닐까?'라고 물으며 감정의 근원을 이해해보자. 그렇게 이해의 길을 걷다 보면, 감정은 우리에게 더 이상 두려운 존재가 아니라 삶을 이해하는 열쇠가 된다.

마지막으로, 감정을 받아들이는 과정에서 가장 중요한 것은 자신을 향한 따뜻함이다. 감정이 올라올 때 '이 감정도 내 일부야. 나를 이해하려고 온 신호일지 몰라. 괜찮아. 그대로 느껴도 돼.'라고 자신에게 속삭여 보자. 이 작은 연습이 내면을 더 단단히 다지고, 감정과 함께 살아가는 법을 배우는 길로 우리를 안내해 줄 것이다.

자기 자신에게 친절해지기

우리는 다른 사람들에게는 너그럽고 친절하면서도 자신에게는 너무 가혹하게 대할 때가 많다. 친구가 실수했을 때는 "괜찮아. 다음에는 더 잘할 수 있을 거야."라고 위로하면서도, 자신에게는 '넌 왜 이렇게 못하니? 역시 네가 문제야.'라며 비난을 퍼붓는다. 하지만 내면의 평화와 건강한 삶을 위해 가장 중요한 태도 중 하나는 자신에게 친절해지는 것이다. 이는 단순히 위로를 건네는 것을 넘어, 자신을 존중하고 보살피는 행동으로 이어져야 한다.

힘든 상황에 직면했을 때, '왜 이렇게 못 했을까?', '나는 왜 이 모양일까?'라는 가혹한 비난 대신, '그럴 수도 있어. 누구나 실수할 수 있는걸.' 또는 '처음이니까 그럴 수 있어.'라고 자신에게 다독이는 연습을 해보자. 이러한 말 한마디는 단순한 위로가 아니라, 자존감을 회복시키고 내면의 비판적인 목소리를 잠재우는 중요한 힘이 된다. 자신에게 보내는 말은 내면 깊은 곳에 스며들어 우리의 감정과 행동을 이끌어간다. 그러니 그 목소리를 따뜻하고 긍정적으로 바꾸는 연습을 시작해야 한다.

자신에게 친절해지는 또 다른 방법은 자애 명상이다. 자애 명상은 자신을 향한 사랑과 자비를 키우는 데 매우 효과적인 도구다. 눈을 감고 마음을 차분히 가라앉힌 후, '내가 안전하기를', '내가 행복하기를', '내가 평화롭기를'과 같은 간단한 문장을 반복해 보자. 이 문장들은 단순해 보이지만, 자신을 위로하고 안심시키는 강력한 메시지를 전달한다. 이 과정에서 중요한 것은 그 말을 단순히 반복하는 것이 아니라, 진심을 담아 자신에게 전하려는 마음가짐이다. 처음에는 어색하게 느껴질 수 있지만, 꾸준히 연습하다 보면 그 메시지들이 진정으로 나를 위로하고 힘을 주는 것을 느낄 수 있을 것이다.

자신에게 친절해지기 위한 또 다른 중요한 연습은 내면의 대화를 재구성하는 것이다. 우리는 때때로 내면에서 끊임없이 들려오는 비판적인 목소리에 익숙해져 있다. '넌 왜 이렇게 부족하니?', '왜 이런 것도 못 해?' 같은 목소리가 반복될 때, 그것이 정말로 나 자신에게 도움이 되는지 점검해 볼 필요가 있다. 이런 목소리를 단호하게 중단시키고, 긍정적이고 지지적인 목소리로 대체해 보자. 예를 들어 '넌 늘 실패만 해.'라는 내면의 비판적 목소리가 들릴 때, '나는 실패했지만, 이 경험을 통해 배울 수 있어. 나아질 수 있어.'라고 스스로에게 말해보는 것이다. 이 연습은 비판적인 목소리에 휘둘리지 않고, 자신의 가치를 더 잘 이해하고 받아들이는 데 도움을 준다.

또한 우리가 어려운 감정에 휩싸였을 때, 그 감정을 억누르기보다는 있는 그대로 인정하고 다독이는 것이 중요하다. '내가 왜 이렇게 불안할까? 왜 나는 이렇게 나약할까?'라는 생각이 들 때, 스스로를 비난하기보다는 '지금 내가 이런 감정을 느끼고 있구나. 이 감정도 나의 일부야. 내가 겪는 고통은 정당해.'라고 말하며, 그 감정을 받아들이는 연습을 해 보자. 감정을 인정하고 받아들이는 것은 자신에게 친절해지는 첫걸음이며, 이를 통해 우리는 감정의 무게를 덜어낼 수 있다.

일상에서 자신에게 친절을 실천하는 방법

작은 성취를 축하하기

하루 동안 했던 작은 일이라도 자신을 칭찬해 보자. '오늘은 조금 힘들었지만, 그래도 끝까지 해냈어.', '오늘은 산책했으니 정말 잘한 일이야.'와 같이 사소한 성취를 스스로 축하하며 긍정적인 마음을 쌓아가자.

자신을 비난하는 습관 바꾸기

자신을 비난하는 목소리가 들릴 때, 그것을 즉시 알아차리고 멈추자. '또 비판적인 목소리가 나오네. 하지만 난 지금 충분히 잘하고 있어.'라고 긍정적인 대답을 해보는 연습을 하자.

스스로를 보살피는 시간 가지기

하루 중 일부 시간을 온전히 나를 위해 할애해 보자. 따뜻한 차를 마시거나 좋아하는 음악을 듣고, 스스로에게 '수고했어. 오늘도 정말 잘했어.'라고 다정하게 말해주는 시간을 가져보자. 이는 내면의 평화를 회복시키는 데 큰 힘이 된다.

자신의 강점 기록하기

자신이 잘하는 점, 좋아하는 점을 적어보자. '나는 사람들과 이야기를 잘 나누는 편이야.', '나는 참 성실한 사람이야.'와 같은 문장을 적으며 자신이 가진 장점에 집중해 보자. 이는 자존감을 높이고, 내면의 비판적 목소리를 줄이는 데 큰 도움을 준다.

감정의 파도와 함께하기

어려운 감정이 찾아올 때, 그것을 억누르기보다는 '지금 이런 감정을 느끼는 것도 자연스러운 일이야.'라고 자신을 다독여 보자. 감정을 억누르지 않고 받아들이는 연습은 내면의 평화를 찾아가는 데 필수적이다.

　스로에게 친절해지는 과정은 꾸준한 연습이 필요하다. 처음에는 어색하고 어려울 수 있다. 내면의 비판적인 목소리가 익숙한 사람일수록, 따뜻한 목소리를 찾는 일이 낯설게 느껴질 수 있다. 하지만 작은 연습부터 시작하자. 매일 아침 거울 앞에서 '오늘도 잘하고 있어.', '수고했어, 고생 많았어.'라고 자신에게 말해보는 것도 훌륭한 시작이 될 수 있다. 이런 작은 실천들이 쌓이면, 점차 내면의 비판적인 목소리는 잦아들고, 자신을 지지하고 격려하는 목소리가 커질 것이다.

　자신에게 친절해지는 일은 단순히 자신을 위로하는 것을 넘어, 자신과의 관계를 건강하게 만들어주는 중요한 여정이다. 나 자신과의 관계가 건강해질 때, 우리는 내면의 평화를 느끼고 더 나은 삶을 살아갈 힘을 얻는다. 이제부터라도 내면의 목소리에 귀를 기울이고, 그 목소리와 대화하며 자신에게 따뜻한 친구가 되어보자. 이는 우리를 더 건강하고 행복한 삶으로 이끄는 중요한 발판이 될 것이다.

4 우울해도 나를 놓지 않으려면

    우울감은 마치 예고 없이 찾아오는 폭풍우와 같다. 그 감정은 갑작스럽게 우리를 휘감아 자신을 잃어버린 듯한 혼란 속으로 밀어 넣는다. 때로는 이유를 알 수 없는 무기력감이, 때로는 명확한 상실감과 좌절감이 우리를 덮친다. 이러한 상황 속에서 자신을 잃지 않고 내면의 중심을 잡는 일은 쉽지 않다. 하지만 우울감 속에서도 자신을 지키고, 내면의 힘을 되찾는 방법을 배우는 것은 우리가 다시 일어설 수 있는 중요한 첫걸음이 된다.

휘몰아치는 감정, 어떻게 다룰까?

    '이런 감정을 느껴서는 안 돼.', '괜히 나만 이렇게 힘든 건 아닐까?' 우울한 감정이 들 때 우리는 본능적으로 그 감정을 억누르거나 부정하게 된다. 자신을 다그치거나 감정을 밀어내기도 한다. 하지만 감정은 억제한다고 사라지지 않는다. 오히려 부정할수록 더 강한 힘으로 우리를 휘감아 버린다. 마치 물을 한 곳에 가두려 하면 할수록 더욱 강한 압력이 생기는 것처럼 감정도 마찬가지다. 그 감정을 억누르고 애써 모른 척하는 순간, 감정은 더 깊은 곳에서 자라나 우리를 더 강하게 압도하려 든다.

그 감정이 마치 거대한 홍수처럼 우리를 덮쳐버리는 것만 같다. 감정의 파도가 한꺼번에 밀려들면, 우리는 그 흐름에 휩쓸려 어디로 가야 할지, 어떻게 해야 할지 모르게 된다. 때때로 그 감정이 너무 벅차고 혼란스러워 '이제는 더 이상 견딜 수 없을 것 같아.'라고 느끼기도 한다. 하지만 이 순간, 우리가 해야 할 일은 거세게 흐르는 감정의 강물에 저항하는 것이 아니라, 그 흐름을 이해하고 안전한 곳에서 나를 보호하는 것이다. 감정을 다룬다는 것은 그 감정을 없애는 것이 아니라, 그 안에서 자신을 잃지 않는 방법을 배우는 것이다.

감정에 휘둘리지 않고 지켜보는 힘

우울한 감정이 들면, '나는 무기력해.', '나는 쓸모없는 사람이야.', '이 감정은 영원히 사라지지 않을 거야.'라는 생각이 머릿속을 가득 채운다. 하지만 우리는 감정 그 자체가 아니다. 감정은 그저 스쳐 지나가는 손님일 뿐이며, 우리는 그것을 관찰하고 흘려보낼 수 있는 존재이다.

이때 도움이 되는 연습 중 하나는 감정을 제3자의 시선에서 바라보는 것이다. 마치 버스 정류장에서 지나가는 버스를 바라보듯, 감정을 하나의 경험으로 바라보는 것이다.

우리가 해야 할 일은 우리의 감정을 있는 그대로 인정하고 수용하는 것이다. 감정의 강한 흐름을 억지로 막으려 하기보다는, 그 흐름을 이해하고 그 속에서 자신을 보호하는 법을 배우는 것이 중요하다.

'아, 지금 내가 이런 감정을 느끼고 있구나.'
'아, 지금 내 안에 슬픔이 머물고 있구나.'
'아, 지금 불안을 느끼고 있구나.'

이 간단한 한마디가 우리에게 줄 수 있는 힘은 크다. 많은 사람이 감정을 받아들이는 것을 약한 태도나 수동적인 행동이라고 생각한다. 하지만 오히려 감정을 마주하고 인정하는 것은 자신을 지키기 위한 강한 선택이다. 감정을 무시하거나 억누르는 대신, '나는 지금 이런 기분을 느끼고 있지만, 이 감정이 나를 지배하도록 내버려 두지는 않을 거야.'라고 말할 수 있을 때, 우리는 감정의 흐름 속에서도 스스로를 잃지 않을 수 있다.

이렇게 감정을 바라보면, 그 감정에 완전히 빠져버리지 않고 스스로를 지킬 수 있는 여유가 생긴다. 이러한 연습은 처음에는 어색하게 느껴질 수도 있다. 하지만 감정을 나 자신과 분리해서 바라보는 연습을 반복하다 보면, 우울한 감정이 들더라도 그것에 휩쓸리지 않고 스스로를 보호할 수 있는 힘이 생긴다. 슬프면 슬픈 대로, 허무하면 허무한 대로, 감정을 너무 가두지 말고 자유로운 감정을 갖도록 놓아주자. 감정은 언젠가는 지나간다. 그것이 얼마나 강렬하든 마치 바람이 불어 지나가듯, 강물이 흐르듯 감정도 흘러갈 것이다.

감정의 폭풍 속에서 나를 지키는 작은 행동

숫자 세기

휘몰아치는 감정을 극복하기 위해 현재 느끼는 감각에 집중하며 숫자를 센다. 예를 들어 숫자 100부터 거꾸로 3씩 띄어서 수를 세어 본다. 차례대로 숫자를 세는 것보다 효과가 있다.

이를 통해 현실 세계에 집중함으로써 감정의 격렬한 파도에서 잠시 벗어나 이성적으로 상황을 바라볼 수 있다.

'STOP' 외치기

'새가 머리 위를 날아다닐 수 있어도 머리 위에 둥지는 틀게 하지 말라.'는 말이 있다. 'STOP'이라고 외치는 것은 휘몰아치는 감정에 일시적 중지 효과를 준다.

자기 진정

'이 감정은 일시적이야.', '이 감정은 지나갈 거야.'라며 감정이 과도할 때 잠깐 멈추고 스스로를 진정시키면, 몸과 마음을 가라앉히는 데 도움이 된다.

두드려 보기

자신의 신체 부위를 부드럽게 두드림으로써 뇌의 감정적 반응, 우울한 기분을 분산시킬 수 있다. 이를 통해 논리적이고 침착한 중심을 찾게 된다. 이는 감정의 홍수가 몰려올 때, 휩쓸리는 것을 예방하는 데 유용한 방법이다.

감각을 활용하기

따뜻한 차를 한 잔 마시거나, 부드러운 감촉을 느낄 수 있는 물건을 만져보거나, 좋아하는 향기를 맡아보는 것도 감정을 조절하는 좋은 방법이다. 감각을 자극하는 것은 우리가 현재 순간에 머물도록 돕는다.

자신에게 따뜻한 말 건네기

'지금 많이 힘들지? 그래도 괜찮아. 이 순간을 잘 견딜 수 있어.'
이런 따뜻한 말을 자신에게 건네보자. 스스로에게 말하는 것만으로도 우리는 자신을 더 잘 지킬 수 있다.

미소 짓기

'웃으면 복이 와요.'라는 말이 있다. 행복해서 웃는 게 아니라 웃으면 행복해 진다는 말이다. 이처럼 은은한 미소를 일부러라도 지으면, 기분이 좋아지고 마음이 안정된다. 웃음은 남에게 웃는 것이지만, 동시에 나에게도 웃는 것이다.

1도만 돌리기

자주 쓰는 부정적인 표현을 긍정적인 프레임으로 바꿔보는 것은 사고의 흐름을 변화시키고 마음의 평안을 유지하는 데 도움을 준다. 예를 들어 '너무 예민해서 피곤해.'는 '나는 섬세한 멘탈이야.'로 바꾸는 식이다. 생각을 180도 돌리기는 어렵다. 우선 1도만이라도 긍정적으로 프레임의 각도를 돌려보자.

나를 잃지 않는 연습

우울감이 깊어질수록 우리는 종종 스스로를 잃어버린 듯한 느낌에 빠진다. '나는 누구일까?', '내가 원하는 것은 무엇일까?'라는 질문이 머릿속을 맴돌지만, 그 답을 찾는 것이 점점 더 어려워진다. 과거에는 분명히 좋아했던 것들이 이제는 무의미하게 느껴지고, 삶의 방향이 흐릿해진 듯한 혼란스러움이 몰려온다. 마치 나라는 존재가 사라져 버린 것처럼 느껴지기도 한다.

하지만 자아 상실감은 우리의 정체성이 사라졌다는 뜻이 아니다. 단지 은밀한 내면의 소리를 듣지 못한다는 것이다. 우리의 본질적인 가치는 여전히 존재하며, 지금은 그 소리를 다시 찾아야 하는 과정일 뿐이다. 우울한 감정이 깊어질수록 나 자신을 돌아보고, 내 안의 목소리를 들을 수 있는 시간을 마련하는 것이 필요하다.

스스로에게 묻기, 나는 누구인가?

자아 상실감에서 벗어나기 위해 가장 먼저 할 수 있는 일은, 스스로에게 질문을 던지는 것이다. 나는 누구인지, 무엇을 원하는지, 어떤 것들이 나에게 의미 있는지를 탐색하는 과정은 나 자신을 찾는 중요한 시작점이 된다. 다음과 같은 질문을 하루에 하나라도 떠올려 보자.

'나는 어떤 순간에 기쁨을 느꼈는가?'
'나는 어떤 사람이고 싶은가?'
'내가 소중히 여기는 가치는 무엇인가?'

이 질문들은 단순해 보이지만, 우리의 내면과 다시 연결되는 중요한 도구가 될 수 있다. 처음에는 답이 떠오르지 않을 수도 있다. 하지만 괜찮다. 답을 찾는 것이 아니라, 그 질문을 던지는 과정 자체가 나를 찾는 과정이기 때문이다. 질문을 던지는 것조차도 어렵다면, 과거의 나를 떠올려보는 것도 좋은 방법이다.

'어린 시절 나는 어떤 것을 좋아했을까?'
'가장 행복했던 순간은 언제였을까?'
'예전에는 무엇이 나를 설레게 했을까?'

이처럼 내가 좋아했던 것들, 소중하게 여겼던 경험을 되새기는 것은 자아 상실감을 극복하는 데 큰 도움이 된다.

나를 찾는 글쓰기

글쓰기는 자아 상실감을 극복하는 강력한 도구이다. 마음이 복잡하고, 생각이 흐트러질 때 그것을 글로 표현해 보는 것은 혼란스러운 감정을 정리하는 데 큰 도움을 준다.

'오늘 내가 느낀 감정은 무엇인가?'
'이 감정은 어디에서 오는가?'
'나는 왜 이렇게 느끼고 있는 걸까?'

이러한 질문을 바탕으로 가볍게 적어 보자. 처음에는 몇 문장만 써도 괜찮다. 꼭 논리적으로 정리할 필요도 없고, 글의 형식을 갖출 필요도 없다. 중요한 것은 느껴지는 감정을 솔직하게 표현하는 것이다. 글을 쓰면서 자신의 감정을 바라보는 것은 자아를 회복하는 과정과 같다. 내 안에 쌓여 있던 생각과 감정을 하나하나 들여다보면서, 나는 어떤 상태인지, 무엇이 나를 힘들게 하고 있는지 알게 된다.

작은 나만의 의식 만들기

자아를 잃지 않기 위해서는 자신을 위한 작은 의식을 만들어보는 것이 좋다. 하루에 몇 분이라도 자신과 연결되는 시간을 갖는 것이다.
예를 들어 아침마다 나를 위한 따뜻한 차 한 잔 마시기, 자기 전 조용한 음악을 들으며 오늘 하루를 돌아보기. 좋아하는 색상의 옷을 입으며 하루를 시작하기. 아침에 눈 뜨자마자 기지개를 활짝 켜보기.
 이런 작은 의식들은 나 자신을 기억하는 데 도움을 준다. 우울감 속에서도 나만의 루틴을 만들고, 익숙한 것들을 반복하는 것은 스스로를 지켜내는 강력한 방법이다.

무기력에서 벗어나는 첫걸음, 그냥 해보는 거야

 우울감이 깊어지면, 가장 먼저 마주하게 되는 감정 중 하나가 바로 무기력이다. '아무것도 하기 싫어.', '아무리 해도 달라지는 게 없어.', '그냥 다 포기하고 싶다.'라는 생각들이 머릿속을 가득 채우고, 모든 것이 버겁게 느껴진다. 해야 할 일이 있다는 걸 알면서도 몸이 따라주지 않고, 심지어 움직이는 것조차 큰 부담이 된다. 하루 종일 침대에서 벗어나지 못하거나, 머릿속으로는 해야 할 일들을 떠올리면서도 실행에 옮기지 못하는 자신을 보며 점점 더 자책감에 빠지게 된다.
 하지만 무기력은 우리의 의지나 능력이 부족해서 생기는 것이 아니다. 그것은 우리의 몸과 마음이 너무 지쳐 있다는 신호일 뿐이다. 무기력 속에서 자신을 몰아붙이기보다는, 작은 움직임을 통해 조금씩 다시 살아갈 힘을 찾아가는 것이 중요하다.

몸을 움직이면 마음도 움직인다

 우울감 속에서 무기력을 극복하는 가장 좋은 방법은 한 번에 큰 변화를 시도하는 것이 아니라, 아주 작은 행동을 통해 서서히 몸과 마음을 움직이는 것이다. 너무 작아서 '이걸 해도 되나?' 싶은 정도의 작은 목표, 작은 행동이 쌓이면서 우리의 몸과 마음이 서서히 회복될 수 있다.

- 첫걸음은 아주 사소한 행동부터 시작하는 것이다.
- 아침에 눈을 떴을 때 이불을 살짝 걷어보기
- 창문을 열어 바깥 공기를 한 번 마셔보기
- 물 한 잔을 마시고 목을 축여보기
- 좋아하는 음악을 틀어놓고 30초 동안 들어보기
- 손을 살짝 움직여 스트레칭해보기
- 거울 속의 나에게 미소 지어 보기

이 모든 행동들은 몇 초에서 몇 분의 시간만으로 충분하다. 하지만 이러한 작은 행동들이 모이면, 무기력의 고리를 끊어낼 수 있는 작은 균열이 생긴다.

감정을 인정하는 것이 자기 보호의 시작이다

우울감 속에서 자신을 지키기 위해 가장 중요한 것은 자기 보호이다. 자기 보호란 단순히 스스로를 돌보는 것을 넘어, 감정적으로나 신체적으로 나를 힘들게 하는 환경과 사람들로부터 거리를 두고 내면의 안전망을 구축하는 과정이다. 우울할 때 우리는 자신의 감정을 외면하거나, 무조건 참아내야 한다고 생각한다. 하지만 자기 보호는 감정을 억누르는 것이 아니라, 그것을 인정하고 적절한 방식으로 다룰 수 있도록 돕는 것이다. 불필요한 자책과 스트레스에서 벗어나 나를 지키는 일은 우울감 속에서도 균형을 유지하는 중요한 역할을 한다.

감정을 있는 그대로 인정하는 것은 자기 보호의 첫 단계다. 우울감이 들 때 우리는 흔히 스스로를 다그치거나, 감정을 부정하며 더 깊은 무력감에 빠진다. 하지만 감정은 억누른다고 사라지지 않는다. 오히려 감정을 받아들이고 흘려보내는 과정이 필요하다. 내 마음을 친구처럼 따스한 시선으로 바라보고 안아 주는 시간이 꼭 필요하다.

자기 비난을 멈추고, 현재 느끼는 감정을 자연스러운 반응으로 받아들이는 것이 중요하다. 감정이 지나치게 무겁게 느껴진다면, 그것을 정리할 수 있는 방법을 찾아보는 것도 도움이 된다. 짧은 일기 쓰기, 음악 듣기, 산책 같은 작은 실천을 통해 감정을 해소할 수 있다. 감정적인 안전망이란, 감정을 다스릴 수 있는 나만의 방법을 만들어두는 것에서 시작된다.

이러한 작은 실천들은 내가 나를 돌보고 있음을 인식하게 하고, 감정적인 균형을 유지하는 데 도움을 준다. 자기 보호는 특별한 것이 아니라, 지금 이 순간 나에게 필요한 것을 채워주는 작은 노력에서 시작된다.

자기 보호는 억지로 긍정적인 말을 반복하는 것이 아니라, 스스로에게 조금 더 현실적인 다독임을 건네는 과정이다. 셀프 파이팅 같은 마인드 컨트롤은 나를 더 지치게 할 수 있다. 무조건 "괜찮아."라는 말보다 "지금 힘들지만, 이 감정을 그대로 두어도 괜찮다."라고 인정하는 것이 더 도움이 될 수 있다.

4장 우울증에서 벗어날 수 있을까

1. 하루를 채우는 작은 행동의 기적
2. 내가 맞는 심리상담 방법은 뭘까
3. 마음이 지쳤을 때, 관계가 답이다
4. 행복한 뇌를 만드는 3가지 습관

우울증에서 벗어날 수 있을까? 우울증이라는 깊은 터널을 지나는 동안, 끝이 보이지 않는 막막함 속에서 회복이라는 단어는 때로 멀게만 느껴진다. 그러나 우울증은 끝나지 않는 길이 아니다. 적절한 도움과 스스로의 노력을 통해 우리는 이 여정을 지나 더 나은 곳으로 나아갈 수 있다.

우울증에서 벗어나기 위한 길은 단일한 방법이 아니라, 다양한 요인의 조화로운 결합으로 이루어진다. 첫 번째로는 스스로를 돌보는 작은 변화들이다. 일상 속에서 우리가 취할 수 있는 작은 실천들은 단순해 보이지만, 꾸준히 쌓였을 때 놀라운 변화를 만들어낸다. 두 번째는 전문가의 도움이다. 상담과 약물치료는 우울증 극복에 있어 중요한 도구로, 이를 통해 우리는 더 나은 균형을 찾을 수 있다. 세 번째는 가족과 친구들의 역할이다. 혼자가 아닌 함께하는 회복의 힘은 우리의 마음을 지탱해 주는 큰 축이 된다. 마지막으로, 우리의 몸과 마음을 건강하게 연결해 주는 운동, 식단, 수면 같은 기본적인 생활 습관의 중요성도 빼놓을 수 없다.

이 장에서는 우울증 회복을 위한 다양한 접근 방식을 다룬다. 스스로 돌봄을 시작으로 전문가와의 협력, 주변 사람들과의 관계 강화, 그리고 건강한 생활 습관으로 이어지는 회복의 여정을 통해 독자들이 "나는 회복할 수 있다."라 희망을 발견하길 바란다. 우울증은 우리가 맞서 싸워야 할 적이 아니라, 이해하고 극복할 수 있는 대상이다. 이 장이 그 길을 걷는 데 필요한 나침반이 되어주길 바란다.

1 하루를 채우는 작은 행동의 기적

　어느 순간부터 '우울'이라는 단어는 우리에게 더 이상 낯설지 않다. 특별한 지식이 없어도 누구나 한 번쯤 우울증에 대해 들어보았고, 때로는 직접 경험하기도 한다. 우울증이 '마음의 감기'라고 불리는 이유도 그만큼 많은 사람이 흔히 겪는 정서적 어려움이기 때문이다. 우울이라는 감정이 깊지 않을 때는 비교적 쉽게 벗어날 수도 있지만, 부정적인 생각이 걷잡을 수 없이 커지면, 아무것도 하고 싶지 않고, 앞으로 나아갈 엄두조차 나지 않는 순간이 찾아오기도 한다.
　우울증이 감기와 닮은 점은 한 번 겪었다고 끝이 아니라는 것이다. 한 차례 회복했다고 해도 다시 찾아올 수 있으며, 적절한 관리가 이루어지지 않으면 더 깊어질 수도 있다. 그래서 우울감이 커지기 전에, 나를 돌보고 회복할 수 있는 작은 변화들이 필요하다.
　때때로 우리는 우울의 터널을 지나며 모든 것이 무의미하다고 느낄 수도 있다. 하지만 그런 순간에도 희망의 조각은 남아 있다. 그 희망을 다시 피워내기 위해, 삶을 지탱하는 작은 실천들이 필요하다. 이

장에서는 자신을 돌보는 힘에 관해 이야기하려 한다. 사소해 보일 수도 있지만, 작은 변화들이 쌓이면 결국 우리를 더 나은 자리로 이끌어 줄 것이다.

규칙적인 습관으로 나를 지킨다

세상은 모두에게 동일한 조건을 제공하지 않는다. 사람마다 출발선이 다르고, 환경과 기회는 균등하지 않다. 그러나 그럼에도 불구하고 누구에게나 공평하게 주어지는 것이 있다. 바로 시간이다. 하루 24시간, 일주일 168시간, 1년 8,760시간. 누구나 같은 시간을 부여받지만, 그 시간을 어떻게 활용하느냐에 따라 삶의 방향은 완전히 달라진다. 우울감 속에서 하루를 무기력하게 보내다 보면 시간의 흐름이 무의미하게 느껴질 수도 있다. 하지만 작은 변화를 시도하는 것만으로도 삶의 패턴은 조금씩 달라질 수 있다.

우울할 때는 아무것도 하기 싫고, 모든 것이 귀찮아지며, 하루의 흐름이 깨지기 쉽다. 무기력함에 빠져버리면 일어나야 할 시간에도 침대에 머무르고, 식사를 거르고, 해야 할 일들을 미루게 된다. 이런 패턴이 반복되다 보면 점점 일상이 흐트러져 삶의 리듬을 되찾기가 더욱 어려워진다. 그렇다면 어떻게 하면 무너진 일상을 조금씩 회복할 수 있을까?

자신만의 규칙적인 생활 습관, 즉 루틴을 만드는 것은 좋은 방법이 될 수 있다. 루틴이란 하루를 일정한 리듬에 맞춰 움직일 수 있도록 나만의 규칙을 세우는 것이다. 루틴이 반복되면 습관이 되고, 습관이 자리 잡으면 우리는 큰 노력을 들이지 않아도 일상을 유지할 수 있게 된다.

나의 하루를 계획해 보기

먼저 자신이 실천할 수 있는 생활 계획표를 작성해 보자. 완벽할 필요도, 촘촘하게 계획을 세울 필요도 없다. 단순히 수면 시간, 식사 시간, 운동 시간, 휴식 시간을 정하는 것부터 시작하면 된다. 중요한 것은 할 수 있는 만큼 설정하는 것이며, 부담스럽지 않게 하루의 흐름을 만들어 가는 것이 핵심이다.

생활 계획표를 활용하다 보면, 작은 성공들이 쌓이게 된다. 정해진 시간에 일어나기, 식사를 거르지 않기, 10분이라도 산책하기 같은 작은 목표를 꾸준히 실천하다 보면 자신이 삶을 통제할 수 있다는 자신감이 생긴다. '내가 정한 목표를 이루었다.'라는 성취감이 쌓이면 우울감이 지배하는 시간이 줄어들고, 삶을 조금 더 주체적으로 살아갈 힘이 생긴다.

처음부터 완벽하게 해낼 필요는 없다. 실패할 수도 있고, 지키지 못하는 날이 생길 수도 있다. 하지만 중요한 것은 다시 시작하는 것이다. 우리는 흔히 "작심삼일 할 거면 아예 시작하지 마."라는 말을 듣곤 한다. 하지만 작심삼일이라도 반복하면, 어느새 꾸준함이 된다.

나만의 루틴 만들기

우울한 시간이 길어질수록 건강한 일상을 유지하기 위한 여러 노력이 필요하다. 가장 중요한 것은 정해진 시간에 잠을 자고, 일어나는 것이다. 만일 어떤 이유에 의해 늦게 잠들었거나, 깊게 잠들지 못했다고 하더라도 매일 아침 같은 시간에 일어나는 것은 규칙적인 일상을 살아가는 데 많은 도움이 된다.

아침에 눈을 뜨면 기지개를 켜며 밤새 자느라 찌뿌둥했던 몸을 살짝 풀어준다. 그리고 일어나 침구를 정리하며 하루를 시작해 본다. 일어난 후에 계속 침대에 누워 핸드폰을 보거나 멍하니 있는 것보다는 간단한 움직임을 통해 기분을 환기한다. 밖에 나가지 않더라도 세수나 샤워를 하면 내 몸의 감각이 깨어나 활기를 얻을 수 있다.

공기가 맑은 새벽, 햇볕이 내리쬐는 점심, 분위기 있는 저녁 시간 중 내가 좋아하는 시간대와 장소를 정해 매일 10분씩 걷는 것을 생활화해도 좋다. 하루 10분씩 걷기를 시작하다 체력이 좋아지면, 하루에 5분이나 10분 정도 달리는 것을 루틴 목록에 넣어봐도 좋다.

달리다 보면 스트레스 호르몬인 코르티솔 수치가 낮아지고, 엔도르핀과 세로토닌이 분비되어 기분이 좋아진다. 달리기는 몸의 피로를 풀어주고, 생체 리듬을 조절해 수면의 질도 좋아지게 한다. 그뿐만 아니라, 해냈다는 자신감과 성취감을 얻을 수 있고, 기분 전환이 되어 우울증 완화에 많은 도움이 된다.

그리고 나만을 위한 근사한 식사를 준비하는 것도 좋다. 그저 먹어야 하니까, 한 끼 해결하는 용도로 대충 식사를 하는 것이 아니다. 하루 한 끼 정도는 건강한 음식 챙겨 먹기, 내가 좋아하는 음식 재료를 식단에 넣기, 예쁜 그릇에 반찬을 꺼내서 먹기처럼 나에게 괜찮은 음식을 대접한다는 생각으로 식사를 준비하면 좋다. 중요한 것은 내가 실천할 수 있는 목표를 세우고, 그것을 하나씩 이루어 나가는 것이다.

작은 목표 설정

사람들은 종종 큰 목표를 세우고, 그것을 이루기 위해 노력해야 한다고 말한다. 하지만 우울감 속에서 너무 큰 목표를 세우면 오히려 부담되고, 실패했을 때 더 큰 좌절을 경험할 수 있다. 그렇기 때문에 작은 목표부터 시작하는 것이 중요하다. 작은 목표는 우리가 스스로에 대한 믿음을 쌓아가는 데 도움이 된다.

목표를 세울 때는 현재 자신의 상태를 고려하는 것이 중요하다. 너무 이상적인 목표를 설정하면 실천하기 어렵고, 실패했을 때 오히려 자책감이 커질 수 있다. 반면, 실천할 수 있는 목표를 세우면 꾸준히 해낼 수 있고, 성공 경험이 쌓이면서 자신감도 커진다. 이때 목표를 실행하면서 자신이 해낸 일들을 기록해 보는 것도 좋은 방법이다. 간단한 메모라도 좋고, 달력에 기록해도 좋다. 목표를 달성했을 때 '나는 오늘 이것을 해냈다.'라고 인정해 주면, 성취감이 쌓이고, 다음 목표를 향해 나아갈 동기가 생긴다.

때로는 실패할 수도 있다. 목표를 지키지 못한 날이 있을 수도 있고, 몇 번이고 실패할 수도 있다. 하지만 실패는 끝이 아니다. 중요한 것은 다시 시도하는 것이다. 실패했다고 모든 것을 포기할 필요는 없다. 목표를 조금 더 조정하고, 다시 해보면 된다. 그렇게 반복하는 과정에서 우리는 조금씩 앞으로 나아가게 된다.

작은 목표들이 모이면, 어느 순간 예상하지 못한 변화를 발견하게 될 것이다. 처음에는 아무 의미 없어 보이던 작은 습관들이 쌓여 삶의 방향을 바꾸고, 자신을 돌보는 힘을 키우는 과정이 된다. 그리고 그런 작은 변화들은 우울감에서 벗어나 더 나은 삶으로 나아가는 길을 만들어 줄 것이다.

쉼과 즐거움으로 나를 치유하다

'돌봄'이라는 단어는 흔히 타인을 보살피는 행위를 떠올리게 한다. 우리는 보통 아이들이나 노인, 혹은 몸과 마음이 힘든 사람들에게 돌봄이 필요하다고 생각한다. 하지만 돌봄은 특정한 사람에게만 해당하는 것이 아니다. 누구나 삶을 살아가며 지치고, 상처받고, 무너지는 순간을 경험한다. 이때 가장 필요한 것은 나 자신을 돌보는 것이다.

어쩌면 누군가가 나를 보살펴 주기를 기다리기보다는, 자기 자신을 돌보는 것이 더 중요할 수도 있다. 우리는 흔히 돌봄을 타인이 주는 것이라 여기지만, 사실 가장 오랫동안 나와 함께할 사람은 다름 아닌 '나 자신'이다. 그렇다면 나는 과연 나를 얼마나 잘 돌보고 있을까?

자기 돌봄은 단순한 위로나 휴식이 아니다. 그것은 내가 무엇을 좋아하고, 무엇을 필요로 하며, 어떻게 쉴 때 마음이 편안해지는지를 알아가는 과정이다. 아기가 울 때 배가 고픈지, 자고 싶은지, 어디가 불편한지 원인을 찾아야 돌봄이 가능하듯, 나를 돌보기 위해서는 내가 언제 우울해지고, 무엇이 나를 지치게 하는지를 알아야 한다. 자기 돌봄은 거창한 것이 아니다. 좋아하는 음악을 듣거나, 글을 쓰거나, 산책하거나, 따뜻한 차 한 잔을 마시는 것처럼, 일상의 작은 순간 속에서 나를 돌보는 방법을 찾는 것이다.

나만의 즐거움 만들기

뚜렷한 목적이나 목표 없이 그저 내가 온전히 집중하고 즐길 수 있는 나만의 취미 활동이 있다면 삶의 활력을 얻을 수 있다. 내가 무엇을 할 때 설레고 즐거움을 느끼는지 잘 몰라도 괜찮다. 나에 대해 생각하고, 고민하고, 찾아보는 것부터 시작하면 된다. 접근이 가까운 지역 내 문화센터, One Day Class를 통해 다양한 활동에 도전해 보는 것도 하나의 방법이다.

꽃꽂이나 제과제빵, 도자기 공예, 가죽 공예 등과 같은 작업은 신체의 다양한 감각을 활용할 수 있는 대표적인 활동이다. 예쁜 꽃을 보고, 향기를 맡고, 내 손으로 화분이나 꽃다발을 만들면 한결 기분이 나아진다. 빵이나 쿠키를 만들 재료를 준비하고, 계량하고, 빵 반죽을 만지는 과정은 설렘을 준다. 어느새 완성된 향긋한 빵 냄새를 맡으면서 직접 만든 빵을 맛본다면 즐거움은 배가 될 것이다.

사람마다 즐거움을 느끼는 순간은 다양하다. 만드는 것을 좋아할 수 있고, 활동적인 것을 좋아할 수 있다. 때론 맛있는 커피나 식당을 찾아다니는 것을 좋아할 수도 있다. 아름다운 자연환경을 사진에 담고, 여행하는 것, 책을 읽거나 글쓰기를 하며 행복감을 느끼기도 한다.

헬스, 수영, 필라테스, 스쿼시, 탁구, 방송 댄스 등 다양한 운동을 해보며 내게 맞는 운동을 찾아보는 것도 삶에 활력과 행복을 주는 행동이 된다. 이렇게 나를 알아가고, 이해하고, 발견하는 시간을 통해 자신만의 즐거움을 만들어보자.

디지털 디톡스(Digital Detox), 과부하 줄이기

우울한 감정이 들 때 우리는 종종 스마트폰을 붙잡고 무의미한 시간을 보내곤 한다. SNS 피드를 무작정 스크롤 하거나, 자동 재생되는 영상들을 멍하니 시청하다 보면 어느새 시간이 훌쩍 지나 있다. 스마트폰 속에서 빠져나왔을 때 남는 것은 허무함과 공허함뿐인데, 무언가를 해냈다는 성취감보다는, 시간을 흘려보냈다는 좌절감과 자책감이 더 크게 다가오기 때문이다. 더욱이, 현실의 삶과 화면 속의 화려한 세상이 비교될 때 우울감은 더 깊어진다. 결국, 디지털 기기에 몰입할수록 나 자신을 돌볼 기회는 줄어들고, 내면의 공허함은 더욱 커진다.

이런 디지털 과부하에서 벗어나기 위해 우리는 의식적으로 디지털 디톡스를 실천할 필요가 있다. 디지털 디톡스(Digital Detox)란, 일정 시간 동안 스마트폰과 같은 디지털 기기를 멀리하고, 그 시간 동안 오롯이 나에게 집중하는 것을 의미한다. 처음부터 스마트폰 사용을 완전히 끊는 것은 어려우므로, 작은 실천부터 시작하면 좋다. 예를 들어 '하루 중 1시간은 스마트폰을 서랍 속에 넣어두고 사용하지 않는다.'라는 목표를 정해 보는 것이다. 그 시간 동안 책을 읽거나, 산책하거나, 간단한 명상을 하면서 머릿속을 정리하는 시간을 가져보는 것은 좋은 방법이다.

또한 디지털 기기의 사용 시간을 점진적으로 줄이는 것도 필요하다. 스마트폰을 사용해야 하는 시간이 많다면, 알람을 설정해 특정 시간 이후에는 SNS나 뉴스 앱을 확인하지 않도록 조정할 수 있다. 처음에는 어색하고 불편할 수 있지만, 점차 디지털 기기에 대한 의존도가 낮아지면서 마음의 여유를 되찾을 수 있을 것이다.

주변 사람들과의 직접적인 소통도 디지털 과부하를 줄이는 데 도움이 된다. 화면 속 관계가 아니라, 실제 사람들과의 대화를 통해 더 깊은 연결감을 경험해 보자. 이때 무엇보다 중요한 것은 자신을 격려하는 마음을 가지는 것이다. 변화는 한순간에 이루어지지 않는다. 때때로 다시 스마트폰에 빠져 시간을 낭비할 수도 있고, 디지털 기기 없이 보내는 시간이 불안하고 낯설게 느껴질 수도 있다. 하지만 이런 작은 시도들이 쌓이다 보면 어느 순간 나만의 균형을 찾게 되고, 더 나은 삶을 향하여 한 걸음씩 나아가고 있다는 것을 깨닫게 될 것이다.

내 마음 알아주기

사람마다 세상을 바라보는 방식이 다르다. 같은 영화를 보더라도 집중하게 되는 장면이 다르고, 같은 경험을 하더라도 떠올리는 감정이 다르다. 어떤 상황을 받아들이는 방식과 생각을 정리하는 과정, 감정을 해석하는 방법 모두 제각기 다르다. 하지만 우울감이 깊어지고, 오랜 기간 부정적인 사고 패턴이 반복되면 우리는 마치 '우울 렌즈'를 낀 것처럼 자신과 주변, 그리고 미래를 비관적으로 바라보게 된다.

부정적인 감정은 억누른다고 사라지지 않는다. 오히려 밀어낼수록 더욱더 깊숙이 자리 잡고 우리를 옥죄어 온다. 부정적인 감정에서 벗어나기 위해 가장 먼저 해야 할 일은, 그것을 있는 그대로 인정하고 받아들이는 것이다. 불편하고 고통스러운 감정도 내 안에서 생겨난 것이니 그것을 무조건 밀어내려 하기보다는 내면의 흐름을 들여다보는 태도가 필요하다.

나는 예전부터 반복적으로 확인하는 습관이 있었다. 집 안의 모든 전등불이 꺼졌는지 확인하고, 현관문과 가스 불이 잠겼는지 몇 번이고 다시 확인했다. 외출할 때도, 업무를 마무리할 때도 '혹시 실수한 건 없을까?' 하는 불안감에 몇 번이고 점검하는 버릇이 있었다.

처음에는 이런 내 모습이 싫었다. 나도 평범한 사람처럼 신경 쓰지 않고 넘길 수 있었으면 좋겠다고 생각했다. 하지만 상담 공부를 시작하고, 나 자신을 탐색하는 과정에서 이 습관이 나의 불안과 긴장감을 반영하는 하나의 신호라는 것을 알게 되었다. 그리고 그것을 있는 그대로 받아들이는 과정이 필요하다는 것도 깨달았다.

이제는 내가 평소보다 확인하는 행동이 잦아질 때, 나에게 묻는다. '오늘 나를 불편하게 했던 것은 무엇이었을까?' 그런 후 내게 어떤 일이 있었고, 어떤 말을 들었으며, 내가 어떻게 반응했는지를 되짚어 본다. 그러고 나면 나도 모르게 마음 한구석에 걸려 있던 감정의 실마리가 보이기 시작한다. 이 과정은 단순한 습관이 아니라, 내 감정을 있는 그대로 알아차리고, 인정하며, 받아들이는 연습이다. 예전에는 그저 불필요한 행동이라 여겼던 것들이 이제는 나를 이해하는 중요한 신호가 되었다. 감정을 밀어내려고 애쓰기보다 그것이 내 안에서 어떤 의미를 가지는지를 들여다보면, 부정적인 감정은 점차 힘을 잃고 더 이상 나를 지배하지 않게 된다.

물론 한순간에 모든 것이 달라지지는 않는다. 하지만 감정을 억누르지 않고, 있는 그대로 바라보는 연습을 하다 보면 더 이상 부정적인 감정이 나를 휘두르는 것이 아니라, 내가 내 감정을 이해하고 다루는 힘을 얻게 된다. 그리고 그 힘이 나를 우울에서 벗어나게 하는 첫걸음이 된다.

나 자신을 위한 칭찬과 감사

우울한 날에는 하루가 무의미하게 느껴질 때가 많다. '나는 오늘도 아무것도 하지 못했어.', '하루를 그냥 흘려보냈어.'라는 생각이 들면, 점점 더 자책하게 된다. 하지만 아주 사소한 것이라도 자신에게서 칭찬할 것을 찾아보는 것은 중요한 연습이 된다.

예를 들어 '오늘 아침에 일어나서 씻었어.', '밥을 챙겨 먹었어.', '짧게나마 바깥에 나갔다 왔어.'와 같은 것들이 있다. 누군가는 당연한 일처럼 보일 수 있지만, 우울한 상태에서는 이 작은 행동 하나도 큰 의미를 가진다. 이런 작은 실천을 스스로 인정하는 것만으로도 '나는 오늘도 나를 위해 무언가를 해냈어.'라는 감각을 가질 수 있다.

또한 하루 동안 감사했던 순간을 떠올려 보는 것도 도움이 된다. '따뜻한 햇볕을 받으며 걸을 수 있어서 좋았다.', '좋아하는 음악을 들으면서 조금 편안해졌다.' 같은 것들을 글로 기록해 보면, 하루 동안 지나쳤던 긍정적인 순간을 다시 발견할 수 있다.

② 내게 맞는 심리상담 방법은 뭘까

우울감을 극복하고 싶지만, 혼자서 벗어나기 어려운 경우가 있다. 이럴 때 전문가의 도움을 받는 것은 전혀 부끄러운 일이 아니다. 심리상담은 단순히 이야기를 나누는 것에 그치지 않는다. 감정을 이해하고 다루는 방법을 배우며, 더 건강한 삶을 살아갈 수 있도록 돕는 과정이다. 상담을 통해 우리는 자신의 감정을 깊이 들여다보고, 우울감을 다루는 방법을 익히며, 더 나아가 삶의 방향을 조정할 수 있게 된다.

우울증 치료에 자주 사용되는 상담 방법에는 여러 이론이 있다. 정신분석, 인지행동치료, 대상관계, 인간중심 상담, 마음 챙김 등이 대표적이다. 각각의 접근법은 우울감을 다루는 방식이 조금씩 다르며, 개인의 성향과 고민에 따라 더 적합한 방법을 선택할 수 있다.

정신분석적 접근: 무의식 속 감정을 탐색하다

우울감의 원인을 명확히 알 수 없다면, 그 원인은 무의식에 있을 수 있다. 정신분석적 접근은 우리가 의식적으로 인식하지 못하는 감정과 경험들이 현재의 우울한 감정과 어떻게 연결되어 있는지를 탐구하는 데 중점을 둔다.

이는 과거의 관계 경험이나 어린 시절 부모와의 애착이 현재의 감정에 어떤 영향을 미쳤는지를 살펴보는 과정이다. 예를 들어 어린 시절 자신의 감정을 솔직하게 표현할 수 없었던 사람이 성인이 되어도 감정을 억압하고, 그 억압된 감정이 우울로 나타나는 경우가 있을 수 있다. 정신분석적 상담은 이러한 감정의 흐름을 이해하고, 무의식적으로 반복되는 부정적인 패턴에서 벗어날 수 있도록 돕는다.

우울감이 반복되거나 이유 없이 무기력하고 감정적으로 고립된 느낌이 든다면, 이 접근법이 도움 될 수 있다. 상담을 통해 자신의 감정을 깊이 이해하고, 그 감정이 어떻게 형성되었는지를 알게 되면, 더 이상 과거에 얽매이지 않고 새로운 방식으로 감정을 표현하는 방법을 배울 수 있다. 이를 통해 우리는 더 건강한 관계를 맺을 수 있게 된다.

어릴 때 부모의 기대에 맞추기 위해 항상 착한 아이로 행동했던 A 씨는, 감정을 솔직하게 표현하는 것이 어려웠다. 자신의 불만이나 슬픔을 드러내기보다 늘 웃으며 참고 견뎠다. 성인이 된 후에도 그는 타인의 기대를 저버릴까 두려워 늘 맞추려 애썼고, 점점 지쳐갔다. 아무 이유 없이 무기력해지고, 혼자 있을 때는 원인을 알 수 없는 공허감이 밀려왔다.
상담을 통해 그는, 과거 부모의 기대에 부응해야만 사랑받을 수 있다고 믿어왔다는 사실을 깨닫게 되었다. 어린 시절의 억눌린 감정이 성인이 되어서도 지속되었고, 그것이 우울한 감정으로 나타났던 것이다. 상담을 통해 그는 자신의 감정을 솔직하게 표현하는 연습을 했고, 더 이상 타인의 기대에 맞추기 위해 자신을 희생하지 않아도 된다는 것을 배우게 되었다.

정신분석적 접근은 무의식적으로 반복되는 감정 패턴을 이해하고, 과거의 상처로부터 벗어나 보다 건강한 방식으로 감정을 표현할 수 있도록 돕는다.

인지행동치료(CBT): 부정적인 사고에서 벗어나 보자

우울한 감정은 비합리적인 사고 패턴과 깊이 관련되어 있다. '나는 쓸모없는 사람이야.', '이건 결국 실패할 거야.' 같은 부정적인 생각들이 반복되면, 감정도 점점 무거워지고 무기력해질 수밖에 없다. 인지행동치료는 이러한 부정적인 사고 패턴을 인식하고 변화시키는 것에 초점을 맞춘다.

예를 들어 작은 실수를 했을 때 '나는 무능해.'라고 해석하는 대신, '실수는 누구나 할 수 있고, 다시 해 볼 수 있어.'라고 사고를 바꾸는 연습을 한다. 이를 통해 자동으로 떠오르는 부정적인 사고를 점검하고, 보다 현실적이고 균형 잡힌 사고로 전환할 수 있도록 돕는다.

CBT는 비교적 단기간에 실질적인 변화를 경험할 수 있는 상담 방법으로, 특히 우울증이나 불안장애 치료에서 효과적인 것으로 알려져 있다. 현실적인 사고 훈련과 행동 변화 전략을 통해 우울감에서 벗어나고 싶은 사람들에게 적합한 치료법이다.

B 씨는 직장에서 발표를 마친 후, 몇 가지 실수를 했다는 사실을 깨닫고 스스로를 강하게 비난했다. '내 발표는 정말 형편없었어. 동료들이 나를 무능하다고 생각할 거야.'
이런 생각이 반복되면서 불안감이 커졌고, 이후 비슷한 상황을 피하려 했다. 그러나 B 씨는 CBT를 통해 자신의 사고 패턴을 점검하는 연습을 했다. 상담사는 그에게 질문했다.

"발표에서 실수했다고 해서 정말 무능한 걸까?"
"다른 사람들은 실수를 하지 않나?"
"동료들이 정말 그렇게 생각한다는 객관적인 증거가 있나?"

이 과정을 통해 B 씨는 몇 가지 실수가 발표 전체를 망친 것은 아니라는 사실을 깨달았다. 또한 나중에서야 동료들이 그의 발표를 긍정적으로 평가했다는 사실을 알게 되었다. 상담을 통해 그는 실수를 과장해서 해석하는 자신의 사고 패턴을 인식하고, 보다 현실적인 시각으로 상황을 바라보는 법을 배웠다.

CBT는 부정적인 생각이 자동으로 떠오를 때 이를 점검하고, 보다 균형 잡힌 시각을 가질 수 있도록 돕는다. 그 결과, B 씨는 이후 중요한 발표를 앞두고도 전처럼 극단적으로 두려워하지 않게 되었으며, 실수를 하더라도 자신을 비난하기보다 배움의 기회로 받아들이는 법을 익혔다.

대상관계이론: 관계 속에서 받은 상처를 관계 속에서 치유하다

우울증은 어린 시절 맺은 관계와 깊은 관련이 있다. 그 중 대상관계이론(Object Relations Theory)을 통해 우리가 어린 시절부터 형성한 관계가 현재의 감정과 행동에 어떤 영향을 미치는지를 살펴볼 수 있다.

예를 들어 어린 시절 부모로부터 충분한 애정과 지지를 받지 못한 경험이 있다면, 성인이 되어서도 타인과의 관계에서 불안감이나 거리감을 느낄 수 있다.

'나는 결국 버려질 거야.', '사람들은 나를 좋아하지 않을 거야.'
이런 생각은 관계를 맺는 데 걸림돌이 될 수 있다.

그러나 상담을 통해 과거의 관계에서 형성된 패턴을 인식하고, 보다 건강한 방식으로 타인과 소통하는 법을 배울 수 있다. 대상관계이론은 대인관계에서 반복적으로 문제가 발생하거나, 타인과 깊이 있는 관계를 맺기 어려운 사람들에게 유용한 접근법이다.

> H 씨는 연애할 때마다 상대방이 자신을 떠날 것 같다는 불안감에 사로잡혔다. 연인의 연락이 조금만 늦어도 '나를 싫어하게 된 걸까?'라는 생각이 들었고, 불안할 때마다 끊임없이 상대에게 확인을 요구했다. 하지만 이러한 행동은 오히려 관계를 부담스럽게 만들었고, 결국 H 씨의 연애는 오래가지 못하고 끝나곤 했다.
> 상담을 통해 H 씨는 자신의 불안이 어린 시절의 경험과 관련이 있다는 사실을 깨닫게 되었다. 어릴 때 부모님이 생업으로 바빴기 때문에 감정적인 거리감을 느끼며 성장했다. 사랑받고 있다는 확신이 부족했던 어린 시절의 경험이 성인이 되어서도 남아, 가까운 관계에서 버려질 것 같은 두려움을 만들어내고 있었다.
> 상담 과정에서 H 씨는 자신의 불안을 인식하고, 과거와 현재의 관계를 분리해서 보는 연습을 했다. 그는 연인의 반응이 부모와의 관계에서 느꼈던 감정과 동일한 것이 아니라는 사실을 이해하게 되었다. 또한 불안이 올라올 때 이를 조절하는 법을 배우면서 점차 연애 관계에서도 더 안정감을 찾을 수 있게 되었다.
> 이 사례처럼, 대상관계이론은 과거에 형성된 관계 패턴이 현재의 감정과 행동에 어떻게 영향을 미치는지를 이해하도록 돕는다.

인간중심상담: 있는 그대로의 나를 받아들이기

인간중심상담에서는 상담자가 조언하거나 문제를 해결해 주는 것이 아니라, 내담자가 자신의 감정을 스스로 탐색하고 이해할 수 있도록 따뜻한 공감과 지지를 제공한다. 상담자는 비판하거나 판단하지 않고, 그저 내면의 목소리를 있는 그대로 듣고 존중하는 역할을 한다.

수민: 제가 왜 이렇게 무능한지 모르겠어요. 다른 사람들은 다 잘하는데, 저는 왜 이 모양일까요? 그냥 사라지고 싶다는 생각도 자주 들어요.
상담자: 그동안 혼자 너무 힘드셨겠어요. 그 마음이 얼마나 무거웠을지 느껴집니다.
수민: 솔직히 상담 받는 것도 부끄러워요. 이런 상황도 제가 약하다는 증거 같아요.
상담자: 이렇게 용기 내어 자신의 마음을 나눠주시는 모습이 참 소중하게 느껴지네요. 그 부끄러움조차도 수민 님의 진짜 마음이겠지요.
수민: 전, 저 자신이 제일 싫어요. 머릿속에 '넌 왜 이렇게 쓸모없어.'라는 소리가 계속 맴돌아요.
상담자: 그 소리는 참 오래된 것처럼 들리네요. 언제부터 그런 목소리가 들리기 시작했을까요?
수민: 어릴 때부터요. 부모님이 늘 "넌 왜 그렇게 느려?", "넌 뭐 하나 제대로 못 하냐?"라고 하셨거든요. 저는 항상 부족한 아이였어요.
상담자: 부족한 아이처럼 느껴지던 그때의 수민 님은… 어떤 마음이었을까요?
수민: (잠시 침묵 후) 인정받고 싶었어요. 잘하고 싶었는데, 항상 실패만 했거든요. 그래서 지금도 조금이라도 잘하지 못하면, 그때 그 기분이 다시 느껴져요. 요즘은 그 목소리가 들릴 때 혼자서 이렇게 말해요. "그래. 너는 인정받고 싶어서 그렇게 외치는 거구나. 이제는 내가 네 편이 되어줄게."
상담자: 와… 수민 님, 이제는 자신에게 스스로 공감해 주고 계시네요. 그 작은 목소리로 인해 외롭지 않겠어요.
수민: 네, 예전에는 그 목소리가 저를 괴롭혔는데, 이제는 제 안에 있는 상처받은 어린 아이가 말하는 것 같아요. 아직 완전히 괜찮지는 않지만, 그 아이와 함께 가보려

고요.

인간중심 상담을 통해 수민 씨는 더 이상 '쓸모없는 사람'이라는 생각에 휘둘리지 않게 되었다. 여전히 힘든 순간은 있었지만, 그럴 때마다 자신에게 따뜻한 말을 건네며 감정을 있는 그대로 인정할 수 있었다. 그 과정에서 수민 씨는 점점 더 '나는 있는 그대로 괜찮은 사람이다.'라는 것을 느끼게 되었다.

마음 챙김 기반 치료: 감정을 조절하는 강력한 도구

우울감이 찾아올 때 우리는 종종 감정에 휩쓸려 자신을 비난하거나 과거의 상처 속에 갇히곤 한다. 마음 챙김 기반 치료(MBCT, Mindfulness-Based Cognitive Therapy)는 이러한 감정의 소용돌이에서 한 걸음 떨어져 감정을 관찰하는 법을 배우는 과정이다. MBCT에서는 현재의 순간에 집중하는 연습을 통해, 부정적인 감정을 있는

K 씨는 사소한 일에도 감정이 쉽게 흔들리는 자신을 자책하곤 했다. 아침에 기분이 좋았다가도, 직장에서 상사의 말 한마디에 갑자기 우울해지고, 집에 돌아오면 불안한 감정이 몰려와 밤새 뒤척이기 일쑤였다. 감정을 조절하지 못하는 자신이 한심하게 느껴졌고, 점점 더 우울감에 빠져들었다.
MBCT를 시작한 후, K 씨는 감정을 억누르거나 회피하는 대신 '그저 바라보는 연습'을 하게 되었다. 감정이 올라올 때마다 "지금 나는 불안하구나.", "우울한 감정이 올라오고 있네."라고 스스로에게 말하며, 감정을 판단하거나 몰입하지 않고 단순히 관찰하는 법을 배웠다. 처음에는 어색했지만, 점차 감정에 압도되는 시간이 줄어들었고, 우울하거나 불안한 순간에도 한 걸음 물러서서 자신을 바라볼 수 있게 되었다.
어느 날, K 씨는 직장에서 실수했을 때 '나는 항상 이래. 역시 무능한 사람이야.'라는 생각이 들었다. 하지만 예전처럼 그 생각에 휩쓸리는 대신, '아, 지금 내 머릿속에서 또 이런 생각이 떠오르는구나.'라고 인식하며 한숨을 돌릴 수 있었다. 그 순간, 그 생

> 각이 곧바로 현실이 되는 것이 아니라, 단순한 '생각'일 뿐이라는 걸 깨달았다.
>
> 마음 챙김 기반 치료는 감정의 흐름을 조절하는 법을 배울 수 있도록 돕는다. 감정에 휩쓸리는 것이 아니라, 그것을 있는 그대로 바라보며 균형 잡힌 시선으로 자신을 대하는 연습이 필요하다. K 씨처럼 감정 기복이 심하거나, 부정적인 생각이 반복되는 사람들에게 마음 챙김은 감정을 조절하는 강력한 도구가 될 수 있다.

그대로 바라보는 법을 익힌다. 즉, '나는 지금 우울하구나.', '불안한 감정이 올라오고 있구나.'라고 인식하되, 그것에 빠져들지 않고 한 발짝 떨어져 관찰하는 것이 핵심이다.

'상담이 나에게 정말 효과가 있을까?'

이러한 의문은 매우 자연스러운 생각이다. 그러나 상담은 단순히 고민을 털어놓는 것이 아니라, 자신의 감정을 이해하고, 새로운 대처 방법을 배우며, 건강한 관계를 형성하는 과정이다. 심리상담을 받은 사람들은 받지 않은 사람들보다 우울 증상의 감소와 낮은 재발률을 보였다는 연구 결과도 많다. 우울감이 심화될수록, 혼자 해결하려 하기보다 도움을 요청하는 것이 중요하다.

상담은 약한 사람들이 받는 것이 아니라, 더 나은 삶을 살고자 하는 사람들이 선택하는 방법이다. 또한 상담을 받는다고 해서 단번에 모든 것이 나아지는 것은 아닐 수도 있다. 그러나 상담자와 함께 한 걸음씩 자신의 감정을 이해해 나가면서, 건강한 생각 습관을 만들어가는 과정이 결국 나를 더 단단하게 만들어 줄 것이다.

약물치료: 마음의 파도를 잠재우는 든든한 지원군

우울증이 심화되면 단순히 기분이 가라앉는 것이 아니라, 뇌의 균형이 흐트러진다. 이로 인해 신경전달물질이 원활하게 작용하지 못하면서 감정조절이 어려워지고, 무기력과 불안, 깊은 절망감이 반복된다. 이럴 때 약물치료는 뇌의 균형을 회복하도록 돕는 역할을 한다.

항우울제와 안정제

우울증 치료에 가장 많이 사용되는 약물은 항우울제다. 이들은 세로토닌, 노르에피네프린, 도파민 같은 신경전달물질을 조절하여 감정을 안정시키는 데 도움을 준다.

세로토닌 재흡수 억제제(SSRI)

가장 널리 사용되는 항우울제로, 세로토닌의 양을 증가시켜 감정을 안정적으로 유지하는 역할을 한다. (예: 프로작, 졸로푸트)

세로토닌-노르에피네프린 재흡수 억제제(SNRI)

세로토닌뿐만 아니라 노르에피네프린을 증가시켜 활력을 되찾는 데 도움을 준다. (예: 이팩사, 심발타)

삼환계 항우울제(TCA) 및 MAOI(모노아민 산화효소 억제제)

주로 중증 우울증 치료에 사용되며, 신경전달물질의 작용을 광범위하게 조절한다.

항불안제 및 안정제

항우울제 효과가 미미하거나, 심한 불안과 긴장, 불면이 동반될 때 처방되며, 즉각적인 완화 효과를 줄 수 있다.

약물치료 시 주의할 점

일부 약물은 장기 복용 시 의존성이 생길 수 있어 주의가 필요하다. 그러므로 전문의의 판단 아래 복용해야 하며, 자의적으로 중단하거나 용량을 조절하면 안 된다.

약물치료는 언제 필요할까?

다소 가벼운 우울 증상이라면 생활 습관 개선이나 심리 상담만으로도 충분히 나아질 수 있다. 하지만 다음과 같은 경우라면 약물치료가 필요할 수 있다.

- 일상생활이 어려울 정도로 무기력하거나 절망감이 지속될 때
- 수면 장애, 식욕 저하, 극심한 피로가 동반될 때

- 자살 충동이 반복적으로 나타날 때
- 불안, 공황, 강박적인 생각이 극심하여 일상생활이 힘들 때

약물치료를 시작하면 빠르면 2주 후부터 효과를 보기 시작하며, 4~6주 사이에 충분한 효과를 볼 수 있다. 처음에는 어지러움, 소화 불량, 졸음 등의 가벼운 부작용이 있을 수 있지만, 대부분 시간이 지나면서 사라지는 경우가 많다. 중요한 것은 '즉각적인 변화'를 기대하기보다는, 뇌가 균형을 되찾아가는 과정으로 이해하는 것이다.

약물치료: 오해를 풀고 마음을 가볍게

"약을 먹으면 평생 먹어야 하나요?"

이러한 오해로 인해 약물치료를 망설이는 사람들이 많다. 하지만 항우울제는 뇌가 균형을 되찾도록 돕는 '지원군'일 뿐, 평생 복용해야 하는 것은 아니다. 보통 6개월~1년 정도 치료 후, 증상이 호전되면 전문의의 판단 아래 서서히 용량을 줄이며 중단할 수 있다. 처음에는 어지러움이나 졸음 같은 부작용이 나타날 수 있지만, 대부분 시간이 지나면서 사라지며, 불편함이 지속될 경우 약물 조정을 통해 완화될 수 있다. 약물치료는 나를 약한 사람으로 만들지 않는다. 오히려 내 몸과 마음을 돕는 과정일 뿐이다.

상담과 약물치료: 함께할 때 더 큰 힘을 발휘한다

상담과 약물치료는 각각 다른 역할을 한다. 약물치료는 뇌의 신경 전달물질 균형을 조절하여 감정의 기복을 완화하고, 상담 치료는 우울감을 유발하는 왜곡된 사고 패턴을 탐색하여 건강한 사고방식으로 전환할 수 있도록 돕는다.

이 두 가지 치료는 상호보완적이다. 약물치료만으로는 근본적인 마음의 상처를 해결하기 어렵고, 상담 치료만으로는 무너진 마음의 균형을 되찾는 데 시간이 오래 걸릴 수 있다. 따라서 두 가지 치료를 병행한다면 재발 위험을 낮추고, 회복의 속도를 높이며, 더 건강한 삶을 만들어갈 수 있다.

3 마음이 지쳤을 때, 관계가 답이다

회복을 돕는 데 중요한 사회적 자원

우리는 모두 관계 속에서 살아간다. 가족, 친구, 연인, 동료 등 다양한 관계가 우리의 삶을 더 풍요롭게 만들고, 그 안에서 서로 도움을 주고받으며 살아간다. 힘들 때 기대고, 필요할 때 도움을 요청할 수 있다는 믿음은 삶을 지탱하는 데 중요한 역할을 한다. 이러한 관계를 사회적 자원이라고 하며, 사회적 자원이 어떻게 작동하는가에 따라 우울증을 겪는 사람들의 회복 과정도 크게 달라진다. 그렇다면 주변 사람들은 우울증을 겪는 이들에게 어떤 도움이 될 수 있을까?

따뜻한 공감이 먼저다

해님과 바람의 이야기가 있다. 나그네의 외투를 벗기는 내기를 하던 바람은 거센 힘으로 나그네의 옷을 날려버리려 하지만 나그네는 오히려 더욱 옷깃을 단단히 여민다. 반면, 해님은 따뜻한 햇살을 보내고, 결국 나그네는 스스로 외투를 벗는다.

이 이야기는 우리에게 중요한 교훈을 준다. 사람을 변화시키는 것은 강한 압박이 아니라, 따뜻한 온기라는 사실이다. 종종 주변에서는 '정신 차려야지!'라고 말하면 우울증에서 벗어날 수 있다고 믿는다. 하지만 우울증은 단순히 정신력의 문제가 아니다. 우울증을 극복하는 데 필요한 것은 강한 충격이 아니라 따뜻한 지지와 공감이다.

공감은 "너무 힘들겠다.", "많이 지쳤구나."라고 말하며 상대의 감정을 있는 그대로 이해하고 받아들이는 것이다. "뭐가 그렇게 힘드냐?", "그게 그렇게 어려운 일이냐?", "다들 힘들어." 같은 말은 오히려 상대의 마음을 닫히게 만든다. 반면, "네가 힘든 시간을 보내고 있다는 걸 알아.", "많이 힘들었겠다."라는 말 한마디는 상대에게 위로가 될 수 있다.

우울증을 겪는 사람들은 자신이 느끼는 감정과 상황을 이해받지 못한다고 생각하며 더욱 고립되곤 한다. 그럴 때 진심 어린 공감은 그들에게 '내가 혼자가 아니구나.'라는 안도감을 준다. 공감받는 순간, 닫혀 있던 감정은 조금씩 풀리고 위로가 스며들기 시작한다. 마치 차가운 몸이 따뜻한 이불 속에서 서서히 녹아가듯, 공감은 마음을 열게 만드는 힘을 가진다.

"괜찮아. 그럴 수도 있어."라는 치유의 언어

우울증을 겪는 많은 사람은 '나만 이렇게 힘든 걸까?'라는 생각을 한다. 주변 사람들은 다 잘 해내고 있는 것처럼 보이는데, 나만 유독 힘든 것 같고, 나만 이렇게 바닥을 기는 기분이 든다. 이때 가장 필요한 것은 "너만 그런 게 아니야. 그럴 수도 있어."라는 말이다. 이 말은 '다들 그러니까 유난 떨지 마.'라는 의미가 아니다. "그럴 수도 있어."라는 말은 "지금 네가 겪고 있는 일이 이상한 일이 아니야. 괜찮아. 충분히 그럴 수 있어."라는 따뜻한 인정과 위로를 의미한다.

우울증을 경험하는 사람들은 스스로를 탓하는 경우가 많다. '나는 왜 이러지?', '왜 나만 못 견디는 걸까?'라는 생각이 계속 맴돈다. 하지만 우리는 누구나 살면서 크고 작은 우울감을 경험할 수 있고, 그 강도가 심해져 우울증이 될 수도 있다. 그러니 "네가 이상한 게 아니야. 충분히 그럴 수 있어."라는 말을 전해주는 것이 중요하다.

이 말은 위로를 넘어, 회복의 출발점이 된다. 우울증을 겪는 사람들은 '내가 정말 이상한 걸까?' 하는 불안감에 시달리는데, 누군가가 "아니야. 너만 그런 게 아니야."라고 말해주면, 그 자체로도 커다란 안심이 된다.

함께하는 작은 행동이 주는 힘

지지는 말뿐만 아니라, 작은 행동에서도 드러날 수 있다. 우울증을 겪는 사람들은 때때로 가장 기본적인 일조차 하기 힘들어한다. 밥을 먹는 것도, 밖에 나가는 것도, 심지어 누군가와 대화를 나누는 것도 부담스러울 때가 있다. 이럴 때 "같이 걷자.", "같이 밥 먹을까?"와 같은 가벼운 제안이 큰 도움이 된다.

활동의 힘

움직여야지 하는 생각과는 다르게 몸이 잘 움직여지지 않는 것이 우울증의 한 증상이다. 이럴 때 가벼운 산책, 드라이브 등과 같은 제안들은 움직임을 촉진 시킬 수 있다. 힘을 내기 어려워 미루는 일들이 쌓여갈 때 누군가의 제안은 기운을 북돋아 주고, 흐름을 끊을 수 있는 좋은 출발점이 된다. 움직임은 제한된 환경(집, 침대 등) 안에 고립되어 있던 우울증 환자들에게 바깥 공기, 트인 공간, 낮과 밤, 소리 등의 새로운 자극들을 주며 환기에 도움을 준다.

이때 중요한 것은 제안하는 사람의 활동량에 맞추는 것이 아니라, 우울증 환자의 활동량에 맞추어야 한다는 것이다. 그 때문에 많은 활동을 요하거나, 많은 사람들이 있는 곳, 너무 시끄러운 곳 등 갑작스러운 자극을 주기보다는 단계적인 움직임을 제안하는 것이 좋다. 혼자서는 나가기 꺼려졌던 마음이 동행하는 발걸음에 힘을 얻어 한 발자국씩 나아갈 수 있게 된다.

식사의 힘

함께 식사를 하거나, 차를 마시는 것 등의 시간을 보내는 것도 도움이 된다. 식욕 조절이 잘되지 않는 것 또한 우울증의 한 증상으로 너무 많이 먹거나 혹은 너무 먹지 않거나 할 수 있다. 음식을 섭취하는 행위로써만 목적이 있을 때 폭식이 되고, 전반적인 에너지 저하로 식욕이 감소하여 밥 먹기를 소홀히 하게 되기도 한다. 이럴 때 식사를 함께하는 것은 적정량의 식사를 할 수 있도록 조절하는 데 도움이 될 수 있다. 나아가 함께 시간을 공유함으로 먹는 순간이 즐거워진다. 이는 먹는 행위에 대한 긍정적인 감각으로 이어지기도 한다.

기억하고 옆에 있어 주기의 힘

평소 좋아했던 사소한 것들을 기억했다가 선물하는 것도 도움이 될 수 있다. 좋아하는 케이크 한 조각, 수집 중이었던 물건 등과 같이 작은 선물은 활력을 불어넣어 주기도 한다. 이는 나를 기억하고 세심히 살펴보았다는 점에서 따뜻한 애정과 관심으로 전달되기 때문이다.

또한 조용히 옆에 있어 주는 것만으로도 위로가 될 수 있다. 같은 공간에서 별다른 말 없이 함께 음악을 듣고, TV를 봐도 함께 머무름으로 시간과 에너지, 마음을 쓰고 있다는 것이 전달되며 이는 우울증을 겪는 사람들에게 큰 힘이 된다. 혹은 솔직하게 "무슨 말을 해야 할지 모르겠지만, 네가 힘든 걸 알고 있고, 그냥 옆에 있어 주고 싶어.", "지금 네 감정을 이해하려고 노력하고 있어." 등의 직접적인 말로 함께 있음을, 함께 있고자 하는 마음을 전할 수 있다.

모든 것이 크고 어렵게만 느껴지는 우울증 내담자들에게 작은 제안들은 사고의 흐름을 끊고, 용기를 내 볼 수 있는 따뜻하고도 충분한 출발점이 될 수 있다. 이러한 작은 행동들이 모여 우울증을 이겨낼 힘이 된다.

혼자만의 시간도 필요하다

지지와 응원이 중요하지만 때로는 혼자만의 시간도 필요하다. 중요한 것은 '건강한 혼자만의 시간'을 가지는 것이다. 우울할 때 혼자 있으면 부정적인 생각이 깊어지기 쉽지만, 스스로에게 긍정적인 에너지를 줄 수 있는 시간을 보내는 것은 도움이 된다.

좋아하는 음악을 듣거나, 그림을 그리거나 글을 쓰는 것, 명상, 조용한 카페에서 책을 읽는 것 등의 시간을 가질 수 있도록 권할 수 있다. 혼자 있는 시간이 무조건 나쁜 것이 아니다. 건강하게 혼자만의 시간을 보내는 법을 배우는 것도 우울증을 극복하는 과정 중 하나다.

건강한 혼자만의 시간을 찾도록 돕는 질문

어떨 때 편안함을 느끼는지, 어떤 시간을 보낼 때 채워짐을 느끼는지 생각해 볼 수 있는 기회를 갖는 것이 중요하다. "좋아하는 활동이 있어?", "무엇을 할 때 기분이 나아졌어?", "뭘 하면 기운이 날까?", "시간이 나면 해보고 싶은 것이 있었어?" 등과 같은 애정 어린 질문들이 도움이 된다. 우울증의 한가운데로 빠져들수록 내가 좋아했던 활동들이나 시간 들을 까마득히 잊게 된다. 그런데 이런 질문들은 그 순간들을 떠올리게 되고 흥미 있게 들어주는 상대가 있을 때 말할 수 있게 된다. 말하는 과정에서 그 느낌과 감각들이 생생해지면 '맞아 나 그거 좋아했는데. 잊고 있었네?', '다시 해 볼까?' 하는 동기로 이어질 수 있다.

혹은 "쉼 없이 달리기만 하느라 애썼다. 지금이 쉼을 갖고 너에 대해 알아가야 하는 때인가 보다." 등의 이야기를 해줄 수도 있다. 또한 즐거웠던 여행지, 맛있었던 음식, 울림이 있었던 영화나 장면 등에 대한 질문을 통해 자신의 감각을 일깨워 나갈 수 있도록 도울 수도 있다.

혼자만의 시간을 존중하기

마침내 이런 감각들을 찾아 다시 시도하고자 할 때는, 비난하지 않는 것이 중요하다. '지금이 그럴 때야?', '왜 그런 쓸데없는 일을 하고 있어?' 등의 시선으로 바라보지 않는 것이다. 그것이 무엇이든 동기가 생겨났다는 것이 중요한 것이며, 시도하고자 애쓰는 것이 중요한 것이다. 사람마다 흥미와 재미를 느끼는 부분이 다르고 채워짐을 느끼는 부분이 다르다. 이런 이유로 이때부터는 건강한 혼자만의 시간을 충분히 존중하며 묵묵히 바라봐 주는 것이 필요하다.

우울증에 대해 알고자 하는 태도가 주는 위로

우울증 내담자들과 만날 때 "○○이(가) 제발 우울증에 대해 공부 좀 했으면 좋겠어요."라는 말을 듣곤 한다. 가장 가까운 사람의 우울증에 대한 오해와 편견은 우울증 환자에게 서늘함을 준다. 그 때문에 우울증에 대한 올바른 지식을 가지는 것이 중요하다. 그러기 위해서는 책이나 매체를 통해 많이 듣고 공부하는 것이 도움이 된다.

"혼자 내버려 두지 않을게."라는 묵직한 약속

도울 방법을 고민하는 것만으로도 위로는 전달된다. "내가 잘 알지 못해 공부한다."는 이해하고자 하는 노력이며, 이 태도가 주는 따뜻한 위로가 있다. 질병으로 인해 고통 받는 사람을 위해 질병의 증상과 도움이 되는 음식, 생활, 습관 등에 대해 공부하는 것은, 내버려 두지 않겠다는 회복을 돕기 위한 적극적인 노력이다. 마찬가지로 우울증에 관한 전반적인 공부는 과정을 함께 하겠다는 노력으로 다가간다.

마음을 울리는 공감은 디테일에 있다.

더불어 올바른 이해와 지식은 공감할 수 있는 토대가 된다. 도무지 이해할 수 없었던 현상들이 증상임을 알게 되면 '아~ 그래서 그랬구나.' 하며 진심으로 이해하게 된다. 더불어 정확한 공감을 할 수 있게 된다. 증상들에 대한 넓어진 이해는 "일상적인 일들조차 하는 것이 힘들지?", "힘을 내고자 하는 데, 도무지 힘이 안 나는 것이 얼마나 답답할까?" 등의 구체적이고도 정확한 공감을 할 수 있게 한다. 이러한 공감은 '정말 나를 잘 이해하고 있구나!' 하는 진정성 있는 위로로 전달된다.

'왜 그런지 설명해 주는 것'이 위로다.

정확한 지식의 습득은 우울증을 겪고 있는 사람에게 현상들을 설명해 줄 수 있는 일이 되기도 한다. 보통 우울증 환자들은 앞뒤 사정을 고려하지 않은 채 모든 것을 자기 탓으로 돌리는 경우가 많다. 이를 내부 귀인이라고 하는데, 내부 귀인을 통해 더 우울함으로 빠져들기도 한다. 이럴 때 우울증 환자의 자기 비난이 사실에 기반한 것이라기보다 우울증의 증상으로 나타나는 현상임을 근거 있게 전달해 줄 수 있다. 근거 있는 위로는 막연한 위로보다 힘 있는 위로가 된다.

또한 무조건 "괜찮다.", "너는 강하니까 이겨낼 거야." 등의 말은 우울증 환자들에게 공허함이나 부담감을 줄 수 있다. 사람마다 특성이 다르고 우울증의 증상과 깊이도 다르기 때문이다. 말보다 행동이 도움이 되는 사람도 있고, 새로운 질문을 통해 나아가는 사람도 있다. 정확하고도 넓은 이해는 그 사람의 고유성과 더불어 맞춤형 솔루션을 찾아갈 수 있게 한다.

올바른 정보가 만드는 건강한 시선

우울증에 대한 올바른 이해와 정보를 공유하는 것은 우리 사회 전반에 우울증에 대한 인식을 개선하는 일이 될 수 있다. 이를테면 주변인이 "우울증은 의지의 문제야."라고 했을 때, "우울증은 뇌의 생리적 변화와도 관련이 있어. 전문가들도 의지나 성격의 문제가 아니라고 말해." 등으로 우울증의 원인과 증상, 도움을 줄 수 있는 방법 등을 정확히 공유할 수 있다. 우울증 환자들은 증상으로도 힘들지만 사회적 인식과 낙인에 대한 어려움도 느끼고 있기 때문이다. 사회 전반에 우울증에 대한 정확한 인식과 따뜻한 시선이 존재한다면, 우울증 환자들이 안전감을 갖고 자신을 돌보는 일에 더욱 힘쓸 수 있을 것이다.

끈기 있게 기다려 주기

사례 1. 조용히 곁을 지켜 준 가족

진수는 우울감이 깊어질수록 가족들과의 대화도 줄어들었다. 부모님이 걱정되어 다가오면 오히려 짜증이 났고, 어떤 말도 듣고 싶지 않았다. 하지만 어머니는 억지로 말을 끌어내려 하지 않았다. 대신 매일 저녁 식탁에 진수는 밥을 차려놓았고, 진수가 방에서 나오지 않아도 "밥은 언제든 먹고 싶을 때 먹어."라고 조용히 말해주었다. 몇 주가 지나고, 진수는 아주 조심스럽게 식탁에 앉았다. 오랜만에 마주한 어머니는 다그치지 않았다. "이제 괜찮아?"라고 묻지도 않았다. 그저 평소처럼 조용히 반찬을 챙겨주며 함께 시간을 보냈다.
그 순간, 진수는 어머니가 자신을 기다려 주고 있었다는 것을 어렴풋이 알게 되었다.

우울증을 겪고 있는 사람들은 대게 에너지가 저하되어 있다. 빠르게 생각하고, 결정하고, 행동하기 어려운 것이다. 이럴 때 "언제까지 그러고 있을래?", "빨리 뭐라도 해야 하지 않겠니?" 등의 재촉과 강요는 도움이 되지 않는다. 혹은 "나도 모르겠다. 네 인생이니 네가 알아서 해라." 등의 포기하는 듯한 발언도 상처가 될 수 있다.

포기하지 않되 강요하지 않으면서 끈기 있게 기다려 주는 것이 필요하다. "당장 해결하려 하지 않아도 괜찮아. 그냥 지금 그대로의 너를 지지하고 있어.", "네가 어떤 감정을 느끼든 괜찮아. 난 네 편이야.", "내가 도와줄 것이 있을까?" 하며 필요한 도움이 있는지 묻거나 함께 시간을 견뎌주는 것이 도움이 될 수 있는 것이다. 우울증은 약을 먹는다고 해서 뚝딱 나아지지 않고 서서히 나아지며 그 정도와 깊이 따라 개인차가 있음을 이해하는 것이 중요하다.

이런 이유로 긴 시간이 소요될 수 있다. 나아지지 않고 그 자리에 머물러 있는 것 같이 느껴질 때, 이를 믿고 기다려 주는 것이 필요하다. 나를 믿어 주는 사람이 있음은 회복을 향한 의지를 다질 수 있게 한다.

관계의 온기가 회복을 이끈다

우울증을 겪고 있는 사람들은 자신의 부정적인 감정이 타인을 고통스럽게 할까 봐 걱정하며 툭 터놓고 이야기하기 어려워한다. 때문에 "언제든지 당신의 이야기를 들을 수 있다.", "손 내밀면 잡을 준비가 되어 있다."라고 말해주는 것도 도움이 될 수 있다. 당신의 부정적인 감정이 나를 해치지 않으며, 나는 이를 잘 분리할 수 있는 상태임을 전달하는 것이다. 건강하게 버텨주는 대상이 있을 때 안정감을 느끼며, 비로소 도움을 요청할 수 있게 된다.

도움의 요청은 언제든지 괜찮다는 메시지 또한 도움이 된다. 이는 지금 당장이 아니더라도 도움이 필요한 순간 떠올릴 수 있는 자원이 되기 때문이다. 언제든 손 내밀면 이를 함께 나눌 누군가가 옆에 있다는 생각으로 든든해 질 수 있다.

또한 묵묵히 기다리고 있는 대상이 있다는 것은 나와 타인, 나와 세상이 연결되어 있음에 대한 긍정적 신호로 작용 한다. 나아져봤자 아무도 없고, 달라져 봤자 아무도 모른다는 생각은 의욕을 저하시키고 고립을 지속시킨다. 그 때문에 나의 회복을 기다리고 있는 사람이 있고, 반갑게 맞아주는 대상이 있다는 믿음은 나아지고자 힘을 내는 데 도움이 된다.

가장 큰 치유는 '함께'에서 나온다

결국 우울증을 겪는 사람에게 가장 필요한 것은 '사랑과 지지'이다. 따뜻한 말 한마디, 공감 어린 태도, 작은 행동 하나가 우울증을 겪는 사람에게는 큰 위로가 될 수 있다. 완전히 나아지는 데는 시간이 걸리지만, 그 시간을 함께해 줄 누군가가 있다는 것만으로도 회복의 과정은 훨씬 덜 외롭고 덜 힘들어진다.

누군가 우울증을 겪고 있다면, 그리고 내가 그 곁에 있는 사람이라면, 그에게 따뜻한 햇살 같은 존재가 되어 주자. 우울증을 이겨내는 길은 매서운 바람이 아니라, 따뜻한 온기 속에서 시작된다.

4 행복한 뇌를 만드는 3가지 습관

뇌를 깨우는 규칙적인 운동

운동은 신체 건강 증진에 그치지 않고, 정신건강에도 큰 영향을 미친다. 걷기, 요가, 유산소 운동 같은 활동은 우울증으로 인해 침체된 몸과 마음에 활력을 불어넣는다. 특히 우울감을 느끼는 순간에는 간단하게 신체를 움직이는 활동조차 큰 변화를 만들어 낼 수 있다.

걷기

걷기는 가장 쉽게 할 수 있는 운동 중 하나로, 별다른 장비나 기술이 필요하지 않다. 가까운 공원을 걷거나 집 주변을 산책하는 것만으로도 스트레스를 줄이고, 기분을 상쾌하게 만들 수 있다. 걷기는 심박수를 적절히 높여 뇌에 산소를 공급하고, 스트레스 호르몬인 코르티솔 수치를 낮춘다. 특히 하루 20~30분 정도의 빠른 걸음은 세로토닌 분비를 촉진해 긍정적인 기분을 만들어 주는 효과가 있다. 산책 중 자연의 풍경을 즐기며 마음을 쉬게 하는 것도 우울감을 완화하는 데 큰 도움을 준다.

요가와 스트레칭

요가는 신체를 유연하게 만드는 동시에 정신적인 안정을 주는 데 효과적이다. 우울증을 겪는 사람들에게는 간단한 요가 자세와 스트레칭만으로도 몸의 긴장이 풀어지고, 마음이 차분해진다. 예를 들어 '아이 자세(Child's Pose)'는 깊은 호흡과 함께 긴장된 척추를 이완시켜 몸과 마음의 부담을 덜어준다. 또한 '다리 벽에 기대기 자세(Legs Up the Wall Pose)'는 하루 동안 쌓인 피로를 풀고 뇌에 혈액 순환을 촉진해 마음을 안정시키는 데 효과적이다. 요가와 스트레칭은 특히 불안과 함께 오는 근육 긴장을 완화하는 데 탁월하다.

유산소 운동이 자신감을 만든다.

달리기, 자전거 타기, 수영과 같은 유산소 운동은 심장 박동수를 증가시켜 혈액 순환이 개선되고, 동시에 엔도르핀과 같은 긍정적인 신경전달물질의 분비를 자극한다. 이는 기분을 좋게 하고 스트레스를 줄이는 데 효과적이다. 특히 유산소 운동은 체력 증진과 함께 자신감도 키워준다. 예를 들어 달리기를 처음 시작하는 사람은 5분 걷기와 1분 달리기를 반복하는 방식으로 시작할 수 있다. 이러한 간단한 운동 습관이 점차 자신감을 높이고, 더 큰 목표를 달성할 수 있는 동기를 만들어 준다.

우울증을 겪는 사람들에게는 자신감 부족과 무기력감이 주된 문제로 작용한다. 운동은 이런 문제를 해결하는 데 중요한 역할을 한다. 규칙적인 운동을 통해 목표를 설정하고, 이를 실천해 나가는 경험은 '나는 할 수 있다.'라는 자기효능감을 키운다. 예를 들어 하루에 10분씩 스트레칭을 하거나, 매일 5~15분 산책을 실천하는 작은 목표라도 달성하면 자신을 긍정적으로 바라보는 계기가 된다. 이렇게 운동이 습관화되면, 삶의 주도권을 되찾는 기분을 느낄 수 있다.

운동 습관을 형성하기 위한 실질적인 방법

운동을 시작하기 전, 모든 것을 완벽하게 하려는 부담감을 내려놓는 것이 중요하다. 작은 단계부터 시작하는 것이 꾸준함을 유지하는 열쇠다. 예를 들어 처음에는 하루 5분씩 산책하거나 기지개를 켜는 가벼운 스트레칭으로 시작할 수 있다. 운동 시간을 고정된 일상에 포함하는 것도 좋은 방법이다. 매일 아침 또는 저녁 특정 시간에 운동하면 습관화하기 쉽다. 또, 가족이나 친구와 함께 운동하면 동기 부여가 되고, 지속성을 높이는 데 도움이 된다.

운동은 단순히 몸을 움직이는 활동이 아니라, 마음을 돌보고 삶의 균형을 되찾는 중요한 도구다. 자신에게 맞는 운동 방식을 찾아 규칙적으로 실천하면, 우울감을 이겨내는 데 있어 큰 도움이 된다. 걷기든 요가든, 혹은 유산소 운동이든, 오늘 바로 시작하는 작은 움직임이 내일의 더 나은 삶을 만드는 첫걸음이 될 것이다.

뇌를 살리는 건강한 식습관

우울증 관리와 회복을 위해서는 신체 건강뿐만 아니라 뇌 건강도 중요하게 고려해야 한다. 우리가 섭취하는 음식은 단순히 에너지를 공급하는 것뿐만 아니라, 신경전달물질의 생성과 조절에도 영향을 미친다. 특히, 오메가-3 지방산, 비타민, 단백질과 같은 특정 영양소는 정신건강을 유지하는 데 중요한 역할을 한다.

오메가-3 지방산

오메가-3 지방산은 뇌 건강을 위한 필수 지방산으로, 특히 세로토닌과 도파민 같은 신경전달물질의 균형을 유지하는 데 도움을 준다. 연구에 따르면, 오메가-3가 부족하면 우울 증상이 심화 될 가능성이 높아진다고 한다. 연어, 고등어, 참치와 같은 등 푸른 생선, 견과류(특히 호두), 아마씨와 치아씨드 등에 오메가-3가 풍부하게 포함되어 있다.

비타민과 무기질

비타민 B군(특히 B6, B12)과 엽산은 신경계의 건강을 유지하는 데 중요한 역할을 한다. 이들은 신경전달물질을 생성하고 스트레스 반응을 조절하는 데 기여한다. 또한 비타민 D는 햇빛을 통해 자연적으로 합성되지만, 부족할 경우 우울감이 증가할 수 있다는 연구 결과도 있다. 철분과 마그네슘은 신경계의 안정성을 유지하는 데 도움이 되며, 견과류, 녹색 채소, 통곡물 등에 풍부하게 함유되어 있다.

단백질

단백질은 신경전달물질의 주요 원료로 작용하며, 우울감을 조절하는 데 중요한 역할을 한다. 특히, 트립토판이라는 아미노산은 세로토닌(행복 호르몬)의 전구체로, 닭고기, 계란, 두부, 견과류 등에 풍부하게 포함되어 있다. 단백질을 적절히 섭취하면 신체와 뇌가 안정적으로 기능할 수 있으며, 우울감을 줄이는 데 도움이 된다.

카페인과 술, 적게 마실수록 좋다

우울감을 조절하는 데 있어 카페인과 알코올 섭취를 줄이는 것도 중요한 부분이다. 카페인은 일시적으로 각성 효과를 주지만, 과다 섭취 할 경우 불안감과 불면증을 유발할 수 있다. 하루 1~2잔 정도의 커피는 크게 문제가 되지 않지만, 지나치게 섭취하면 오히려 신경과민을 증가시킬 수 있다.

알코올 역시 기분을 일시적으로 상승시키는 것처럼 보이지만, 장기적으로는 우울 증상을 악화시킬 수 있다. 특히, 지속적으로 술을 마시게 되면 뇌 기능이 저하되고, 감정 조절 능력이 감소할 수 있다. 따라서 가능하면 알코올 섭취를 줄이고, 건강한 음료(허브티, 물 등)를 선택하는 것이 좋다.

뇌를 회복하는 충분한 수면

잠이 바뀌면 삶이 바뀐다

'잠을 푹 자면 기분이 상쾌하다.'라고 말한다. 이는 단순한 느낌이 아니라, 과학적으로도 증명된 사실이다. 규칙적인 수면은 신체의 생체 리듬을 안정화하고, 감정 조절을 돕는 중요한 역할을 한다. 특히, 수면이 부족하거나 불규칙한 생활을 하게 되면 세로토닌, 멜라토닌, 코르티솔과 같은 호르몬의 균형이 무너져 우울감이 심해질 수 있다.

멜라토닌은 우리의 수면을 조절하는 호르몬으로, 빛이 줄어들면 자연스럽게 분비되어 잠을 유도하는 역할을 한다. 그러나 밤늦게 스마트폰을 보거나, 조명이 밝은 환경에서 생활하면 멜라토닌 분비가 억제되어 쉽게 잠들기 어려워진다. 또한 수면이 부족하면 스트레스 호르몬인 코르티솔이 증가해 불안과 짜증이 심해지고, 우울한 감정이 더욱 깊어질 수 있다.

우울증을 겪는 사람들이 불면증이나 과다수면을 경험하는 이유도 바로 여기에 있다. 충분한 수면을 취하지 못하면 신체적 피로와 함께 감정 조절 능력이 떨어지며, 반대로 지나치게 많이 자면 활동성이 줄어들고 무기력함이 심화될 수 있다. 따라서 우울감에서 벗어나기 위해서는 규칙적인 수면 패턴을 유지하는 것이 필수적이다.

잘 자야 잘 산다

좋은 수면 습관을 만들기 위해서는 몇 가지 실천적인 방법을 적용해 볼 수 있다.

매일 같은 시간에 잠들고 일어나기

주말과 평일을 포함하여 일정한 시간에 자고 일어나는 습관을 들이면 생체 리듬이 안정되며, 자연스럽게 숙면을 취할 수 있다.

취침 전 스마트폰과 전자기기 사용 줄이기

스마트폰, TV, 태블릿 등의 화면에서 나오는 블루라이트는 멜라토닌 분비를 억제하여 수면을 방해한다. 잠들기 1시간 전에는 전자기기 사용을 줄이고, 차분한 분위기를 조성하는 것이 좋다.

카페인과 알코올 섭취 조절하기

카페인은 섭취 후 최대 6시간까지 각성 효과를 지속시키므로, 오후 늦게 마시는 커피나 에너지 드링크는 피하는 것이 좋다. 또한 술을 마시면 처음에는 잠이 오는 것처럼 보이지만, 실제로는 수면의 질을 떨어뜨려 깊은 잠을 방해한다.

편안한 수면 환경 조성하기

침실은 조명을 어둡게 하고, 실내 온도는 너무 덥거나 춥지 않도록 조절한다. 편안한 침구를 사용하는 것도 숙면을 돕는 요소가 될 수 있다.

취침 전에 긴장을 푸는 루틴 만들기

자기 전 명상, 독서, 스트레칭 등을 통해 몸과 마음을 차분하게 만들면 보다 쉽게 잠들 수 있다.

잘 자는 방법

우울증이 있는 사람들은 흔히, 불면증(insomnia)이나 과다수면(hypersomnia) 문제를 겪는다. 불면증이 지속되면 신체적으로 피로가 누적될 뿐만 아니라, 정신적으로도 더 예민해지고 우울감이 심화 될 수 있다. 반대로, 과다수면이 습관화되면 활동성이 떨어지고, 무기력한 감정이 더욱 심화 될 수 있다.

불면증 극복

- 낮 동안 적절한 신체 활동을 하여 몸을 충분히 움직이면 밤에 숙면을 취하는 데 도움이 된다.
- 낮잠은 20~30분 이내로 제한하고, 너무 늦은 시간에 자지 않도록 한다.

- 밤에 뒤척이며 오래 깨어 있지 말고, 20분 이상 잠들지 못하면 차라리 조용한 음악을 듣거나 책을 읽으며 긴장을 푸는 것이 좋다.

과다수면 조절

- 기상 시간을 일정하게 맞추고, 알람을 활용하여 과도한 수면을 피하도록 한다.
- 아침에 햇볕을 충분히 쬐고, 낮 동안 가벼운 운동을 하면 생체 리듬이 정상적으로 조절된다.
- 하루 일과 중 침대에서 보내는 시간을 줄이고, 활동적인 루틴을 만들도록 노력한다.

이처럼 아주 사소한 행동이라도 반복하다 보면 변화는 시작된다. 중요한 것은 한 번에 모든 것을 바꾸려고 하기보다, 작은 변화를 쌓아가며 자신을 돌보는 힘을 기르는 것이다. 그 과정에서 몸과 마음이 서서히 회복되며, 어느새 더 건강하고 균형 잡힌 삶을 살고 있는 자신을 발견할 수 있을 것이다.

5장 우울을 넘어, 다시 만난 나

1. 우울의 터널을 지나다
2. 우울한 감정, 다시 반복되지 않게 하려면
3. 새로운 나를 쓰다

우울증이라는 긴 여정을 지나온 뒤, 삶은 이전과 같을 수 없다. 그 길을 걸어온 사람들은 고통과 함께 많은 것을 잃었다고 느낄 수도 있지만, 동시에 자신도 몰랐던 내면의 강인함과 삶에 대한 새로운 시각을 발견하기도 한다. 우울증 이후의 삶은 단순히 "다 괜찮아졌다."로 끝나는 이야기가 아니라, 새로운 자신을 알아가고, 이전보다 더 단단한 삶을 만들어가는 과정이다.

우울증을 극복한 뒤에도 두려움은 여전히 문을 두드릴 수 있다. '또다시 그때로 돌아가는 건 아닐까?'라는 걱정이 문득 고개를 들기도 한다. 그러나 중요한 것은 그 두려움에 휘둘리기보다는 그것을 대하는 방식을 배워가는 것이다. 회복의 여정은 한 번에 끝나는 것이 아니라, 우리가 지속적으로 실천하고 성장해 나가는 과정이다.

이 장에서는 우울증 이후의 삶에 대해 이야기한다. 고통을 넘어 새롭게 만난 자신과의 관계를 돌아보고, 두려움을 마주하는 방법을 배우며, 더 나아가 자신의 경험을 바탕으로 삶을 다시 써 내려가는 여정을 탐구한다. 이 과정은 단순히 회복에 그치지 않고, 자신의 삶을 더 깊고 풍요롭게 만들어가는 시작점이 될 것이다.

우울증 이후의 삶은 이전과 다른 길로 이어진다. 그것은 이전보다 더 나은 나를 발견하고, 삶의 새로운 가치를 찾는 시간이다. 이 장을 통해 독자들이 고통 뒤에 피어나는 희망과 가능성을 발견하고, 앞으로의 삶을 새롭게 그려나가는 데 영감을 받을 수 있기를 바란다. 우리가 걸어온 길은 우리의 일부이지만, 그 길이 우리의 전부는 아니다. 자, 이제 새로운 이야기를 써 내려갈 시간이다.

1. 우울의 터널을 지나다

　우울증은 마치 어두운 터널과 같다. 끝이 없을 것 같은 암흑 속에서도 우리가 기억해야 할 것은 터널은 결국 끝이 있고, 그 너머에는 희망의 빛이 있다는 것이다. 우울증을 극복한다는 것은 단순히 어둠을 없애는 것이 아니라, 새로운 관점과 삶의 의미를 찾아가는 과정이다. 이 과정에서 스스로에게 질문한다. '내가 정말 원하는 삶은 무엇인가?' 그리고 그 답을 찾아가는 길 위에서 우리는 이전과는 다른 자신을 만나게 된다.

　하루를 버티기가 어려운 날도 있을 것이다. 그러나 그 순간에도 작은 변화의 씨앗을 심는 일은 가능하다. 산책하기, 친구와의 대화, 짧은 글쓰기, 새로운 취미를 시도해 보는 일 등 아주 작은 행동의 실천이 새로운 세상의 문을 열어 주기도 한다.

　우울증을 극복한 많은 이들이 한결같이 말하는 것은 "어둠에는 끝이 있고, 그 고통이 나를 강하게 만들었고, 내가 진정 원하는 것을 찾게 해주었다."라는 것이다. 우울증이라는 긴 터널을 지나며 우리는 더 깊은 삶의 이해와 통찰력을 가지게 되고, 이전에는 보지 못했던 세상의 아름다움과 소소한 일상의 감사함을 발견하게 된다.

지금, 우리가 겪고 있는 시간은 끝이 아니라 새로운 시작이다. 어두운 터널을 지나 빛나는 새로운 세상을 만날 자신을 응원한다. 세상은 자신을 찾아가는 당신의 이야기를 환영할 것이다.

우울증과 함께 한 시간, 나를 성장시키다.

우울감이 깊어지면 삶의 의미가 흐려지고, 무기력함이 일상을 잠식한다. 희망은 아득하고, 사소한 일조차 감당하기 어려워진다. 그러나 우울증을 경험한 많은 사람들이 공통적으로 깨닫는 것이 있다. 그것은 바로 우울의 시간조차도 의미가 될 수 있다는 점이다.

우울감 속에서는 자신이 나아가고 있는지, 앞으로 다시 살아갈 힘을 찾을 수 있을지 확신하기 어렵다. 하지만 그 시간을 지나고 나면, 이전과는 다른 시선으로 삶을 바라보게 된다. 우울을 극복한 사람들은 자신의 경험을 통해 삶에 대한 새로운 태도, 자신을 대하는 방식, 그리고 타인과의 관계에 대한 새로운 통찰을 얻는다.

우울증을 겪고 난 후, 삶은 이전과 다르게 보인다. 우울 이전에는 당연하게 여겼던 것들이 사실은 크나큰 의미가 있음을 깨닫게 된다. 행복은 대단한 성취나 특별한 일을 통해서만 오는 것이 아니라, 일상의 작은 순간들 속에도 존재한다.

햇살이 비치는 아침, 한 잔의 따뜻한 커피, 친구와의 따뜻한 대화, 익숙한 골목길을 걷는 평범한 순간들. 이러한 일상의 조각들이 삶을 지탱하는 힘이 된다는 사실을 인식하는 과정은, 우울증을 경험한 후 많은 사람이 공감하는 변화다. 또한 고통의 시간을 지나온 사람들은 타인의 아픔을 더 깊이 이해할 수 있게 된다. 비슷한 경험을 가진 사람들과의 연결이 더욱 강하게 느껴지고, 이전보다 더 따뜻한 시선으로 세상을 바라볼 수 있게 된다. 이는 단순한 감정적 변화가 아니라, 삶을 대하는 태도의 근본적인 변화다.

조금씩, 그러나 확실히 나아가는 길

회복의 여정은 거창한 도약보다는 작은 한 걸음들로 이루어진다. 때로는 작은 성취들을 간과하기도 하지만 우리의 삶을 바꾸는 중요한 요소가 된다. 회복의 과정에서 경험한 작은 성취들은 다음과 같다. 잠시 미소 짓기가 내 안의 회복을 알리는 첫걸음이고, 어제보다 조금 더 나은 자신을 발견하게 한다. 먼저 다가가서 손 내밀어 도움을 요청하는 작은 용기가 나를 자유롭게 만든다. 가만히 서 있으면 그저 땅이지만, 한걸음 내딛으면 길이 된다.

우울증을 극복하는 과정은 단번에 완성되는 것이 아니다. 크고 극적인 변화가 아니라, 아주 작은 순간들이 모여 조금씩 회복의 방향으로 나아간다. 때로는 알아차리지 못할 만큼 미세한 변화일 수도 있지만, 이러한 작은 움직임들이 쌓여 더 단단한 내면을 만들어 간다.

어느 날 문득, 좌절에 빠져있던 사람이 처음으로 잠시 미소를 짓는다. 아주 짧은 순간일지라도, 그것은 내면의 회복이 시작되었다는 신호일 수 있다. 예전에는 상상도 할 수 없었던 순간들이 조금씩 늘어나면서, 감정의 흐름이 변화하고 있다는 것을 깨닫게 된다.

도움을 요청하는 것은 결코 쉽지 않다. 우울감이 깊을수록 타인과의 연결을 두렵게 느낄 수도 있다. 하지만 그럼에도 불구하고 불안한 순간에 전화를 걸고, 조심스럽게 도움을 요청하는 그 작은 용기가 점점 더 자신을 자유롭게 만든다. 누구에게도 말하지 못했던 감정을 표현하고, 신뢰할 수 있는 사람과 나누는 순간, 스스로를 가두었던 감정의 벽이 조금씩 허물어지기 시작한다.

회복의 과정에서 중요한 것은 거창한 목표를 세우는 것이 아니라, 일상에서 실천할 수 있는 작은 습관을 만드는 것이다. 매일 10분씩 걷기로 시작한 하루가 점점 더 활력을 찾고, 간단한 운동이 몸과 마음을 조금씩 깨우기 시작한다. 이러한 작은 실천들이 쌓이면 결국 삶 전체를 바꾸는 힘이 된다.

자신에게 따뜻한 말을 건네는 연습도 필요하다.

"괜찮아. 잘하고 있어."

처음에는 어색하게 느껴질 수도 있다. 하지만 자신을 위로하는 한마디가 반복될수록, 그 말이 마음을 어루만지고 위로해 주는 힘이 있음을 알게 된다. 비난과 자책으로 가득했던 내면에 조금씩 따뜻한 공간이 생기기 시작한다.

감정을 억누르기보다 있는 그대로 받아들이는 것도 중요한 과정이다. 슬픔, 기쁨, 외로움, 불안, 수치심 등 다양한 감정을 기록하면서 그것들이 부정해야 할 것이 아니라 자연스럽게 흘러가는 감정이라는 것을 인식하게 된다. 감정을 이해하고 받아들일 때, 그것들이 더 이상 자신을 압도하지 않음을 깨닫게 된다.

물론, 다시 원점으로 돌아간 듯한 날도 있을 것이다. 하지만 중요한 것은 포기하지 않는 마음이다. 회복은 직선이 아니라, 때로는 흔들리고 돌아가기도 하면서 천천히 나아가는 과정이다. 과거의 자신과 비교하기보다, 오늘 하루를 어떻게 살아낼 것인지에 집중하는 것이 필요하다. 주변의 지지와 스스로에 대한 신뢰가 있다면, 흔들릴지언정 다시 일어서는 힘을 가질 수 있다.

우울에서 벗어나는 길은 한 번에 뛰어넘을 수 있는 장애물이 아니다. 그러나 아주 작은 변화들이 쌓이고, 반복되면서 삶의 방향이 바뀌어 간다. 중요한 것은 속도가 아니라, 멈추지 않고 나아가는 것이다. 한 걸음씩의 작은 성취는 자신을 회복으로 이끄는 작은 씨앗이자 큰길이 된다.

아픈 기억도 나의 일부, 그러나 나를 지배하지 않게

과거의 고통을 받아들이는 것만큼 중요한 것은, 그 경험을 새로운 시선으로 바라보고 의미를 찾는 과정이다. 우울감이 깊을수록 과거의 고통이 무의미하다고 느껴질 때가 많다. '그때 그렇게 힘들었는데, 그게 도대체 무슨 의미가 있단 말인가?'라고 생각할 수도 있다. 하지만 인간의 경험은 모두 어떤 방식으로든 영향을 남기며, 때로는 그 의미를 새롭게 해석하는 과정이 필요하다.

심리학에서 말하는 트라우마 이후 성장(Post-Traumatic Growth, PTG) 개념이 바로 이것이다. 심각한 스트레스나 고통을 경험한 후, 그 경험을 통해 삶의 의미를 새롭게 발견하고 더 깊이 성장하는 과정이다. 물론 고통이 반드시 성장을 의미하는 것은 아니다. 그러나 우리가 겪은 경험이 우리에게 어떤 흔적을 남겼는지 질문해 보는 것은 치유에 중요한 역할을 한다. 과거의 경험에서 의미를 찾기 위해 자신에게 질문을 던질 수 있다.

- 이 경험을 통해 나는 무엇을 배웠는가?
- 이 일이 나를 어떻게 변화시켰는가?
- 과거의 내가 겪은 어려움을 지금의 나는 어떻게 바라볼 수 있는가?

이러한 질문들은 긍정적인 사고를 강요하는 것이 아니라, 과거의 아픔을 새로운 시선으로 바라볼 기회를 제공한다. 예를 들어 한때 삶의 무게를 견디기 힘들었던 사람이, 시간이 지나며 더 깊은 공감 능력을 갖추게 되고, 다른 사람의 고통을 이해할 수 있는 사람이 되기도 한다. 과거의 상처를 떠올릴 때, 그 경험이 단순히 고통으로만 남아 있는 것이 아니라, 나의 삶 속에서 어떻게 흘러왔고, 지금의 나를 어떻게 형성했는지를 되돌아보는 과정이 필요하다.

우울과 고통은 완전히 사라지는 것이 아니다. 하지만 그것이 우리의 삶을 영원히 지배하도록 둘 수 없다. 과거의 상처를 완전히 없앨 수는 없지만, 그것이 더 이상 나를 압도하지 않도록 만들 수는 있다.

'과거의 경험이 나를 아프게 했지만, 나는 그것을 딛고 앞으로 나아갈 수 있다.', '그 상처가 있었기에 나는 더 깊이 이해할 수 있는 사람이 되었다.', '나는 내 삶을 다시 선택할 수 있다.'

이러한 태도는 단순한 극복이 아니라, 새로운 삶을 만들어가는 과정이다.

우울증을 경험한 사람들은 그 시간을 통해 삶에 대한 새로운 이해를 얻는다. 고통은 단순히 지나가야 할 장애물이 아니라, 자신을 이해하고 성장할 수 있는 과정이 될 수도 있다. 중요한 것은 과거를 억지로 지우려 하기보다, 그 경험을 자신의 일부로 받아들이고, 더 이상 그것이 나를 지배하지 않도록 다루는 법을 배우는 것이다.

우울의 시간은 결코 쉽지 않은 고통의 시간이다. 하지만 고통에도 불구하고 내가 지금 여기 있다는 것은 잘 버티고 살아남았다는 것이다. 고통은 내가 살아 있다는 증거이자, 더 나아질 수 있다는 가능성을 담고 있다. 그 시간을 지나면서 자신을 더 깊이 이해하고, 스스로를 돌보는 법을 배울 수 있다. 우울의 경험이 나를 끝없이 무너뜨리는 것이 아니라, 내가 나를 다시 세울 기회가 될 수도 있다는 것을 기억하는 것이 중요하다.

혼자 있는 시간, 고요함일까 고립일까?

때때로 우리는 혼자만의 시간이 필요하다. 사회적 관계 속에서 끊임없이 요구를 받다 보면 지치고, 조용히 나를 돌보는 시간이 간절해진다. 이럴 때 잠시 거리를 두고, 책을 읽거나 음악을 들으며 차 한 잔을 마시는 순간은 마음을 정리하는 데 큰 도움이 된다. 자연 속을 걸으며 생각을 정리하고, 글을 쓰며 내면의 소리에 귀 기울이는 시간은 우리를 더 건강하게 만든다.

하지만 그 시간이 길어지면 점점 세상과의 연결이 끊어지고, 외로움과 불안이 마음을 채우기 시작한다. 연락이 귀찮아지고, 나를 찾는 이들이 없었으면 좋겠다는 생각이 들 때, 그것은 더 이상 '쉼'이 아니라 '고립'일 수 있다. 혼자만의 시간이 자기 돌봄이라면, 고립은 감정적 방어 기제로 변해버린다. 처음에는 휴식을 위해 거리를 두었지만, 어느 순간 사람들과의 관계가 부담스럽고, 다시 돌아가는 길이 막막하게 느껴질 수도 있다.

삶은 혼자의 힘으로만 버티는 것이 아니다. 나를 돌보는 시간과 타인과의 연결 사이에서 균형을 찾는 것이 중요하다. 혼자 있는 순간에도 우리는 여전히 세상과 연결되어 있다. 때때로 스스로에게 묻자.

'지금 나는 나를 돌보고 있는 걸까, 아니면 세상으로부터 멀어지고 있는 걸까?'

우울이 지나간 자리, 남은 것들

우울증을 경험한 사람들은 한때 삶의 모든 것이 무의미하게 느껴지는 순간을 지나온다. 평소 당연하게 여겼던 일상이 갑자기 무겁게 다가오고, 기쁨을 느끼는 능력이 희미해지며, 미래를 상상하는 일이 버겁게 느껴진다. 하지만 이 고통의 시간이 지나고 나면, 이전과는 조금 다른 시선으로 삶을 바라보게 된다.

우울증을 겪기 전에는 스쳐 지나갔던 것들이 있다. 매일 아침 창문을 열었을 때 불어오는 신선한 공기, 손끝을 감싸는 따뜻한 차 한 잔, 누군가가 건네는 짧지만 다정한 한마디. 이런 순간들이 단순한 일상의 일부가 아니라, 삶을 지탱하는 중요한 요소였음을 뒤늦게 깨닫는다. 우울의 시간을 지나온 이들은 작은 것의 소중함을 더욱 깊이 이해하게 된다.

또한 고통을 경험한 후 타인의 아픔에 대한 감수성이 높아진다. 이전에는 미처 알아채지 못했던 주변 사람들의 눈빛과 말투 속에 담긴 무게가 보이기 시작한다. 우울을 경험한 사람은 타인의 아픔을 쉽게 지나치지 않는다. 타인의 슬픔에 진심으로 공감하고, 작은 손길이 얼마나 큰 힘이 될 수 있는지를 깨닫는다.

우울감이 다시 찾아올 수도 있다. 때때로 이유 없는 무기력과 공허함이 마음을 스쳐 갈 수도 있다. 그러나 중요한 것은, 이제 그 감정들이 영원하지 않다는 것을 안다는 점이다. 감정은 흐르고 변화하며, 고통 또한 지나간다는 것을 경험을 통해 배운다. 우울의 시간을 지나오면서 자신을 더 깊이 이해하는 법을 배운 사람들은, 다시 찾아오는 감정의 흔들림에도 이전보다 더 단단하게 중심을 잡을 수 있다.

우울증은 단순한 고통의 시간이 아니다. 그것은 자신을 다시 돌아보고, 삶을 더욱 깊이 이해할 수 있도록 하는 하나의 과정이 될 수도 있다. 완벽하지 않아도 괜찮다는 것을 받아들이고, 스스로를 비난하기보다는 있는 그대로 인정하는 법을 배우게 된다.

우울증이 남긴 가장 큰 변화는, 삶을 더 온전히 바라볼 수 있는 힘이다. 고통을 지나온 경험이 삶을 바라보는 시선을 바꾸고, 앞으로 나아갈 방향을 다르게 만든다. 우울의 시간을 겪은 후에도 우리는 여전히 흔들릴 수 있다. 하지만 이제는 안다. 그 흔들림이 곧 무너짐이 아니라는 것을, 그리고 그 과정을 지나며 우리는 더 강해지고 있다는 것을.

과거의 나도, 현재의 나도, 미래의 나도 모두 괜찮다.
나는 그저 나일 뿐이다. 나로 존재하는 나이기에 좋다.

2. 우울한 감정, 다시 반복되지 않게 하려면

우울증을 경험했던 사람이라면 누구나 한 번쯤 이런 생각을 해본다.

'혹시 다시 그때처럼 무너지는 건 아닐까?'
'이번에는 버틸 수 있을까?'
'나아졌다고 생각했는데, 또다시 그 감정이 찾아오면 어떡하지?'

한때는 끝이 보이지 않던 어두운 터널을 간신히 빠져나왔다고 믿었지만, 어느 순간 다시 스며드는 불안과 무기력에 우리는 움츠러들고 위축된다. 과거의 고통이 반복될까 봐 두려운 마음이 엄습하고, 그 불안이 현실이 될지도 모른다는 걱정이 앞선다. 이러한 두려움은 지극히 자연스러운 감정이다. 사람은 본능적으로 고통을 피하려 하고, 한 번 겪었던 아픔을 다시는 경험하고 싶지 않기 때문이다.

그러나 두려움을 느낀다고 해서 반드시 우울증이 재발하는 것은 아니다. 오히려 이 두려움을 어떻게 다루느냐에 따라 우리의 마음은 더 강해질 수도 있고, 다시 무너질 수도 있다. 두려움을 없애야 한다고 애쓰기보다, 그 감정이 왜 생기는지 이해하고, 건강하게 다루는 법을 배우는 것이 중요하다. 두려움은 우리가 나아가기 위한 경고이자, 같은 아픔을 반복하지 않으려는 보호 본능이기도 하다. 따라서 이를 억누르기보다 있는 그대로 받아들이고, 적절한 대응법을 익히는 것이 두려움을 건강하게 마주하는 길이다.

'다시 아플까?'라는 마음이 불안에 떨게 한다.

우울증을 경험한 많은 사람들은 '혹시 다시 우울해지는 건 아닐까?'라는 불안을 크게 느낀다. 우울증은 한 번 겪고 끝나는 질환이 아니며, 상황에 따라 다시 찾아올 가능성이 있기 때문이다. 하지만 중요한 것은, 두려움을 느끼는 것 자체가 문제가 아니라는 점이다. 두려움은 스스로를 보호하려는 본능에서 비롯된, 지극히 자연스러운 감정이다.

많은 사람이 '이 불안감이 결국 나를 다시 우울증의 늪으로 끌고 갈 것 같아.'라고 생각하지만 사실 두려움은 같은 어려움을 반복하지 않기 위해 준비하라는 신호일 수도 있다. 문제는 이 두려움이 너무 커지면, 아직 닥치지도 않은 일을 걱정하며 현재의 삶에 집중하지 못하고, 스스로를 마비시킨다는 점이다.

우리가 감정의 변화를 경험할 때, 다음과 같은 질문을 스스로에게 던져보자.

'지금 느끼는 이 감정, 혹시 우울증이 다시 시작된 신호일까?'
'단순히 스트레스나 피로 때문에 기분이 가라앉은 걸까?'
'최근 내 생활 패턴이 변했거나, 무리한 일정으로 인해 지친 것은 아닐까?'

이처럼 감정을 객관적으로 바라보는 연습을 하면, 단순한 기분의 기복을 '재발'로 확대해석하는 실수를 줄일 수 있다. 또한 감정이 가라앉을 때 그것을 '위험 신호'로 받아들이는 대신, 잠시 쉬어 가야 하는 자연스러운 흐름으로 이해하는 태도를 기를 필요가 있다. 우리의 기분은 오르락내리락 할 수밖에 없다. 감정의 기복은 누구에게나 있는 일이며, 반드시 우울증 재발을 의미하는 것은 아니다.

두려움을 느낄 때 가장 중요한 것은 지금 내 상태를 점검하고, 필요한 순간 스스로를 돌보는 것이다. 기분이 가라앉는 날에는 가벼운 산책을 하거나, 믿을 수 있는 사람과 이야기를 나누는 것도 좋은 방법이 될 수 있다. 감정의 변화를 지나치게 두려워하기보다, 그 감정을 다룰 힘이 내 안에 있다는 것을 기억하자.

우울감이 찾아올 수도 있지만, 우리는 그것을 관리하고 돌보는 방법을 이미 알고 있다.

초기 경고 신호 알아차리기

우울증이 재발하기 전에 몸과 마음은 분명한 신호를 보낸다. 이 변화들은 미묘하게 나타나기 때문에 쉽게 지나칠 수도 있지만, 초기 신호들을 미리 알아차린다면 두려움에 휩쓸리기 전에 능동적으로 대처할 수 있다.

우울증은 갑자기 찾아오는 것이 아니라, 서서히 몸과 마음의 균형이 무너지는 과정에서 나타난다. 따라서 작은 신호들을 인식하고 미리 대응하는 것이 우울증이 깊어지는 것을 줄이는 중요한 열쇠가 된다.

우울증 재발을 알리는 초기 신호

수면 패턴 변화

잠을 깊이 못 자거나, 반대로 지나치게 많이 자고 싶어진다. 아침에 일어나는 것이 점점 어려워지고, 침대에서 하루 종일 머무르고 싶어질 수도 있다.

식욕 변화

평소보다 식욕이 크게 줄거나, 반대로 음식에 대한 집착이 강해질 수 있다. 갑자기 단 음식이 당기거나, 아무것도 먹고 싶지 않은 날이 많아진다면 주의가 필요하다.

무기력감 증가

세수나 옷 갈아입기 같은 기본적인 일조차 귀찮게 느껴지고, 일상적인 활동이 점점 부담스럽게 다가온다. 예전에는 쉽게 하던 일도 큰 결심이 필요해지고, 조금만 움직여도 지치는 느낌이 들 수 있다.

사회적 고립

사람들을 만나는 것이 피곤하고 귀찮게 느껴진다. 평소에는 즐겁게 참여하던 모임이나 약속도 하나둘 미루게 되고, 연락이 와도 답장하지 않거나, 혼자 있는 시간이 점점 늘어난다.

부정적 사고 증가

'나는 안 돼.', '다 소용없어.', '어차피 변하는 건 없어.' 같은 생각이 자주 들며, 스스로를 비난하는 내면의 목소리가 강해진다. 예전보다 자신을 더 낮게 여기거나, 과거의 실수를 반복해서 곱씹게 된다.

흥미 상실

좋아하던 음악, 영화, 책, 취미 생활이 더 이상 즐겁게 느껴지지 않는다. 예전에는 설레던 일도 무의미하게 느껴지고, 아무것도 하고 싶지 않은 상태가 지속된다.

이러한 신호들이 나타난다면, 단순히 '그냥 피곤해서 그런가?' 하고 넘기지 말고, 나 자신을 돌봐야 한다는 신호로 받아들이는 것이 중요하다. 작은 신호일 때 미리 조치하면, 우울증이 깊어지는 것을 예방할 수 있다.

그렇다면, 우울증이 재발했을 경우, 어떻게 대처해야 할까? 이전에 살펴본 감정 다루는 방법, 일상에서 활용할 수 있는 실천법을 떠올려보자. 나는 이런 경고 신호를 인지했을 때 어떻게 반응해 왔을까? 무시하는 편인가, 아니면 빠르게 알아차리는 편인가?

초기 신호를 감지했을 때, 스스로를 돌보기 위한 작은 행동들을 실천했다면, 우리는 우울감이 깊어지는 것을 막을 수 있다. 우울증이 다시 찾아오는 것을 완벽히 막을 수는 없지만, 초기 신호를 인식하고 적절히 대응하는 연습을 한다면 더 큰 우울의 파도를 미리 대비할 수 있다. 지금 내 몸과 마음이 보내는 신호를 놓치지 말고, 자신을 따뜻하게 돌보는 데 집중해 보자.

스트레스, 피하지 말고 다루자!

우울증 재발의 주요 원인 중 하나는 스트레스가 제대로 관리되지 않을 때다. 우리는 살아가면서 크고 작은 스트레스를 피할 수 없지만, 그 스트레스를 어떻게 다루느냐에 따라 정신건강이 크게 달라진다. 스트레스를 완전히 없애려 하기보다, 스트레스를 견디고 회복하는 힘, 즉 회복 탄력성(Resilience)을 키우는 것이 중요하다. 회복 탄력성이 강한 사람은 스트레스가 찾아와도 쉽게 무너지지 않고, 빠르게 균형을 되찾는다.

그렇다면, 스트레스를 장기적으로 건강하게 관리하고 회복 탄력성을 키우기 위해 우리는 어떤 실천을 할 수 있을까?

스트레스는 피할 수 없지만, 다룰 수 있다.

살면서 스트레스를 완전히 없앨 수는 없다. 하지만 그 스트레스를 어떻게 다루느냐에 따라 우리의 마음은 더 단단해질 수도, 더 지칠 수도 있다. 스트레스를 받을 때마다 '나는 스트레스를 어떻게 관리하고 있지?'라고 자신에게 질문해 보자.

- 생활 습관을 체크하고, 몸을 돌보고 있는지 확인하기
- 호흡을 가다듬으며, 불필요한 걱정을 줄이는 연습하기
- 바쁜 일상에서도 나를 위한 시간을 의식적으로 만들기

이 외에도 규칙적인 생활 습관 유지하기, 심호흡과 명상 실천하기, 스스로를 돌보는 시간 갖기 등 다양한 방법이 있다. 나를 위한 시간을 확보하는 것은 사치가 아니라 필수적인 자기 관리다. 하루 10분이라도 나를 위해 투자하는 것이, 나를 더 건강하게 만드는 시작이 될 수 있다.

스트레스는 우리를 무너뜨릴 수도 있지만, 잘 다루는 법을 배우면 우리는 더 강해질 수 있다. 오늘 하루, 나를 위한 작은 실천들을 하나씩 해보면서 루틴을 만들어가는 것은 어떨까?

나아졌다고 끝이 아니다, 꾸준한 관리가 답이다.

우울증은 한 번 이겨냈다고 해서 끝나는 것이 아니라, 오랜 기간 세심한 관리가 필요한 감기 같은 마음의 질환이다. 따라서 단기적인

예방보다는 '어떻게 하면 마음을 건강하게 유지할 수 있을까?'에 초점을 맞추는 것이 중요하다. 그렇다면, 우울증 재발을 막기 위해 실천할 수 있는 장기적인 관리 방법에는 무엇이 있을까?

　우울증에서 벗어났다고 해서 상담과 치료를 완전히 중단하는 것은 바람직하지 않다. 많은 사람이 우울감이 줄어들면 더 이상 전문가의 도움이 필요 없다고 생각하지만 우울증은 지속적인 관리가 필요한 질병이다. 감기가 나았다고 해서 면역력이 바로 회복되지 않듯이, 우울증도 꾸준한 돌봄이 필요하다. 정기적인 상담과 치료를 유지하면 재발을 예방하고, 스스로를 더 건강하게 지킬 수 있다.

　우울증의 재발은 갑자기 찾아오는 것이 아니라, 신체적·정신적 변화가 서서히 쌓이면서 나타나는 경우가 많다. 따라서 전문가와의 정기적인 만남을 통해 자신의 상태를 점검하고, 필요한 경우 조기에 개입하는 것이 중요하다.

　그렇다면, 상담과 치료를 지속하는 것이 왜 중요할까? 그리고 어떻게 실천할 수 있을까? 다음에서 자세히 살펴보자.

정기적인 상담 유지하기

　우울증이 호전되었다고 느껴지더라도, 일정한 간격으로 상담을 받는 것이 도움이 된다.

- 상담은 단순히 힘든 이야기를 털어놓는 공간이 아니라, 감정과 사고 패턴을 점검하고, 문제 해결 능력을 키우는 과정이다.

- 우울한 감정이 다시 찾아왔을 때, 전문가와 상담하는 습관이 되어 있다면 혼자 해결하려 애쓰기보다 빠르게 도움을 요청할 수 있다.
- 감정이 안정적일 때 상담을 받으면 자신을 더 깊이 이해하고, 재발 예방을 위한 대처법을 배울 수 있다.

상담은 단기적인 감정 해소뿐만 아니라, 장기적으로 더 건강한 사고방식을 갖도록 돕는 과정이다. 상담이 부담스럽다면, 처음에는 한 달에 한 번이라도, 혹은 필요할 때 연락할 수 있는 전문가를 알아두는 것부터 시작해 보자.

약물치료가 필요하다면 유지하기

많은 사람이 약물치료를 받다가 어느 정도 기분이 나아지면 약을 끊고 싶어 한다. 하지만 약물치료를 갑자기 중단하는 것은 우울증이 재발할 위험을 높일 수 있다.

- 약물치료는 단순히 '기분을 좋게 하는 약'이 아니라, 뇌의 화학적 균형을 안정시키는 과정이다.
- 기분이 나아졌더라도, 약물의 효과가 완전히 정착되는 데는 시간이 필요하다.
- 약을 중단해야 할 때는 반드시 전문가와 상의하고, 천천히 줄여가는 감량법을 따라야 한다.

약을 복용한다고 해서 결코 '약한 사람'이라는 의미가 아니다. 필요한 치료를 받는 것이야말로 스스로를 돌보는 용기 있는 선택이다.

필요할 때 도움 요청하기

우울감이 다시 깊어지는 것 같다면, 혼자 해결하려 하지 말고 즉시 도움을 요청하는 것이 중요하다.

- '이 정도는 참을 수 있어야 해.', '다들 힘든데 나만 유난 떠는 건 아닐 거야.'라는 생각으로 스스로를 위로하려 하지만 이는 도움이 되지 않을 수 있다.
- 기분이 계속 가라앉고, 무기력해지는 느낌이 든다면 심리상담사, 정신과 의사, 혹은 믿을 수 있는 사람에게 이야기해 보자.
- 전문가의 도움을 받는 것은 스스로를 더 잘 돌보기 위한 선택이지, 결코 실패나 약함을 의미하는 것이 아니다.

만약 상담을 받기 어려운 상황이라면, 지역 정신건강복지센터나 가족상담센터 같은 무료 상담 기관을 이용하는 것도 방법이다. 도움을 요청하는 것만으로도 불안과 두려움의 무게가 줄어들고, 문제를 객관적으로 바라볼 힘이 생긴다.

스스로 실천할 수 있는 장기적인 관리 방법

자신의 감정 변화 기록하기

감정 일기 작성하기를 통해 자신의 감정이 어떻게 변하였는지 종이에 써보거나, 감정 추적 앱을 활용 해보자. 힘든 순간이 왔을 때 나만의 패턴이 있는지 알아볼 수 있다.

▣ 감정일기 작성 예시
  ○ 날짜: ○○○○년 ○월 ○일
  ○ 시간: 오후 ○시
  ▷ 오늘의 기분:
  하루 종일 우울하고 무기력한 기분이 들어 아무것도 하기 싫고, 몸이 무거운 느낌이 들었다.

  ▷ 감정의 원인
  중요한 프로젝트를 진행했는데 기대했던 결과가 나오지 않아 스스로에게 자책감과 실망감을 느꼈다.

  ▷몸과 마음의 반응:
  하루 종일 피곤하고 기운이 없었다.
  집중력이 떨어지고 아무것도 하기 싫었다.
  마음이 불안하고 초조했다.

  ▷대처 방법 및 개선 방안
  너무 자책하지 말자. 원하는 결과가 나오지 않을 수도 있다.
  속상하지만 친구를 만나 좋아하는 음식을 먹으며 기분을 전환해 보자.

내 삶의 의미와 방향 찾아가기

우울감이 계속 찾아오는 이유 중 하나가 삶의 의미를 잃었을 때이다. 장기적인 목표를 세우거나 의미 있는 활동을 찾아보는 것이 도움이 될 수 있다. 꼭 거창한 목표가 아니어도 된다.

예를 들어
- 새로운 취미를 시작해 보기
- 가고 싶었던 여행을 계획해 보기
- 해보지 않았던 새로운 경험에 도전해 보기
- 봉사활동이나 사회적 기여를 실천해 보기

이런 작은 목표들이 쌓이면 삶을 좀 더 긍정적으로 바라볼 수 있고, 무기력함에서 벗어나 행동할 힘이 생긴다.

우울감이 다시 찾아와도 괜찮다. 우울감이 다시 찾아올까 걱정하기보다, 초기 경고 신호를 세심하게 살피며 스스로를 돌보는 데 집중해 보자. 우리는 이미 우울감을 다룰 방법을 알고 있으며, 꾸준한 관리로 마음의 회복력을 키울 수 있다. 이 과정을 통해 한 걸음씩 성장해 나갈 수 있다. 완벽하지 않아도 괜찮다. 중요한 것은 '꾸준한 관리'이다.

3 새로운 나를 쓰다

우울증을 극복하는 방법은 위에서 언급한 것처럼 다양한 방법이 존재한다. 운동도 자신에게 맞는 운동이 있듯이 자기에게 맞는 방법을 찾아 실천하는 것이 중요하다. 나에게 적절한 방법으로 우울증을 해결해 나가는 것이 성장통과 같은 우울증에서 회복되는 길이다. 반갑지 않지만, 자신에게 찾아온 우울증을 극복하고, 새롭게 자기 삶의 이야기를 써 내려가는 사람들의 이야기를 하고자 한다.

심리 상담을 통해 극복한 경아 씨 이야기

경아 씨는 결혼한 지 10년이 되었지만, 명절마다 시댁에 가서 명절 음식을 장만하는 것이 만만치 않게 힘들었다. 결혼할 때부터 환영받지 못했고, 결혼 이후에는 은근한 시어머니의 압력이 견디기 어려워서 명절이 오기 2~3주 전부터 명절 증후군이 오곤 했다. 긴장하면 생리 시작일이 늦어지곤 하는데, 그해 명절은 설상가상으로 명절 중에 생리가 시작되었다. 여러 날 시댁에 머물다 보니 양이 많은 날이 겹쳐 생리혈이 이불에 묻었다. 안절부절못한 그녀는 시어머니에게 자신의 부주의로 그리되었으니, 이불을 빨고 가겠다고 했지만, 시어머니는 싫은 기색이 역력했다. 그녀에게 유난히 힘든 명절이었다. 남편의 위로를 기대했지만 참으라는 말뿐이었다.

"너무 힘들어."
"명절은 원래 힘든 거야. 그래도 참아야 해."

무뚝뚝하고 퉁명스럽기 그지없는 남편의 대답은 총알처럼 경아 씨의 가슴에 박혔다. 이렇게 박힌 총알은 오랫동안 똬리를 틀고, 야금야금 마음속에서 자리를 넓혀 가고 있었다. 그날 이후 경아 씨는 무엇을 해도 재미가 없고, 의욕이 없어지고, 깊은 잠에 들지 못했다. 이러한 증상은 점점 심해져 우울증의 증상이 하나씩 자신에게 나타나는 것을 알아차리기까지 긴 시간이 걸리지 않았다. 경아 씨는 곧바로 상담심리 전문가를 찾아가 인지행동치료를 받았다. 인지행동치료에 대한 내용은 1장과 4장에서 다루었으니 참고하길 바란다.

두 아이를 키우며 전업주부였던 경아 씨는 이번 일을 계기로 자신이 무가치하고 존중받지 못한다는 생각을 하고 있음을 알게 되었다. 상담을 통해 이런 부정적인 생각을 찾아내어, 더 합리적이고 긍정적인 시각으로 바꾸는 인지 재구조화 작업을 진행했다.

'나는 아무리 애써도 사랑받지 못한다.'
'나는 남편에게서 인정받지 못한다.'
'나는 무가치하다.'
'나는 힘들어도 남을 위해 희생해야 한다.'

이렇게 찾아낸 신념들에 대한 작업을 시작하였다. 다음은 이 신념들을 논리적으로 점검하고 재구조화하기 위한 질문들이다.

신념 점검 질문
- 이 신념은 내가 행복하고 건강하게 사는 데 도움이 되는가?
- 이 신념을 뒷받침할 만한 객관적이고 충분한 근거가 있는가?
- 이 신념은 다른 사람이나 상황에도 적용될 수 있는 보편적인 진실인가?
- 이 신념을 계속 가지고 있을 때, 내 삶에 어떤 영향을 미치게 되는가?
- 이 신념을 조금 더 유연하게 바꾼다면 어떤 생각이 나를 더 편안하게 할 수 있을까?

이러한 질문을 통해 경아 씨는 자신의 부정적인 신념을 돌아보고, 더 현실적이고 건강한 사고로 바꾸는 연습을 이어갔다.

상담 초기에 누구나 스트레스 상황에서 일시적으로 우울감이나 열등감을 느낄 수 있다는 점을 확인하였다. 그리고 경아 씨와 함께 이 '우울'이라는 손님이 오래 머무르지 않도록 노력하자고 합의하였다.

이 과정에서 '그런 상황이라면 누구나 우울할 수 있다.'라는 공감을 충분히 받은 경아 씨는 인지 재구조화 작업을 시작했다. 이 작업은 자신이 누구인지, 앞으로 어떤 삶을 살고 싶은지, 그리고 자신이 속한 환경을 어떻게 바라보는지를 점검하며, 부정적인 생각을 더 건강하고 긍정적인 시각으로 바꾸는 과정이었다.

"그럼에도 불구하고, 나는 소중한 사람이다."
"나는 가치 있는 사람이다."
"나의 존재는 귀하다."

경아 씨는 더 이상 핑계를 대거나 남을 탓하지 않고, 자신의 삶을 주체적으로 이끌어 가기로 결심했다. 그녀는 회피하거나 문제를 축소하지 않으며, 미래와 세상, 그리고 자신의 환경에 불만을 품고 '다 그렇지 뭐.' 하면서 체념하는 대신, 적극적으로 대처하며 살아가기로 했다.

문제 해결이 더딘 사람들은 종종 자신을 인정하거나 직면하려 하지 않는다. 뭔가 잘못되어 가고 있다는 막연한 느낌은 있지만, 이를 적극적으로 해결하려는 대신 소극적으로 회피하거나 상황을 축소하려는 경향이 있다. 자신에 대해 깊이 들여다보려 하지 않고 익숙한 상태에 머무르기를 선호하며, 문제를 외면하는 것이다.

그러나 경아 씨는 심리상담 전문가와 함께 문제를 해결해 나가기로 합의했고, 점차 우울증에서 벗어나 소중한 자신과 마주하게 되었다. 그녀는 시어머니가 자신을 존중하지 않았고, 남편 역시 그런 자신을 위로하지 않았다는 생각 때문에 자신이 무가치하고 도구처럼 사용되고 있다고 느꼈음을 고백했다. 하지만 결국 그 생각은 자신이 스스로를 덜 소중하게 여겼기 때문이라는 것을 알게 되었다. 그녀는 앞으로 어떤 상황에서도 자신을 소중히 여기겠다고 다짐했다.

'다음 명절에도 같은 상황이 반복된다면, 나는 또다시 힘들어질까?'
'같은 상황에서도 내가 스트레스를 덜 받으려면 어떻게 하면 될까?'

이러한 질문을 통해 경아 씨는 좌절에서 벗어날 방법을 찾아 나갔다. 자신이 무엇을 원하는지 구체적인 자신의 내면을 깊이 탐색했다. 그녀는 자신의 사소한 약점을 솔직히 인정하며, 그 안에서 장점을 찾아내는 법을 배웠다. 더 이상 회피하거나 핑계를 대는 대신, 자신을 자각하고 통찰하며 건강한 마음의 회복력을 키워나갔다.

약물치료와 가족 지지를 받은 민경 씨 이야기

민경 씨는 태어날 때부터 아들이 아니라는 이유로 가족에게서 환영받지 못했다. 특히 할머니는 아들 선호 사상이 강해, 민경 씨가 태어났을 때 아기와 산모를 돌보지 않았다. 민경 씨는 자라면서도 할머니의 냉대를 받았다. 오빠와 남동생은 할머니의 편애를 받았지만, 민경 씨는 오빠나 남동생의 친구들이 찾아올 때마다 밥상을 차리고, 할머니와 함께 쓰는 방의 청소를 도맡았다. 할머니는 그런 민경 씨에게 종종 "네가 태어나서 일이 잘못됐다."는 말을 하며 상처를 주었다.

성인이 된 후, 민경 씨는 강아지를 키우기 시작했다. 그러나 강아지가 분리불안으로 인해 거실 벽지를 뜯어놓은 날, 말할 수 없는 슬픔과 분노를 느꼈다. 강아지마저 자신 때문에 불안을 느끼는 것 같았고, '나는 강아지도 제대로 키워내지 못하는구나.'라는 자책감이 밀려왔다. 강아지를 키우는 데 시간과 비용, 에너지를 아끼지 않았기에 그 좌절감은 더욱 컸다.

'나는 뭘 해도 안 되는구나!'

민경 씨는 일이 잘못되면 자신이 부족해서 그런 것이라며 쉽게 자신을 탓하곤 했다. 그 후 딸을 출산한 그녀는 심한 우울증을 겪었다. 정신건강의학과를 찾아 항우울제를 처방받아 복용을 시작했으며, 남편과 가족들도 육아와 가사를 분담하며 그녀가 부담을 덜 느끼도록 도왔다. 우울감 속에서도 자신을 거절했던 할머니의 말이 여전히 자신의 내면 깊숙이 자리하고 있음을 깨달았다. 할머니는 이미 세상에 없었지만, 그 말들은 마치 살아 있는 것처럼 마음을 흔들었다.

"너는 재수가 없어!"
"여자애가 어딜 감히"
"너 태어나고 나서 되는 일이 없다."
"오빠 밥이나 차려라"

이 말들이 메아리처럼 들려왔다. 민경 씨는 자신도 모르게 할머니의 말을 반복하며 자신을 비난하고 있었다.

'나는 재수가 없구나.'
'내가 하는 일이 그렇지 뭐.'
'나 때문에 강아지도 스트레스 받는구나.'

이렇게 스스로를 향해 부정적인 메시지를 보내고 있다는 사실을 깨달은 순간, 민경 씨는 큰 충격을 받았다. 약물치료를 받던 중, 그녀는 "약을 먹으면서 생각을 깊게 할 수 없게 되면 어떡하죠?"라며 걱정을 털어놓았다. 그만큼 더 깊이, 더 많이 생각하고 싶다는 마음이 간절했던 것이다. 다행히 가족들의 정서적 지지와 돌봄 속에서 충분한 휴식과 자기 돌봄의 시간을 가졌다. 상담 과정에서 그녀는 자기 자신을 안는 '버터플라이 포옹'을 하며 스스로에게 이렇게 말하는 연습을 했다.

"나는 잘하지 않아도 아주 소중해."
"그리고 지금도 충분히 잘 해내고 있어."
"이제는 내가 나를 너그럽게 대해 주고 싶어."

이 연습을 반복하며, 자신에게 가혹하던 과거의 패턴에서 벗어나 자신을 유연하고 따뜻하게 대하는 법을 배워 나갔다. 자신의 사소한 약점을 인정하고, 그 안에서 장점을 찾아내는 경험을 통해 회복탄력성을 키울 수 있었다. 비록 오랜 시간 할머니의 말이 마음을 지배했지만,

그녀는 깨달았다. 할머니의 말이 자신의 진짜 모습이 아니라는 사실을 말이다. 그녀는 자신의 딸에게는 이러한 상처를 절대 물려주지 않겠다고 다짐했다. 결국, 스스로를 사랑하고 돌보는 법을 배우며 우울증에서 조금씩 벗어나고 있었다.

'나는 충분히 괜찮은 사람이고, 내 안에는 나를 지켜낼 힘이 있어.'

SNS에서 받은 박탈감 사회적 활동으로 승화한 지환 씨 이야기

40대 초반의 지환 씨는 디지털 시대의 SNS 문화 속에서 박탈감과 상실감을 경험하며 우울감을 느꼈다. SNS에 보이는 타인의 화려한 삶과 자신을 비교하며, 사회적 기준에 비춰 자신이 초라하다는 생각이 들었기 때문이다. 대학을 졸업하고 직장에 입사하면 남들처럼 안정된 삶을 살 수 있을 거라 기대했지만, SNS의 비교 문화는 그에게 끝없는 압박감을 주었다.

이러한 심리적 부담은 이성 관계에도 영향을 미쳤다. 자신이 부족하다는 생각에 쉽게 다가가지 못했고, 점점 열등감이 커지며 직장 생활도 어려워졌다. 결국 그는 사직서를 제출하고 사회적 관계를 모두 끊었다. 외출조차 쉽지 않았고, 고립과 회피의 시간이 이어졌다. 처음 상담실을 찾았을 때, 지환 씨는 상담자의 눈을 제대로 마주치지 못했다. 상담이 진행되면서 간헐적으로 상담자를 바라보기도 했지만, 이내 고개를 숙이곤 했다. 하지만 그는 자신이 사회와 고립되어서는 회복될 수 없다는 생각을 가지고 있었고, 다시 사회 속에서 활동하고 싶다는 의지를 내비쳤다.

이후 지역 커뮤니티의 소모임에 참석하기 시작했다. 평소 운동을 좋아했던 그는 운동을 통해 점차 활동 범위를 넓혔다. 사회적 기준과 타인의 시선에서 자신을 자유롭게 하는 연습을 이어갔다. 그리고 '나의 삶은 다른 사람의 평가가 아니라 내가 주도적으로 만들어 가는 것'이라는 주체적인 마음가짐을 갖게 되었다.

1년 후, 그는 자신이 가치 있는 삶을 살아가고 있음을 깨달았다. 우울 증상은 눈에 띄게 줄었고, 자신감도 회복되었다. 이러한 회복 과정에는 전문적인 상담과 약물치료, 그리고 일상 속에서 자기 돌봄을 함께했다.

지환 씨는 치료를 통해 우울증을 극복할 수 있었던 핵심 요소를 다음과 같이 정리했다.

- 사회적 관계 형성: 새로운 사람들과 소통하며 심리적 지지를 받았다.
- 나에게 의미 있는 활동 찾기: 운동을 통해 성취감과 활력을 경험했다.
- 주체적 삶의 의미 찾기: 타인의 시선이 아닌 자신이 생각하는 가치를 중심으로 살아갔다.
- 신체활동: 운동으로 몸과 마음의 에너지를 회복했다.

우울증 극복은 한 가지 방법만으로 이루어지지 않았다. 지환 씨는 자신의 상황에 맞는 다양한 접근법을 시도하며 조금씩 나아갔다. 이제 그는 우울감이 다시 찾아온다 해도 두렵지 않다. 자신만의 속도와 방식으로 회복하고 성장해 나갈 방법을 알게 되었기 때문이다. 이 과정은 단순한 치료를 넘어, 자신만의 이야기로 삶을 다시 써 내려가는 내러티브의 여정이었다.

전문가와 함께 지환 씨는 우울한 감정이 다시 찾아올 때를 대비해 자신을 다독이는 상비약과 같은 셀프톡(Self Talk)을 준비했다.

"그래, 힘들었구나."
"충분히 그럴 수 있어."
"그래도 괜찮아."
"지금 이대로도 나는 소중한 사람이야."

6장 우울증, 마음이 묻고 심리가 답하다

1. 우울증 제대로 이해하기
2. 우울해도 괜찮아, 내 방식대로 살아가기
3. 우울을 넘어, 나에게로

우울증은 단순히 마음의 병이 아니라, 삶의 깊은 물음이 담긴 신호다. 이 신호는 때로는 이해할 수 없는 불안으로, 때로는 이유 없이 밀려오는 공허함으로 우리에게 말을 건다. 우울감 속에서 마음은 계속 묻는다.

"왜 이렇게 힘든 걸까?", "나아질 수는 있는 걸까?", "나는 지금 무엇을 잘못하고 있는 걸까?"

이런 질문들은 우리를 혼란스럽게 하고 무기력 속에 가둬두기도 하지만 동시에 치유와 변화의 실마리를 찾는 출발점이 되기도 한다.

이 장은 마음이 묻는 깊은 질문에 심리학의 통찰과 전문가의 경험을 통해 답을 건넨다. 우울증의 본질과 그 원인을 명확히 이해하고, 우울과 함께 살아가는 현실적 방법, 그리고 회복의 길을 찾아가는 구체적인 방향을 제시한다. 우울증은 결코 개인의 약함이나 잘못에서 비롯된 것이 아니다. 그러나 그 사실을 알고 나서도 마음은 여전히 묻는다. 그렇다면 나는 어떻게 살아가야 할까? 이 책은 바로 그 질문에 답하고자 한다.

이 여정은 단순히 병을 이해하고 극복하는 데서 끝나지 않는다. 마음의 물음에 답을 찾아가는 과정은 곧 자신을 깊이 이해하고 새로운 길을 만들어가는 시간이 된다. 우울증이 던진 질문은 우리를 무너뜨리기 위한 것이 아니라, 삶의 새로운 가능성을 탐구하라는 초대장일지도 모른다.

이 장은 우울증으로 고통 받는 이들이 자신의 마음을 더 깊이 이해하고, 회복을 향한 길을 걸어가도록 돕는다. 삶의 무게가 여전히 버겁게 느껴지더라도, 이 책이 덜어낼 수 있는 작은 짐이 되기를 바란다. 질문을 통해 답을 찾고, 그 답을 통해 변화의 가능성을 발견할 수 있기를 희망한다.

1 우울증 제대로 이해하기

우울증은 완치가 가능한가요

　우울증은 완치가 가능한 병일까? 많은 사람들이 이 질문에 대해 궁금해하며, 우울증 치료의 결과와 재발 우려를 걱정한다. 우울증은 고혈압과 같은 만성질환과 비슷한 점이 있다. 증상이 나타나지 않을 때는 병이 없는 것처럼 느껴지지만, 치료를 중단하거나 관리가 부족하면 다시 증상이 나타날 가능성이 높다. 따라서 우울증의 완치는 조건부 치유에 가깝다고 볼 수 있다.

　우울증 치료를 통해 증상이 사라지는 것은 분명한 사실이다. 연구에 따르면, 우울증을 겪었던 사람 중 절반 이상이 완치되어 이후로는 증상을 보이지 않는다. 하지만 재발은 흔한 문제이다. 우울증이 재발하는 이유는 주로 예방 치료를 임의로 중단하거나 심리치료를 포기했기 때문이다. 우울증에 취약한 성격을 가진 사람이라도 꾸준한 치료와 관리를 통해 재발을 방지할 수 있다. 결국, 우울증 치료의 핵심은 지속적인 관리와 치료를 이어가는 데 있다.

　물론 치료를 꾸준히 지속하는 것은 결코 쉬운 일이 아니다. 시간과 비용이 들어가며, 치료 과정에서 피로감이나 귀찮음을 느낄 수도 있다. 하지만 정신의학 전문가들은 몇 년 사이 우울증 삽화가 세 번 이상 발생한 경우, 최소 5년에서 10년 동안 치료를 지속해야 한다고 권장한다. 이는 재발을 방지하고 안정적인 상태를 유지하기 위한 중요한 조치다.

　그렇다면 우울증의 완치란 무엇을 의미할까? 의욕적으로 일상생활을 영위하며 우울증이 삶을 방해하지 않는다면, 그것이 곧 완치라고 볼 수 있다. 그러나 재발 우려가 높은 만큼, 지속적인 관리가 필수적이다. 100% 완치를 기대하기는 어렵지만, 꾸준한 치료와 관리를 통해 우울증을 극복하고 삶의 질을 향상할 수 있다.

　우울증의 원인이 사람마다 다양하듯, 우울증의 완치 여부도 개인의 상황에 따라 다르다. 스트레스로 인해 세로토닌 수치가 감소했거나, 유아기에 겪은 정신적 외상이 원인이 될 수도 있다. 이처럼 다양한 원인이 존재하기 때문에, 본인의 치료 의지와 노력이 중요한 역할을 한다. 특히 가벼운 우울증은 본인의 의지와 환경 변화만으로도 충분히 완화될 수 있다.

　예를 들어 직장 내 괴롭힘이나 학교폭력이 우울증의 원인이라면, 그 환경에서 벗어나거나 괴롭히는 사람이 사라졌을 때 증상이 호전될 가능성이 높다. 취업하지 못한 상황이 원인이라면, 원하는 직장에 취업했을 때 우울증이 극복될 수 있다. 그러나 이와 달리, 특정한 원인이 없는데도 우울증이 나타나는 경우도 있다. 이러한 상황이라면 자신의 취약한 부분을 이해하고, 이를 관리할 수 있는 자신만의 방법을 찾아야 한다.

우울증 치료와 관리에서 중요한 것은 자신의 상태를 이해하고 지속적으로 점검하며, 스스로를 돌보는 것이다. 재발의 우려를 줄이기 위해 본인만의 관리법을 찾고, 우울증이 다시 찾아오더라도 빠르게 벗어날 방법을 준비하는 것이 우울증 치료의 핵심이다. 완치라는 단어의 의미는 정해진 것이 아니다. 중요한 것은 우울증이 내 삶을 더 이상 방해하지 못하도록 관리하고, 안정된 삶을 이어가는 데 있다.

우울증 약물은 평생 먹어야 하나요?

우울증 약물은 평생 먹어야 할까? 한국 사회에서는 정신과 약물에 대한 거부감이 여전히 높다. '정신과 약을 먹으면 머리가 나빠진다.', '바보가 된다.', '평생 먹어야 한다.'라는 잘못된 믿음이 널리 퍼져 있다. 심지어 정신과를 찾는 사람들조차도 약물 복용에 대해서는 부정적인 태도를 보이는 경우가 많다. 이는 약물치료에 대한 편견과 오해에서 비롯된 것이다.

많은 사람들이 약을 끊어야 병이 완전히 회복된 것이라고 믿는다. 하지만 이런 생각으로 약을 일방적으로 중단하거나, 먹었다 안 먹기를 반복하거나, 임의로 복용량을 줄이는 행동은 뇌에 심각한 영향을 미칠 수 있다. 이러한 잘못된 복용 방법은 뇌의 균형을 깨뜨리고 우울증의 재발 위험을 크게 높인다. 실제로 약물치료를 중단한 우울증 환자의 약 80%가 1년 이내에 재발한다는 연구 결과가 있다. 반면, 약물치료를 꾸준히 유지하면 약 80%가 회복된다고 한다. 이는 우울증 치료에서 약물 복용이 얼마나 중요한지를 보여준다.

우리는 당뇨병이나 고혈압과 같은 만성질환은 꾸준히 약물치료를 해야 한다고 자연스럽게 받아들인다. 하지만 우울증에 대해서는 왜 그렇게 생각하지 않을까? 우울증 역시 만성질환처럼 꾸준한 관리와 치료가 필요하다. 물론, 약물 복용에 따른 부작용을 걱정할 수 있지만, 대부분의 경우 부작용은 미미하며, 방치된 우울증이 더 치명적인 결과를 초래할 수 있다는 점을 기억해야 한다.

약물치료는 특히 조그마한 자극에도 마음의 균열이 생겨 일상생활이 힘든 경우에 더욱 필요하다. 심리치료보다 약물치료가 우선되어야 하는 상황도 있다. 이때는 의사의 지시에 따라 꾸준히 약을 복용하는 것이 중요하다. 많은 사람들이 증상이 나아졌다고 스스로 판단하고 약물을 중단하는데, 이는 다시 병원을 찾게 되는 결과를 낳는다. 약물을 먹다 안 먹기를 반복하면 치료 효과는 더뎌지고, 치료 기간은 점점 더 길어진다.

약물을 중단하고 싶다면 반드시 의사와 상의해야 한다. 전문가와의 상담을 통해 점진적으로 복용량을 줄여나가는 방법이 가장 안전하다. 약물을 중단한 뒤에는 운동과 심리치료를 병행하는 것이 우울증 관리에 큰 도움이 된다. 운동은 세로토닌과 같은 행복 호르몬을 증가시켜 기분을 개선시키며, 심리치료는 스트레스와 감정을 관리하는 기술을 제공한다.

우울증 약물은 반드시 평생 복용해야 한다는 것은 아니다. 하지만 약물을 중단할 시점은 증상이 나아졌다고 스스로 판단하는 순간이 아니라, 의사와 충분히 상의한 후 결정해야 한다. 우울증 약물치료는 마음의 균열을 메워주고, 일상생활을 가능하게 만들어주는 중요한 도구다. 따라서 약물 복용에 대한 불필요한 두려움과 편견을 버리고, 필요한 치료를 꾸준히 이어가는 것이 우울증을 극복하는 데 가장 효과적인 방법이다.

내가 우울증인지 어떻게 알 수 있나요

내가 우울증인지 어떻게 알 수 있을까? 현대 사회에서 우울증은 많은 사람들이 경험하는 흔한 정신건강 문제 중 하나다. 누구도 완전히 우울증에서 벗어났다고 말할 수 없다. 안정된 상황보다는 불안정한 상황에서 우울증을 겪을 가능성이 훨씬 높아지며, 외부에서 발생한 특정 사건이 우울증을 유발하는 경우가 많다. 상황과 사람마다 다르지만, 대부분의 사람은 특정한 환경과 조건이 갖춰지면 우울증을 경험할 가능성이 있다.

우울증의 초기 증상 중 하나로 가장 흔히 나타나는 것이 바로 불면증이다. 충분한 잠을 자는 것만으로도 많은 부분이 나아질 수 있다는 말은 과장이 아니다. 그러나 우울증을 겪는 사람들은 단순히 '잠을 자지 못하는 문제'로 끝나지 않는다. 침대에 누워 있으면서도 잠이 오지 않거나, 아무리 노력해도 잠들지 못하는 상황이 반복된다. 또 어떤 경우에는 너무 오래 침대에서 시간을 보내며, '일어나야 한다.'라는 생각과 달리 몸이 마음처럼 움직이지 않는 증상이 나타날 수도 있다.

식욕의 변화도 우울증의 흔한 증상 중 하나다. 어떤 날은 지나치게 과식하면서도 다른 날은 아무것도 먹고 싶지 않거나 식욕을 완전히 잃는 상황이 반복된다. 음식에 관심이 없고, 심지어 음식을 눈앞에 두고도 입에 대지 않는 일이 생긴다. 반대로, 혼자 많은 음식을 먹으며 과식하는 행동을 보이기도 한다.

사회적 상호작용의 단절도 우울증을 알아채는 중요한 신호다. 친구들을 만나기는커녕, 오는 문자나 전화에도 답하지 않을 만큼 에너지가 떨어진다. 예전에는 즐겁게 보냈던 사람들과의 시간이 부담스럽게 느껴지고, 사회적 활동을 피하려는 경향이 강해진다. 이런 상태가 지속되면서 고립감이 깊어지고, 그로 인해 더 심한 우울감을 느끼는 악순환이 시작된다.

감정의 기복 또한 우울증의 주요 증상 중 하나다. 아무 이유 없이 눈물이 나는 경험을 하게 될 수 있다. 지나치게 화창한 날씨에도 뜬금없이 눈물이 흐르거나, 별다른 자극 없이 감정적으로 불안정해지는 상황이 반복된다.

보건복지부에서는 다음과 같은 증상이 2주 이상 지속될 경우 정신과를 방문할 것을 권장하고 있다. 우울감, 예민함이나 초조함, 항상 피곤한 느낌, 주의집중의 어려움, 불면증, 폭식 혹은 식욕 부진 등이 이에 해당한다. 이 모든 증상은 단순히 스트레스나 일시적인 기분 저하와는 다르다. 우울증은 증상이 오래 지속되며, 삶의 모든 영역에 영향을 미치기 때문에 적극적으로 대처하는 것이 중요하다.

우울증은 누구에게나 찾아올 수 있는 병이다. 스스로 우울증이 의심될 때는 위의 증상들을 점검하고, 전문가의 도움을 받는 것을 두려워하지 말아야 한다. 초기에는 간단한 상담과 치료로도 충분히 극복할 수 있으며, 적절한 대처와 관리를 통해 삶의 질을 높일 수 있다. 무엇보다 중요한 것은 스스로를 돌보고, 자신의 상태를 솔직하게 마주하는 것이다.

우울증이 나아지는 데는 얼마나 걸리나요

우울증 치료를 시작하면 회복까지 걸리는 시간은 개인마다 다르다. 각자 증세와 원인이 다르고, 병의 체험도 다르기 때문이다. 일반적으로 항우울제를 복용하면 약 2주일 정도 지나면서 효과가 서서히 나타나기 시작하지만 완전한 치료 효과를 얻기까지는 최소 6개월이 필요하다. 이 기간 동안에는 증상이 호전되더라도 치료를 임의로 중단하지 않고, 의사의 지시에 따라 꾸준히 약을 복용하는 것이 중요하다. 우울증은 재발 가능성이 높은 질병이기 때문에 증상이 개선된 후에도 유지 치료를 받는 경우가 많다.

치료를 시작하는 시점도 사람마다 다르다. 처음에는 단순한 기분 저하나 피로감으로 여기고 그냥 지나갈 것으로 생각하지만 시간이 흐르면서 무력감, 우울감, 슬픔이 깊어지며 일상생활에 지장을 주는 단계에 이르게 된다. 주변에서 "우울증인 것 같다."라는 말을 들었음에도 쉽게 인정하지 못하고, 결국 신체적인 증상까지 동반되었을 때야 병원을 찾는 경우도 많다. 이처럼 치료를 늦게 시작할수록 회복까지의 기간도 길어질 수 있다.

우울증의 회복 과정은 단계적으로 진행된다. 초기에는 약물과 상담 치료를 통해 증상의 강도가 줄어들며, 중기에는 생활 패턴이 안정되고 감정 기복이 줄어드는 변화를 경험한다. 하지만 이 과정에서 예상치 못한 기복이 나타나기도 하며, 회복이 더디게 느껴질 수 있다. 전문가들은 이러한 시기에 '왜 나는 나아지지 않을까?'라는 초조함보다 '나는 치료를 이어가고 있다.'라는 사실에 집중하라고 조언한다.

정신과 의사 장창현은 우울증 관리법으로 '심호흡하기, 굳어진 근육 풀어주기, 샤워하면서 노래 부르기, 걷기, 가볍게 뛰기' 등의 방법을 추천한다. 어쩌면 너무 단순하고 뻔해 보일 수 있지만, 실제로 이러한 작은 습관이 심리적 안정을 되찾는 데 큰 도움이 된다. 신체 활동은 세로토닌과 도파민 같은 기분을 개선하는 신경전달물질을 활성화해 우울감을 완화하는 효과를 준다.

우울증 치료에서 가장 중요한 것은 자신이 병들어 있음을 인정하고 이를 돌보기 위해 행동하는 것이다. 이는 치유의 첫 단계이며, 회복을 위한 출발점이 된다. 치료를 통해 우울증에서 벗어났다 해도 유지 노력이 필요하다. 누구나 살면서 주기적으로 육체적, 정신적 외상을 겪게 되는데, 이 과정에서 우울증이 재발할 우려가 높아질 수 있기 때문이다.

우울증에서 비교적 자유로운 삶을 유지하기 위해서는 신중하고 지각 있는 태도로 약물치료를 이어가면서, 동시에 상담을 병행하는 것이 가장 이상적인 방법이다. 상담은 단순한 치료 이상의 의미를 가진다. 자신을 깊이 이해하고, 감정을 조절하는 법을 배우며, 삶의 균형을 유지하는 데 도움을 줄 수 있기 때문이다. 우울증은 치료가 가능한 병이며, 적절한 치료와 관리가 이루어진다면 이전보다 더욱 건강한 정신 상태를 유지하며 살아갈 수 있다.

우울증 치료를 꼭 병원에서 받아야 하나요

우울증 치료를 꼭 병원에서 받아야 할까? 많은 사람들이 이 질문을 고민하며 혼란스러워한다. 상담실을 찾는 사람 중에는 "무기력해요.", "잠이 안 와요.", "우울한 것 같아요."라고 말하며 도움을 요청하는 경우가 많다. 이들에게는 먼저 "최근에 무슨 일이 있었나요? 언제부터 그런 기분이 들었나요?"라고 묻는다. 급성 우울증인지 만성 우울증인지, 심리치료만으로 충분한지, 아니면 약물 복용이 필요한지를 파악하기 위해서다.

우울증 치료를 앞두고 약물에 대한 거부감이나 심리치료에 대한 부담감을 느끼는 사람들도 많다. "약을 먹으면 내성이 생겨 점점 더 많이 먹어야 하는 게 아닌가요?", "평생 약을 먹어야 하나요?"라며 걱정하는 이들도 있고, "낯선 사람에게 내 이야기를 꺼내는 심리치료가 어렵게 느껴져요."라고 말하는 경우도 있다. 이는 우울증 치료에 대한 불안과 오해에서 비롯된 반응일 수 있다.

그렇다면 정신과 치료와 심리 상담 중 어느 쪽이 더 나을까? 이는 개인의 상태에 따라 달라진다. 만약 일상생활이 불가능할 정도로 우울증이 심각하다면 정신과를 먼저 방문하는 것이 좋다. 정확한 진단을 통해 약물을 처방받아 먼저 증상을 완화하고, 이후 심리치료를 병행하는 방법이 추천된다. 약물치료는 증상 개선에 효과적이지만, 심리치료는 우울증의 재발을 방지하는 데 중요한 역할을 한다. 심리치료를 통해 우울증에 대처할 수 있는 행동과 생각의 패턴을 배우는 것은 재발을 막는 강력한 보호막이 될 수 있다.

물론 약을 먹는 것이 경제적, 정신적으로 부담스러울 수 있다. 약을 꼬박꼬박 챙겨 먹는 일, 약을 항상 비축해 두어야 하는 일 자체가 불편하게 느껴질 수 있다. 완벽주의자라면 약을 먹는 행위 자체가 자신의 약함이나 불완전함을 떠올리게 해 어려움을 느낄 수도 있다. 하지만 약물치료는 꾸준히 지속적으로 진행하는 것이 중요하다. 약 복용 시에는 왜 이 약이 필요한지, 약의 효과는 무엇인지, 만약 약이 변경되었다면 이전 약과의 차이는 무엇인지, 부작용은 어떤 것인지 등을 이해하는 것이 도움이 된다.

항우울제 중 가장 흔히 사용되는 것은 세로토닌 계열의 약물이다. 세로토닌은 흔히 '행복 호르몬'으로 불리며, 기분, 수면, 기억력, 불안, 초조, 식욕 등에 관여한다. 우울증은 세로토닌 수용체 감소와 스트레스 호르몬인 코르티솔 증가와 밀접한 관련이 있다. 따라서 우울증 치료는 대체로 뇌 속의 세로토닌 수치를 높이는 방향으로 이루어진다.

정확한 진단과 치료는 전문가의 도움을 통해 이루어질 수 있다. 약물 복용이 필요하다고 판단된다면, 약 처방이 가능한 정신과 병원을 방문하는 것을 추천한다. 우울증 치료는 단지 약물치료로 끝나는 것이 아니라, 약물 복용과 심리치료를 병행하며 증상을 완화하고 재발을 예방하는 과정이다. 따라서 우울증이 의심되거나 일상생활이 어렵다면, 전문가를 찾아 정확한 도움을 받는 것이 가장 좋은 방법이 될 것이다.

우울증을 예방 할 수 있는 방법은 있나요

　우울증을 예방할 방법은 무엇일까? 이는 단지 정신질환을 가진 사람들만이 고민해야 할 문제가 아니다. 사실, 우리는 모두 정신 건강을 관리하며 살아가야 한다. 정신질환은 유전적, 생물학적, 환경적 요인들이 복합적으로 작용해 나타나는 경우가 많으며, 정신이 100% 건강한 사람은 세상에 없다. 일상에서 우리는 누구나 스트레스를 경험하고, 그 스트레스를 어떻게 다루느냐가 정신 건강에 큰 영향을 미친다.

　스트레스는 흔히 모든 만병의 근원이라고 불린다. 극심한 스트레스를 받으면 부신피질자극호르몬(CRH)이 분비되며, 이는 우울증의 생물학적 실재를 야기하는 데 기여할 수 있다. 정상적인 경우라면 스트레스를 받았을 때 일시적으로 증가한 코르티솔 수치가 곧 정상으로 돌아오지만, 장기간 스트레스에 노출되어 코르티솔 체계가 손상된 사람들은 회복이 쉽지 않다. 코르티솔 체계가 한번 무너지면 작은 충격에도 쉽게 다시 무너지게 되는 것이다. 따라서 우울증을 예방하기 위해서는 과도한 스트레스를 방지하는 심리학적 기술이나 접근법이 필요하다. 타고난 유전자는 바꿀 수 없지만, 그것이 발현되지 않도록 통제할 수 있기 때문이다.

　우울증 예방의 시작은 자신을 깊이 이해하는 것이다. 내가 무엇에 취약한지, 언제 어디에서 안전하고 편안함을 느끼는지 아는 것은 매우 중요하다. 또한 힘들 때 도움을 요청할 수 있는 사람이나 자원으로 이루어진 지지 구조를 구축하는 것도 필수적이다. 단절감은 우울증을 유발하는 주요 원인 중 하나이기 때문이다. 내가 누구와 함께 있을 때 편안한지, 어떤 환경에서 마음이 안정되는지를 돌아보고, 필요하다면 이러한 조건들을 적극적으로 만들어가는 것이 필요하다.

운동은 우울증 예방에 효과적인 방법의 하나로 널리 알려져 있다. 몸을 움직이는 것은 단순히 에너지와 활력을 줄 뿐만 아니라 뇌 건강에도 긍정적인 영향을 미친다. 운동을 통해 분비되는 행복 호르몬 '세로토닌'은 기분을 개선하며, 뇌유래신경영양인자(BDNF)의 분비를 촉진해 뇌를 튼튼하게 만든다. 뇌과학자 엘릭스 커브는 저서 '우울할 땐 뇌과학'에서 운동이 우울증과 같은 정신적 문제를 극복하는 데 중요한 역할을 한다고 강조했다. 따라서 정기적으로 운동하는 습관은 우울증 예방에 매우 효과적이다.

또한 자신에게 행복감을 주는 활동을 찾아 실천하는 것도 중요하다. 사랑하는 사람들과의 여행일 수도 있고, 혼자만의 시간을 보내는 여행일 수도 있다. 대도시의 활기찬 에너지가 좋을 수도 있고, 반대로 작은 도시의 고요함이 더 큰 위안을 줄 수도 있다. 이런 활동은 각자의 성향과 상태에 따라 달라지지만, 자신을 기쁘게 하고 편안하게 만드는 것이 무엇인지 파악해 실천하는 것이 핵심이다.

영화 〈조커〉에서 나오는 대사처럼, "정신질환에 가장 나쁜 점은 남들에게 아무렇지 않은 척해야 한다는 것이다." 우울증 예방의 또 다른 중요한 요소는 자신을 있는 그대로 표현할 수 있는 환경을 찾는 것이다. 누군가에게 괜찮은 척하지 않고 자기 모습을 보여줄 수 있을 때, 우리는 더 깊은 위로와 지지를 받을 수 있다.

현대 사회는 스트레스와 불안의 연속이다. 매일 아침 눈을 뜨고 출근을 준비하며, 가족을 돌보고, 분주히 움직이는 일상이 반복된다. 출근길 지하철은 때때로 '지옥철'이 되고, 하루가 멀다고 들려오는 비극적인 소식들은 마음을 무겁게 만든다. 우울증에 취약한 사람들은 이런 환경에서 작은 자극에도 예민하게 반응하기 때문에, 자신을 끊임없이 살피고 마음 근육을 키우는 노력이 필요하다. 결국, 우울증을 예방하는 가장 중요한 방법은 자신에게 관심을 가지고 자신의 상태를 지속적으로 점검하며, 스스로를 돌보는 것이다. 마음 근육을 키우는 꾸준한 노력이야말로 우울증 예방의 핵심이라고 할 수 있다.

우울증이 유전될 가능성이 있나요

우울증이 유전될 가능성은 많은 사람들이 궁금해 하는 주제이다. 연구에 따르면 우울증은 유전적 요인이 일부 영향을 미칠 수 있다는 사실이 밝혀져 있다. 가족 중 우울증을 겪은 사람이 있는 경우 부모나 형제, 자매와 같은 가까운 친척에게도 우울증이 나타날 확률이 일반인보다 약간 높아질 수 있다. 주요 우울증의 약 40%가 유전적 요인과 관련이 있다는 연구 결과가 있지만, 나머지 60%는 환경적 요인과 심리적 요인에 의해 영향을 받는다.

유전적 요인이 있다고 해서 반드시 우울증이 발병하는 것은 아니다. 우울증은 유전자와 사회경제적 상황이 상호작용을 하는 복합적인 과정에서 나타나는 경우가 많다. 예를 들어 유전적 소인을 가진 사람이 심각한 스트레스나 트라우마를 경험하면 우울증 발병 소지가 높아질 수 있다. 반면, 유전적 소인이 있더라도 안정적인 환경에서 살아가거나 스트레스를 효과적으로 관리하면 발병 위험을 크게 낮출 수 있다.

우울증의 유전 가능성을 이야기할 때, 가족력이 있다는 것은 단지 발병 소지를 높이는 요인 중 하나일 뿐이다. 하지만 가족 내에서 우울증에 대한 대처 방식이나 태도 역시 큰 영향을 미친다. 예를 들어 우울증을 이해하고 이를 적극적으로 치료하는 환경에서 자란 사람은 우울증을 예방하거나 극복할 가능성이 높아진다. 반대로 우울증에 대한 부정적인 인식이 강하거나 치료를 무시하는 환경에서는 유전적 소인이 더 큰 영향을 미칠 수 있다. 또, 유전적 요인이 있더라도 긍정적인 대인관계, 규칙적인 생활 습관, 그리고 적절한 스트레스 관리가 우울증 예방과 치료에 핵심적인 역할을 한다는 점을 강조할 필요가 있다. 유전적 소인이 우울증의 전부를 결정하지 않으며, 이를 넘어설 수 있는 다양한 방법이 존재한다는 사실을 이해하는 것이 중요하다.

② 우울해도 괜찮아, 내 방식대로 살아가기

주변 사람이 우울증일 때, 내가 도울 방법은 무엇인가요

우울증을 겪는 가까운 사람을 돕고 싶을 때 우리는 종종 어떤 말을 해야 할지, 어떻게 행동해야 할지 몰라 망설이게 된다. 우울한 감정을 가진 사람들은 때때로 자신을 더욱 고립시키며, 도움을 요청하는 것조차 부담스러워한다. 이럴 때 중요한 것은 조언을 하거나 해결책을 제시하기보다, 그들의 감정을 있는 그대로 인정하고 지지하는 태도를 보이는 것이다.

우울증을 겪는 사람에게 "왜 그렇게 우울해?", "힘 좀 내봐.", "너 말고도 다들 힘들어." 같은 말들은 오히려 부담을 줄 수 있다. 그들은 이미 스스로를 충분히 비난하고 있을 가능성이 크기 때문에, 이러한 말들은 자신이 더 이상 소통할 가치가 없는 사람처럼 느끼게 만들 수도 있다. 대신 "너무 힘든 시간을 보내고 있구나.", "네 이야기를 듣고 싶어.", "지금 네가 어떤 상태이든 나는 네 곁에 있어." 같은 말들이 훨씬 위로가 될 수 있다. 중요한 것은 상대방의 감정을 평가하거나 바꾸려 하지 않고, 있는 그대로 받아들이는 태도를 보여주는 것이다.

또한 우울증을 겪는 사람들은 사회적 관계를 점점 멀리하는 경향이 있다. 연락을 피하거나, 만남을 거절하며 혼자 있는 시간을 늘려갈 수도 있다. 하지만 완전히 단절되지 않도록, 가볍게 안부를 묻거나 별다른 이유 없이 연락을 해보는 것이 좋다. 지나치게 적극적으로 다가가는 것보다는, 부담스럽지 않게 존재를 드러내는 것이 중요하다. 단순한 인사 한마디나 짧은 메시지라도 그들이 혼자가 아니라는 것을 느끼게 해줄 수 있다.

우울증을 겪을 때는 일상적인 일조차 감당하기 어려울 수 있다. 밥을 챙겨 먹는 것이 부담스러워지거나, 집을 정리하는 일이 버거워질 수도 있다. 이런 상황에서 "같이 밥 먹을까?", "산책이라도 가볼래?" 같은 자연스러운 제안을 하는 것이 도움이 될 수 있다. 너무 큰 변화를 요구하기보다는, 작은 일상 속에서 함께 할 수 있는 기회를 만드는 것이 중요하다.

한편, 주변 사람이 우울증을 겪을 때 돕는 과정에서 스스로가 감당할 수 있는 선을 설정하는 것도 필요하다. 상대방을 돕고 싶은 마음이 크더라도, 나 자신이 지치거나 감정적으로 소진되지 않도록 주의해야 한다. 모든 문제를 혼자 해결하려 하기보다는, 필요할 경우 전문가의 도움을 받을 수 있도록 권하는 것이 중요하다. 특히, 자해나 극단적인 선택을 암시하는 신호가 보일 경우에는 즉각적인 개입이 필요하며, 혼자 해결하려 하기보다는 전문가나 긴급 구조 기관에 도움을 요청해야 한다.

우울증을 겪는 사람을 돕는 것은 한순간의 일이 아니라, 지속적인 관심과 지지가 필요한 과정이다. 말 한마디, 작은 행동이 그들에게는 큰 의미가 될 수 있다는 점을 기억하고, 부담을 주지 않으면서도 그들이 혼자가 아니라는 것을 느낄 수 있도록 다가가는 것이 가장 중요하다.

운동이나 명상이 우울증 치료에 도움이 되나요

운동과 명상은 우울증 치료에 긍정적인 영향을 줄 수 있다. 하지만 중요한 점은 이것이 전문적인 치료를 대체하는 것이 아니라, 우울증 완화를 돕는 보조적인 방법이라는 것이다. 약물치료나 심리 치료와 함께 병행할 때, 신체적·정신적 균형을 맞추는 데 더욱 효과적일 수 있다. 운동은 신체 건강뿐만 아니라 정신건강에도 유익하다. 규칙적인 신체 활동은 뇌에서 엔도르핀, 세로토닌, 도파민 같은 신경전달물질의 분비를 촉진해 기분을 안정시키고 우울감을 완화하는 데 도움을 준다. 특히 유산소 운동이나 가벼운 스트레칭은 긴장을 해소하고 에너지를 북돋아 주며, 신체 활동을 통해 몸이 활성화되면 자연스럽게 기분도 개선될 수 있다. 운동이 어려운 상태라면 무리하게 시작할 필요 없이, 짧은 산책부터 천천히 시도해 보는 것도 좋은 방법이다.

명상 역시 우울감 완화에 도움이 될 수 있다. 최근 심리치료에서 명상을 활용하는 사례가 많아지고 있으며, 연구를 통해 그 효과가 점차 입증되고 있다. 명상은 현재 순간에 집중하여 부정적인 생각을 관찰하고 조율하는 과정에서 감정 조절을 돕는다. 반복되는 부정적 사고 패턴을 줄이고 스트레스에 대처하는 능력을 키울 수 있어, 꾸준히 실천할 경우 마음의 평온을 유지하는 데 긍정적인 영향을 미칠 수 있다.

운동과 명상은 신체적·정신적 균형을 유지하는 데 유용한 방법이지만, 우울증이 심한 경우 혼자만의 노력으로 극복하기 어려울 수도 있다. 따라서 우울감이 지속된다면 전문가의 도움을 받는 것이 중요하며, 운동과 명상은 그 과정에서 보완적인 역할을 할 수 있다는 점을 기억해야 한다.

우울증을 겪는 게 약하거나 나약한 사람이라는 뜻인가요

우울증을 겪는 것이 나약함을 의미하는 것은 아니다. 하지만 사람들은 여전히 우울하다고 말하는 것이 자신을 약한 사람처럼 보이게 하지는 않을까 걱정하며 감정을 숨기곤 한다. 이런 생각은 우울증을 더 악화시키고, 사람들과의 접촉을 피하게 만들며, 점점 더 깊은 고립 속으로 빠져들게 할 수 있다. 그러나 우울증은 개인의 의지나 성격의 문제가 아니다. 이는 생물학적, 심리적, 사회적 요인들이 복합적으로 작용하여 발생하는 정신건강의 문제이며, 누구에게나 찾아올 수 있는 건강상의 어려움이다.

우울증은 감기나 독감처럼 특정한 환경과 조건이 맞물릴 때 누구에게나 발병할 수 있는 질병이다. 스트레스가 지속되거나, 과거의 상처가 제대로 해소되지 않거나, 환경적인 압박이 커지면 누구든 우울감을 경험할 수 있다. 더군다나 뇌의 신경전달물질 불균형과 같은 생물학적 요인도 우울증에 영향을 미칠 수 있다. 이를 단순히 '마음이 약해서', '성격이 소심해서'라고 치부하는 것은 우울증을 경험하는 사람들에게 또 다른 부담을 주고, 필요한 도움을 받지 못하게 만들 수도 있다.

우울증이 지속되면 개인의 능력과 의욕을 저하시켜 일상생활을 유지하는 것조차 어려워질 수 있다. 아침에 일어나기조차 힘들고, 평소 좋아하던 일에도 흥미를 잃으며, 사람들과의 관계에서도 점점 멀어지게 된다. 하지만 이는 개인의 나약함 때문이 아니라, 우울증이 주는 영향 때문이다. 감기 걸린 사람이 쉽게 몸을 움직이기 어려운 것처럼, 우울증이 있는 사람은 정신적인 피로감과 무력감으로 인해 평소보다 훨씬 더 큰 노력이 필요하다. 따라서 우울증을 단순히 '마음이 약해서 생기는 것'으로 바라보는 태도는 우울을 겪는 사람들에게 또 다른 상처를 남길 수 있다.

중요한 것은 자신을 나약하다고 여기며 비난하기보다는, 지금 나에게 어떤 변화가 일어나고 있는지를 이해하고, 필요할 때 적절한 도움을 받는 것이다. 감기에 걸리면 병원에 가서 치료를 받듯이, 우울증도 전문가의 도움을 통해 충분히 관리하고 회복할 수 있다. 정신 건강을 돌보는 것은 결코 나약함이 아니다. 오히려 스스로의 상태를 인정하고 건강을 챙기는 것은 매우 용기 있는 행동이다.

우울증은 특정 연령대에서만 발생하나요

우울증은 특정 연령대에 국한되지 않고, 모든 연령층에서 발생할 수 있다. 다만 연령대에 따라 우울증이 나타나는 원인과 증상의 표현 방식은 다소 차이가 있다.

어린 시절에도 우울증이 나타날 수 있으며, 이 시기의 주요 원인으로는 유전적 요인, 신경생리학적 이상, 부모의 정신건강 문제, 애착의 결핍, 학업 스트레스, 또래 관계의 어려움 등이 있다. 특히 가정 내 갈등이나 부모의 양육 방식이 아이의 정서 발달에 큰 영향을 미친다. 과도한 통제적 양육이나 방임적인 환경에서 자란 아이들은 감정을 적절히 표현하고 조절하는 것이 어려울 수 있으며, 이는 우울 증상을 심화시키는 요인이 될 수 있다.

청소년기의 우울은 학업 부담, 가족과의 갈등, 친구 관계에서의 갈등, 사회적 압력, 신체적 변화 등 다양한 요인이 복합적으로 작용하여 발생한다. 이 시기의 우울증은 성인과 달리 짜증, 공격성, 반항적인 태도로 나타날 수도 있으며, 학업 성취도 저하와 사회적 위축이 동반될 가능성이 크다. 방치될 경우 만성화되거나 극단적인 선택으로 이어질 위험이 있기 때문에 주변의 관심과 조기 개입이 중요하다.

청년기에는 학업, 취업, 인간관계, 경제적 부담 등 현실적인 문제들이 우울증 발병의 주요 요인이 된다. 특히 현대 사회에서는 SNS를 통한 비교 문화, 성취에 대한 높은 기대, 불안정한 노동 시장 등이 청년층의 정신건강을 악화시키는 요소로 작용하고 있다. 사회적인 성공이나 경제적인 안정이 개인의 가치를 결정짓는 듯한 분위기 속에서 청년들은 더욱 극심한 심리적 압박을 경험하기 쉽다.

중년기에는 직장에서의 역할 변화, 조기 퇴직, 은퇴 준비 등의 문제로 인해 정체성 혼란과 자존감 저하를 경험할 가능성이 크다. 또한 신체적 노화나 만성질환이 동반되면서 우울 증상이 심화될 수 있으며, 여성의 경우 폐경으로 인한 호르몬 변화가 정서적 불안정과 관련되기도 한다.

노년기 우울은 신체적 건강 악화, 사회적 고립, 경제적 어려움, 배우자나 친구의 사망, 역할 상실 등의 다양한 요인으로 인해 발생할 수 있다. 이 시기의 우울증은 젊은 층과 다르게 신체 증상으로 나타나는 경우가 많다. 식욕 감소, 만성 피로, 수면 장애, 기억력 저하, 집중력 감소 등이 주요 증상으로 포함될 수 있으며, 경제적 부담이 심하거나 사회적 관계가 단절될 경우 우울감이 더욱 깊어질 수 있다.

결국, 우울증은 특정 연령대에만 발생하는 것이 아니라, 전 생애에 걸쳐 다양한 형태로 나타날 수 있는 정신 건강 문제이다. 다만, 각 연령층에서 우울증이 발병하는 원인과 증상의 양상이 다를 수 있으므로, 연령에 맞는 적절한 대처와 지원이 필요하다.

우울증 치료에는 어떤 유형의 상담이 효과적인가요

우울증 치료에서 심리상담은 매우 중요한 역할을 하며, 개인의 상태와 필요에 따라 다양한 접근법이 선택될 수 있다. 여기서는 여러 상담 이론 중 대표적인 몇 가지 방법을 소개하고자 한다. 우울증 치료에 효과적인 접근법으로는 정신분석이론, 인지치료, 행동주의이론, 인간중심이론, 발달이론, 그리고 생물학적 이론이 있다. 각각의 치료 방식은 우울증을 유발하는 원인과 대처 방식에 따라 차이가 있으며, 개인의 성향과 상황에 따라 적합한 치료가 다를 수 있다.

정신분석이론 (Sigmund Freud)

정신분석이론은 과거의 경험과 무의식 속에 억눌린 감정이 현재의 우울증을 유발한다고 본다. 상담을 통해 내면의 숨겨진 갈등을 탐색하고 이해하면서, 자기비난과 죄책감을 줄여 나간다.

인지치료이론 (Aaron Beck)

인지치료는 부정적이고 왜곡된 사고 패턴이 우울감을 악화시킨다고 본다. 상담 과정에서 이러한 생각을 인식하고, 보다 현실적이고 유연한 사고로 바꾸는 연습을 통해 우울한 감정을 완화한다.

행동주의이론 (B.F. Skinner)

행동주의이론은 긍정적 경험과 보상의 부족이 우울을 유발한다고 설명한다. 즐거운 활동을 계획하고 실천하며, 성취감과 보상을 경험함으로써 우울감에서 벗어나는 것을 돕는다.

인간중심이론 (Carl Rogers)

인간중심이론은 내담자가 자신의 감정을 존중받고 이해받을 때 심리적 치유가 일어난다고 본다. 상담자는 공감과 진정성 있는 태도로 내담자를 지지하며, 스스로 회복할 수 있는 힘을 키울 수 있도록 돕는다.

발달이론 (Melanie Klein)

발달이론은 어린 시절의 경험이 성인의 심리적 어려움과 우울증에 영향을 미친다고 설명한다. 상담을 통해 유년기의 감정적 상처를 이해하고 치유하면서, 성숙한 심리적 적응을 돕는다.

생물학적 이론 (생물학적 우울증 원인 이론)

생물학적 이론은 우울증이 뇌의 신경전달물질 불균형, 유전적 요인, 호르몬 변화 등과 관련이 있다고 본다. 상담과 더불어 약물치료를 병행하면 회복에 도움이 될 수 있다.

심리상담 치료는 단순히 우울한 감정을 해소하는 것이 아니라, 자신을 이해하고 감정을 조절하는 능력을 기르는 과정이다. 중요한 것은 본인에게 가장 적합한 치료 방법을 찾고, 꾸준히 실천해 나가는 것이다. 상담을 통해 우울증을 완전히 없앨 수는 없더라도, 우울한 감정을 보다 건강하게 다루는 힘을 기를 수 있다. 치료는 단기간에 끝나는 것이 아니라, 점진적인 변화의 과정이라는 점을 기억하고, 필요하다면 전문가와 상담하여 자신에게 적합한 치료 방법을 찾아가는 것이 중요하다.

우울증을 스스로 극복할 수 있나요

우울증을 스스로 극복할 수 있는지는 개인의 상태와 우울증의 정도에 따라 달라진다. 경미한 우울감이나 일시적인 침체 상태라면 생활 습관을 개선하고, 규칙적인 운동을 하고, 건강한 식습관을 유지하며, 충분한 수면을 취하는 것만으로도 증상이 완화될 수 있다. 또한 마음 챙김 명상이나 자기 돌봄을 실천하면서 감정을 조절하는 연습을 하면 우울한 감정이 점차 줄어들 수 있다. 하지만 이는 어디까지나 가벼운 수준의 우울감을 다룰 때 효과적일 수 있는 방법이다.

우울증이 지속되거나 중증의 단계에 접어들면 단순한 자기 관리만으로 극복하기가 어려울 수 있다. 이때는 전문가의 도움이 필수적이며, 심리 상담이나 약물치료를 병행하는 것이 중요하다. 우울증은 단순한 기분의 문제가 아니라, 생물학적·심리적·환경적 요인이 복합적으로 작용하는 정신 건강 문제이므로, 이를 적절하게 다루지 않으면 증상이 더욱 악화될 위험이 크다.

특히 심한 우울증을 겪고 있는 경우, 혼자서 해결하려 하기 보다는 전문가와 상담하는 것이 필요하다. 심리 치료를 통해 자신의 감정을 탐색하고, 우울을 유발하는 사고 패턴을 조정하는 과정이 필요할 수 있으며, 경우에 따라 약물치료가 증상 완화에 큰 도움을 줄 수도 있다. 또한 자조 모임이나 그룹 치료와 같은 사회적 지원 프로그램에 참여하는 것도 고립감을 줄이고 정서적 지지를 받을 수 있는 좋은 방법이 될 수 있다.

우울증을 극복하는 과정에서 가장 중요한 것은 '혼자서 모든 것을 해결하려 하지 않는 것'이다. 우리는 누구나 어려운 순간에 도움을 필요로 할 수 있으며, 필요한 도움을 요청하는 것은 결코 약한 것이 아니다. 오히려, 자신의 상태를 인식하고 적절한 지원을 받는 것이 우울증 극복의 가장 건강한 방법이다. 만약 자신이 오랜 기간 우울감을 겪고 있거나, 스스로 극복하기 어려운 상태라면 주저하지 말고 전문가에게 도움을 요청하는 것이 필요하다. 치료와 적절한 지원을 통해 우울감에서 벗어나 더 건강한 삶을 살아갈 수 있다는 사실을 기억해야 한다.

우울증과 불안장애는 어떻게 다른가요

우울증과 불안장애는 모두 정신건강과 관련된 문제이지만, 그 원인과 증상에서 차이가 있다. 두 가지가 함께 나타나는 경우도 많지만, 각각의 특징을 이해하는 것이 적절한 대처와 치료를 위해 중요하다.

우울증은 지속적인 우울감과 무기력, 그리고 삶에 대한 부정적인 인식이 중심이 되는 장애이다. 우울증을 겪는 사람들은 일상의 모든 것이 무의미하게 느껴지거나, 즐거움을 경험하기 어려워진다. 좋아하던 활동에도 흥미를 잃고, 인간관계를 유지하는 것이 부담스럽게 느껴지며, 혼자 있는 시간이 늘어날 수 있다. 신체적으로는 수면 장애, 식욕 변화, 피로감, 집중력 저하 등의 증상이 동반되며, 심한 경우 자살에 대한 생각이 반복되거나 충동적인 행동으로 이어질 수도 있다. 우울증은 단순한 기분 저하가 아니라, 지속적이고 깊이 있는 감정적 침체와 관련된 문제라는 점에서 일시적인 슬픔과 구별된다.

반면, 불안장애는 미래에 대한 과도한 걱정과 두려움이 특징이다.

우울증이 '현재의 자신'을 부정적으로 바라보는 것이라면, 불안장애는 '다가올 미래'에 대한 불안이 지속되는 경우가 많다. 불안은 특정한 상황(예: 공공장소에서의 발표, 대인관계, 시험 등)에서만 발생할 수도 있고, 특별한 이유 없이 일상생활 전반에 걸쳐 지속될 수도 있다. 신체적으로는 심장 두근거림, 과도한 발한, 떨림, 근육 긴장, 숨이 가빠지는 증상 등이 나타날 수 있으며, 극심한 불안이 지속되면 공황발작으로 이어질 수도 있다.

이처럼 우울증과 불안장애는 차이가 있지만, 많은 경우 함께 나타나기도 한다. 우울한 감정이 깊어지면 미래에 대한 불안이 커지거나, 불안감이 지속되면서 무력감과 우울감을 동반하는 경우도 많다. 따라서 자신의 증상이 단순한 기분 변화인지, 혹은 우울증이나 불안장애와 관련된 것인지 구분하는 것이 중요하다. 정확한 진단과 적절한 치료를 위해 전문가의 도움을 받는 것이 필요하며, 증상에 따라 심리치료, 약물치료, 생활습관 개선 등의 방법을 병행할 수 있다. 우울증과 불안장애는 극복할 수 있으며, 올바른 접근과 적절한 지원을 통해 건강한 삶을 되찾을 수 있다는 점을 기억해야 한다.

3. 우울을 넘어 나에게로

우울증 환자가 가장 힘들어하는 점은 무엇인가요

우울증 환자가 겪는 가장 큰 어려움은 자신이 처한 상황과 감정을 설명하거나 이해받기 힘들다는 점이다. 우울증은 단순한 슬픔이 아니라 심리적·신체적 에너지가 고갈되고, 삶에 대한 흥미와 동기가 사라지는 질병이다. 그러나 많은 사람들이 우울증을 '기분 문제'로 단순하게 생각하거나, 환자가 충분히 노력하면 극복할 수 있다고 오해한다.

이런 오해 속에서 우울증 환자들은 자신의 상태를 주변에 설명하기조차 버겁게 느낀다. "왜 아무것도 하고 싶지 않냐?"라는 질문이나 "그냥 힘내라."라는 말은 환자들에게 더 큰 부담을 주며, 자신이 혼자라고 느끼게 만든다. 또한 반복되는 부정적인 생각과 자신을 향한 비난은 환자들을 더 깊은 절망으로 몰아넣기도 한다.

환자들이 또 하나 힘들어하는 점은, 자신이 '이전의 나'로 돌아갈 수 없을지도 모른다는 두려움이다. 일상적인 일을 수행하는 것조차 버거워지고, 작은 선택조차 엄청난 부담으로 다가오며, 자신이 더 이상 가치 없는 사람처럼 느껴지기도 한다. 이 과정에서 자기 자신에 대한 실망과 죄책감이 증폭되어, 악순환에 빠질 가능성이 크다.

우울증 환자가 겪는 이런 어려움을 덜어주기 위해서는, 환자가 스스로를 이해하고 받아들일 수 있도록 돕는 것이 중요하다. 주변 사람들의 공감과 비판 없는 지지는 회복의 중요한 기반이 될 수 있다. 무엇보다 환자들이 혼자가 아니며, 도움을 받을 수 있다는 사실을 깨닫는 것이 그들에게 큰 위로가 된다.

우울증과 계절 변화는 관련이 있나요

우울증은 계절 변화와 밀접한 관련이 있을 수 있다. 특히 계절성 우울 장애(SAD, Seasonal Affective Disorder)라는 우울증의 한 형태는 주로 가을과 겨울에 나타난다. 이는 햇빛이 줄어드는 계절적 변화가 우리의 생체 리듬과 뇌 화학 물질, 특히 세로토닌과 멜라토닌에 영향을 미치기 때문이다.

가을과 겨울에 햇빛 노출이 줄어들면 우리 몸의 생체 시계가 혼란을 겪게 된다. 이는 수면 패턴과 기분 조절에 영향을 미치는 세로토닌과 멜라토닌의 불균형을 초래할 수 있다. 그 결과, 계절성 우울증을 겪는 사람들은 무기력함, 에너지 감소, 집중력 저하, 과다 수면, 체중 증가, 또는 우울감 같은 증상을 경험할 수 있다.

하지만 계절성 우울증은 여름에도 나타날 수 있다. 여름철에는 높은 기온, 습도, 불규칙한 일조 시간이 스트레스를 유발하며 불안감과 우울감을 높이는 경우도 있다.

계절 변화와 우울증의 관계를 이해하는 것은 매우 중요하다. 계절성 우울 장애를 겪는 사람들은 광선 치료(Light Therapy), 규칙적인 일광 노출, 그리고 적절한 운동과 식습관 개선 등을 통해 증상을 완화할 수 있다. 심각한 경우에는 상담 치료나 약물치료가 필요할 수 있다.

계절이 주는 영향을 인지하고 이를 관리하는 방법을 찾는다면, 우울증 증상을 효과적으로 줄이고 계절의 변화 속에서도 자신의 삶의 균형을 유지할 수 있을 것이다.

우울증은 신체적 건강에도 영향을 미치나요

우울증은 마음의 병으로 시작되지만, 그 영향은 심리적 영역을 넘어 신체 전반에 걸쳐 깊게 나타난다. 이는 우울증이 뇌의 화학적 불균형과 신경전달물질의 변화로 인해 몸과 마음 모두에 복합적인 영향을 미치기 때문이다. 신체적 증상은 우울증의 흔한 동반 요소로, 이를 간과하면 우울증을 제대로 이해하거나 효과적으로 치료하기 어렵다.

우울증은 에너지와 활력을 잃게 만들어 만성적인 피로감을 유발한다. 환자들은 아무리 쉬어도 피곤함이 해소되지 않는 느낌을 받으며, 일상적인 활동조차도 큰 부담으로 다가온다. 이는 단순한 나태함이나 게으름이 아니라, 신체적 활력과 정신적 에너지가 모두 소진된 상태로, 삶의 전반적인 질을 저하시킨다. 이와 함께 수면 패턴의 혼란도 흔히 나타난다. 우울증은 불면증이나 과다 수면 같은 극단적인 수면 문제를 일으키며, 이러한 변화는 신체 리듬을 깨뜨리고 피로와 무기력감을 더욱 심화시킨다. 수면 부족은 뇌와 몸의 회복 능력을 약화시키고, 과다 수면은 오히려 에너지 감소와 의욕 저하로 이어진다.

우울증은 신체 내부의 생리적 반응에도 영향을 미친다. 특히 스트레스 호르몬인 코르티솔의 과잉 분비는 심박수와 혈압을 높이며, 심혈관 건강을 악화시킨다. 장기적인 스트레스 상태는 혈관의 건강을 위협하고 심장 질환의 위험을 증가시킬 수 있다. 이런 신체적 변화는 단순히 감정적인 문제가 아니라, 우울증이 어떻게 몸에도 영향을 미치는지를 보여주는 대표적인 사례이다.

이뿐만 아니라, 우울증은 소화기 문제와 면역 체계에도 부정적인 영향을 미친다. 스트레스와 불안으로 인해 장내 신경 활동이 변하면서 소화 불량, 변비, 설사와 같은 문제가 발생하기도 한다. 동시에 면역 체계가 약화되어 감염에 대한 저항력이 떨어지고, 만성 염증이 촉진되는 악순환이 이어진다. 이러한 신체적 불균형은 우울증 증상을 더욱 악화시키며 회복을 어렵게 만든다.

통증과 식욕 변화 역시 우울증이 신체에 미치는 주요 영향 중 하나다. 두통, 근육통, 관절통 같은 만성 통증은 우울증 환자들이 자주 겪는 문제이며, 이는 뇌의 통증 조절 메커니즘에 이상이 생겼기 때문이다. 또한 식욕이 크게 증가하거나 감소하면서 체중 변화가 나타나며, 영양 불균형과 신체적 건강 악화로 이어질 수 있다.

우울증은 단순히 마음의 병이 아니라, 마음과 몸이 긴밀히 연결되어 있음을 보여주는 대표적인 예다. 정신과 신체는 서로에게 깊은 영향을 미치며, 우울증이 심해질수록 신체적 건강도 점차 악화된다. 따라서 우울증 치료는 단순히 정신적 회복에만 초점을 맞추는 것이 아니라, 신체적 건강관리까지 통합적으로 이루어져야 한다. 적절한 약물치료와 상담 치료를 병행하며, 규칙적인 운동, 균형 잡힌 식단, 충분한 수면 같은 일상적 관리가 동반될 때, 우울증과 신체적 증상을 함께 완화할 수 있다. 결국, 우울증은 몸과 마음이 보내는 도움 요청이기에, 이를 통합적으로 이해하고 다루는 것이 회복의 첫걸음이 된다.

우울증 치료를 중단하면 어떤 문제가 생기나요

우울증 치료를 중단하면 증상이 다시 나타나거나 악화될 가능성이 매우 높다. 우울증은 만성적이고 재발 가능성이 큰 질환이기 때문에, 치료를 지속적으로 이어가는 것이 무엇보다 중요하다. 치료를 갑작스럽게 멈추면 회복 과정에서 쌓아 올린 심리적 안정감과 신체적 균형이 무너질 수 있다. 이는 단순히 증상이 돌아오는 것을 넘어, 이전보다 더 심각한 상태로 발전할 위험을 동반한다. 특히 약물치료를 중단할 경우, 뇌의 신경전달물질이 급격히 변화하면서 금단 증상이 발생하기 쉽다. 이로 인해 두통, 어지럼증, 불안감, 피로감 같은 신체적 불편함이 뒤따르며, 감정의 균형이 깨지게 된다.

우울증 치료는 천천히, 꾸준히 진행되어야 효과를 발휘하는데, 이를 중단하면 뇌가 회복하던 중간단계에서 멈추게 된다. 이는 결국 치료 효과를 상실하게 만들며, 다시 치료를 시작할 때 더 많은 시간과 노력이 필요할 수 있다. 또한 치료를 멈춘 후에 증상이 재발하면, 그 강도와 지속 기간이 더 심해질 가능성이 크다. 특히 치료 중단 이후에는 무기력감, 자신감 상실, 대인관계 문제 등 정서적·사회적 어려움이 크게 증가할 수 있다.

　심각한 경우, 치료 중단은 자살 사고나 충동으로 이어질 위험도 동반한다. 우울증은 감정의 안정이 매우 중요하기 때문에, 치료가 중단되면 절망감이나 고통의 강도가 높아져 극단적인 선택을 고려하게 되는 경우도 있다. 이는 치료 중단의 가장 위험한 결과 중 하나다.

　우울증 치료를 중단하지 않으려면 치료가 단순한 약물 복용이나 상담 참여를 넘어, 삶을 지속적으로 관리하는 과정임을 이해해야 한다. 전문가와 상의하여 점진적으로 약물 복용량을 줄이거나, 상담 빈도를 조정하면서 치료를 이어가는 것이 필요하다.

　치료를 중단하지 않는 것만으로도 우울증을 관리하고 더 나은 삶으로 나아갈 가능성을 크게 높일 수 있다. 혼자서 모든 것을 감당하려 하지 말고, 전문가와 주변 사람들의 도움을 적극적으로 받아들이는 것이 우울증 회복의 중요한 단계다.

우울증은 일시적인 슬럼프와 어떻게 다른가요

　우울증과 일시적인 슬럼프는 표면적으로 비슷해 보일 수 있지만, 그 본질과 영향을 미치는 방식에서 큰 차이가 있다. 일시적인 슬럼프는 흔히 특정한 스트레스나 상황으로 인해 발생하며, 시간이 지나거나 환경이 변화하면서 자연스럽게 회복되는 경우가 많다. 반면, 우울증은 단순히 지나가는 기분의 문제가 아니라 뇌의 화학적 변화와 신체적·심리적 요인이 복합적으로 작용하여 나타나는 질환이다.

　슬럼프는 우리가 특정 목표에 도달하지 못했을 때의 실망감, 또는 일시적인 동기 저하와 같은 상황에 의해 발생한다. 이런 상태는 새로운 자극이나 동기 부여로 빠르게 해소될 수 있으며, 개인의 일상적인 기능이나 관계에 큰 영향을 미치지 않는다. 슬럼프를 겪는 동안에도 사람은 대체로 자신을 조절하고 주변 상황에 적응할 수 있는 능력을 유지한다.

하지만 우울증은 단순한 기분 저하를 넘어, 지속적으로 삶의 전반적인 기능을 저하시킨다. 우울증을 겪는 사람은 하루하루를 버티는 것조차 힘들어하며, 일상적인 활동에 대한 흥미와 에너지를 완전히 상실할 수 있다. 이는 최소 2주 이상 지속되며, 자신에 대한 비판적인 생각, 심리적 고통, 수면 문제, 체중 변화, 심지어 자살 사고까지 동반할 수 있다. 우울증은 스스로 조절하거나 단기간에 극복하기 어렵고, 전문적인 치료와 도움이 필요하다.

또한 우울증은 환경적 요인으로만 발생하지 않고, 유전적, 생물학적, 심리적 요인 등이 복합적으로 작용하여 나타난다. 반면, 슬럼프는 일반적으로 특정 상황이나 도전적인 과제에서 기인하며, 환경이 바뀌거나 새로운 목표를 설정하면 다시 활력을 찾을 수 있다.

우울증을 슬럼프로 오인하면 적절한 치료시기를 놓치게 되어 증상이 악화될 수 있다. 따라서 우울감이 2주 이상 지속되거나, 일상 기능에 지장을 초래하거나, 자신이나 타인에게 해를 끼칠 위험이 있다고 느껴진다면 전문가의 도움을 받아야 한다. 우울증은 단순한 나약함이나 의지의 부족이 아니라, 치료가 필요한 질환이라는 점을 인식하는 것이 중요하다.

우울증 치료를 시작하려면 어떻게 해야 하나요

우울증 치료를 시작하는 첫걸음은 자신의 감정 상태를 있는 그대로 받아들이는 것이다. 자신이 무기력하거나 우울하다고 느껴진다면, 그 감정 자체를 부정하거나 억누르려 애쓰기보다는, '내가 지금 힘든 시기를 지나고 있구나.'라고 인식하는 것이 회복의 출발점이 된다.

전문가 상담을 주저하지 말아야 한다. 정신건강의학과나 심리상담센터에 예약을 잡아 상담을 받으면 자신이 어떤 단계에 있는지, 어떤 치료가 필요한지 명확히 알 수 있다. 처음에는 "무슨 말을 해야 할지 모르겠다."는 고민이 들 수 있지만, 전문가가 자연스럽게 질문을 이끌어 내며 상태를 이해하려고 하니 부담을 내려놓고 참여하면 된다.

우울증 치료에는 약물치료, 상담 치료, 생활습관 개선이 포함된다. 약물치료는 항우울제를 통해 뇌의 신경전달물질 균형을 회복하며, 효과와 부작용이 다를 수 있어 불편한 점이 있으면 주치의에게 알려야 한다. 상담 치료는 본 책에서 제시된 이론 이외에도 다양한 상담이론을 적용한 치료를 통해 부정적인 생각 패턴을 바꾸고 감정을 다루는 법을 배우게 된다. 생활습관 개선은 규칙적인 식사, 수면, 운동을 포함하여 일상 리듬을 회복하는 과정이 필요하다.

작은 변화부터 시작하는 것이 중요하다. '내일은 꼭 일어나야지.'라는 목표를 세우기보다 '침대에서 몸을 일으키기', '창문을 열고 신선한 공기 마시기'처럼 작고 구체적인 행동부터 시도해 본다. 또한 주변에 도움을 요청하는 것도 필요하다. 우울증은 혼자라는 느낌을 강하게 주지만, 가까운 친구나 가족에게 "나 요즘 우울하고 힘들어."라고 이야기해 보자. 마음을 털어놓는 것만으로도 심리적 부담이 줄어들고 함께 회복의 길을 걸어갈 동반자를 얻을 수 있다.

자기 자신에게 친절해져야 한다. '왜 나는 이것밖에 못 하지?'라는 자기비난을 멈추고, 어려운 시기를 버티고 있는 자신을 인정하며 '나는 오늘도 이 시간을 버텼다. 잘해내고 있다.'라고 다독이는 연습이 필요하다. 비슷한 경험을 공유하는 사람들과 소통하는 것도 도움이 된다. 자조 모임이나 공식 기관에서 운영하는 온라인 커뮤니티를 통해 '나만 이런 감정을 느끼는 것이 아니구나.'라는 안도감을 얻을 수 있다. 다만, 검증되지 않은 정보에 노출되지 않도록 주의해야 한다.

회복은 곡선 형태로 진행된다. 우울증 회복은 직선이 아닌 곡선의 흐름을 따른다. 오늘은 기분이 괜찮았다가도 내일은 다시 무기력해질 수 있다. 하지만 이런 기복은 회복 과정에서 충분히 일어날 수 있는 자연스러운 현상이다. 중요한 것은, 한 번의 기복에 회복이 물거품이 된다고 판단하지 않는 것이다. 기분이 일시적으로 나빠졌다고 해서 '다시 우울해졌네. 안 되나 보다.'라고 생각하지 말고, '이 또한 회복 과정의 일부다.'라고 받아들여야 한다. 너무 과도한 기대나 성급한 판단을 잠시 보류하고, 자신의 회복 속도를 인정하며 한 걸음씩 나아가는 것이 필요하다. 우울증 치료는 더 나은 내일을 위한 현재의 선택이다.

우울증은 왜 치료를 미루면 안 되나요

우울증 치료를 미루는 것은 고통의 시간을 연장하는 것을 넘어, 증상의 악화와 삶 전반에 걸친 부정적인 영향을 초래할 수 있다. 우울증은 자연스럽게 사라지는 감정 상태가 아니라, 적절한 치료와 관리가 필요한 질환이다. 치료를 미루면 우울증의 증상이 점차 심화되고, 회복까지 더 많은 시간과 노력이 필요하게 된다.

우울증은 초기 단계에서 적절히 개입하면 비교적 빠르게 호전될 가능성이 높다. 그러나 치료를 미룰 경우, 우울감이 지속되며 만성화되거나 신체적·심리적 기능이 더 크게 저하될 위험이 있다. 이는 일상생활의 기능 상실, 대인관계의 악화, 직장 또는 학업의 중단으로 이어질 수 있다. 시간이 지날수록 무기력감과 절망감은 깊어지고, 스스로 나아질 수 있다는 희망마저 잃게 되는 경우가 많다.

또한 치료를 미루면 우울증이 신체적 건강에도 영향을 미치기 시작한다. 수면 장애, 만성 피로, 면역력 저하, 심혈관 질환의 위험 증가 등 신체적 증상이 동반되면서, 몸과 마음 모두가 지쳐버리는 악순환에 빠질 수 있다. 이러한 상태가 지속되면 자살 사고나 충동으로 이어질 가능성도 높아지며, 이는 치료를 미루는 가장 심각한 결과 중 하나다.

우울증 치료는 고통을 줄이는 데서 그치지 않고, 삶의 질을 회복하고 미래를 설계할 수 있는 기회를 제공한다. 치료를 시작한다는 것은 혼자가 아니라 전문가와 함께 회복의 여정을 걷겠다는 의미이며, 이는 곧 새로운 가능성을 여는 첫걸음이 된다. 치료를 미룬다는 것은 자신에게 필요한 도움을 받을 기회를 놓치는 것과 같다.

따라서 우울증이 의심되거나 증상이 시작되었다면 가능한 한 빨리 도움을 요청하는 것이 중요하다. 정신건강 전문가를 만나 상태를 점검하고, 적절한 치료를 시작하면 증상 완화뿐만 아니라 삶에 대한 새로운 희망을 발견할 수 있다. 치료를 미루지 않고 지금 시작하는 것이,

더 나은 내일로 나아가는 첫 번째 선택이다.

Beck 우울 척도 (Beck Depression Inventory : BDI)

척도내용	1) 우울 증상의 정도 측정. 2) 우울증의 인지적, 정서적, 동기적 신체적 증상 영역을 포함하는 21문항으로 구성. 3) 1961년 개발된 이래 전 세계적으로 널리 사용되고 있음. 4) 특징 : 증상의 정도를 Likert 척도가 아니라 증상의 정도를 표현하는 구체적인 진술문에 응답케 함으로써 응답자들이 자신의 심리 상태를 수량화하는 데서 겪는 혼란을 줄일 수 있음.
실시방법	자기보고식. 자신의 상태를 4개 문장 중 하나에 표시하도록 함.
채점방법	1) (1)번 = 0점, (2)번 = 1점, (4)번 = 3점으로 채점. 2) 각 문항 점수를 합산하여 총점을 구함.

해석지침	1) 점수의 범위 : 0 - 63점
	  0 - 9점 : 우울하지 않은 상태
	 10 - 15점 : 가벼운 우울 상태
	 16 - 23점 : 중한 우울 상태
	 24 - 63점 : 심한 우울 상태
	2) 한국판 연구
	 - 우울환자 집단(39명) : 평균점수 23.46점 (표준편차 8.43)
	   일반인 집단(51명) : 평균점수 8.43점 (표준편차 5.39)
	 - 우울집단 선별을 위한 절단점으로 16점을 제시.

척도의 출처	1) 한국판 : 이영호, 송종용(1991),BDI, SDS, MMPI-D 척도의 신뢰도 및 타당도에 대한 연구. 한국심리학회지: 임상, 15권 1호, 98-113 2) 원판 : Beck, A. T.(1967). Depression: Clinical, Experimental, and Theoretical Aspects. New York: Harper & Row

BDI

이름 :　　　　　　 연령 :　　 세　성별 : 남 / 녀　작성일 :　　　　년　　월　　일

이 질문지는 여러분이 일상생활에서 경험할 수 잇는 내용들로 구성되어 있습니다. 각 내용은 모두 네 개의 문장으로 되어 있는데, 이 네 갱의 문장들을 자세히 읽어 보시고 그 중 요즈음 (오늘을 포함하여 지난 일주일 동안)의 자신을 가장 잘 나타낸다고 생각되는 하나의 문장을 선택하여 그 번호를 (　) 안에 기입하여 주십시오. 하나도 빼지 말고 반드시 한 문장만을 선택하시되, 너무 오래 생각하지 마시고 솔직하게 응답해 주시면 감사하겠습니다.

1	①	나는 슬프지 않다.	
	②	나는 슬프다.	
	③	나는 항상 슬프고 기운을 낼 수 없다.	
	④	나는 너무나 슬프고 불행해서 도저히 견딜 수 없다.	
2	①	나는 앞날에 대해서 별로 낙심하지 않는다.	
	②	나는 앞날에 대해서 용기가 나지 않는다.	
	③	나는 앞날에 대해 기대할 것이 아무 것도 없다고 느낀다	
	④	나의 앞날은 아주 절망적이고 나아질 가망이 없다고 느낀다.	
3	①	나는 실패자라고 느끼지 않는다.	
	②	나는 보통사람들보다 더 많이 실패한 것 같다.	
	③	내가 살아온 과거를 뒤돌아보면, 실패투성이인 것 같다.	
	④	나는 인간으로 완전한 실패자라고 느낀다.	
4	①	나는 전과같이 일상생활에 만족하고 있다.	
	②	나의 일상생활은 예전처럼 즐겁지 않다.	
	③	나는 요즘에는 어떤 것에서도 별로 만족을 얻지 못한다.	
	④	나는 모든 것이 다 불만스럽고 싫증난다.	
5	①	나는 특별히 죄책감을 느끼지 않는다.	
	②	나는 죄책감을 느낄 때가 많다.	
	③	나는 죄책감을 느낄 때가 아주 많다.	
	④	나는 항상 죄책감에 시달리고 있다.	
6	①	나는 벌을 받고 있다고 느끼지 않는다.	
	②	나는 어쩌면 벌을 받을지도 모른다는 느낌이 든다.	
	③	나는 벌을 받을 것 같다.	
	④	나는 지금 벌을 받고 있다고 느낀다.	

7	①	나는 나 자신에게 실망하지 않는다.	
	②	나는 나 자신에게 실망하고 있다.	
	③	나는 나 자신에게 화가 난다.	
	④	나는 나 자신을 증오한다.	
8	①	내가 다른 사람보다 못한 것 같지는 않다.	
	②	나는 나의 약점이나 실수에 대해서 나 자신을 탓하는 편이다.	
	③	내가 한 일이 잘못되었을 때는 언제나 나를 탓한다.	
	④	일어나는 모든 나쁜 일들은 다 내 탓이다.	
9	①	나는 자살 같은 것은 생각하지 않는다.	
	②	나는 자살할 생각을 가끔 하지만 실제로 하지는 않을 것이다.	
	③	자살하고 싶은 생각이 자주 든다.	
	④	나는 기회만 있으면 자살하겠다.	
10	①	나는 평소보다 더 울지는 않는다.	
	②	나는 전보다 더 많이 운다.	
	③	나는 요즈음 항상 운다.	
	④	나는 전에는 울고 싶을 때 울 수 있었지만, 요즈음은 울래야 울 기력조차 없다.	
11	①	나는 요즈음 평소보다 더 짜증을 내는 편은 아니다.	
	②	나는 전보다 더 쉽게 짜증이 나고 귀찮아 진다.	
	③	나는 요즈음 항상 짜증을 내고 있다.	
	④	전에는 짜증스럽던 일에 요즘은 너무 지쳐서 짜증조차 나지 않는다.	
12	①	나는 다른 사람들에 대한 관심을 잃지 않고 있다.	
	②	나는 전보다 다른 사람들에 대한 관심이 줄었다.	
	③	나는 다른 사람들에 대한 관심이 거의 없어졌다.	
	④	나는 다른 사람들에 대한 관심이 완전히 없어졌다.	
13	①	나는 평소처럼 결정을 잘 내린다.	
	②	나는 결정을 미루는 때가 전보다 더 많다.	
	③	나는 전에 비해 결정 내리는 데에 더 큰 어려움을 느낀다.	
	④	나는 더 이상 아무 결정도 내릴 수가 없다.	
14	①	나는 전보다 내 모습이 더 나빠졌다고 느끼지 않는다.	
	②	나는 나이 들어 보이거나 매력 없어 보일까 봐 걱정한다.	
	③	나는 내 모습이 매력 없게 변해버린 것 같은 느낌이 든다.	
	④	나는 내가 추하게 보인다고 믿는다.	

15	①	나는 전처럼 일을 할 수 있다.
	②	어떤 일을 시작하는 데에 전보다 더 많은 노력이 든다.
	③	무슨 일이든 하려면 나 자신을 매우 심하게 채찍질해야만 한다.
	④	나는 전혀 아무 일도 할 수가 없다.
16	①	나는 평소처럼 잠을 잘 수가 있다.
	②	나는 전에 만큼 잠을 자지는 못한다.
	③	나는 전보다 한 두시간 일찍 깨고 다시 잠들기 어렵다.
	④	나는 평소보다 몇 시간이나 일직 깨고, 한번 깨면 다시 잠들 수 없다.
17	①	나는 평소보다 더 피곤하지는 않다.
	②	나는 전보다 더 쉽게 피곤해진다.
	③	나는 무엇을 해도 피곤해진다.
	④	나는 너무나 피곤해서 아무 일도 할 수 없다.
18	①	내 식욕은 평소와 다름없다.
	②	나는 요즈음 전보다 식욕이 좋지 않다.
	③	나는 요즈음 식욕이 많이 떨어졌다.
	④	요즈음에는 전혀 식욕이 없다.
19	①	요즈음 체중이 별로 줄지 않았다.
	②	전보다 몸무게가 2kg가량 줄었다.
	③	전보다 몸무게가 5kg가량 줄었다.
	④	전보다 몸무게가 7kg가량 줄었다.

▲ 나는 현재 음식 조절로 체중을 줄이고 있는 중이다. (예, 아니오)

20	①	나는 건강에 대해 전보다 더 염려하고 있지는 않다.
	②	나는 여러 가지 통증, 소화불량, 변비 등과 같은 신체적 문제로 걱정하고 있다.
	③	나는 건강이 염려되어 다른 일은 생각하기 힘들다.
	④	나는 건강이 너무 염려되어 다른 일은 아무 것도 생각할 수 없다.
21	①	나는 요즈음 성(sex)에 대한 관심에 별다른 변화가 있는 것 같지는 않다.
	②	나는 전보다 성(sex)에 대한 관심이 줄었다.
	③	나는 전보다 성(sex)에 대한 관심이 상당히 줄었다.
	④	나는 성(sex)에 대한 관심을 완전히 잃었다.

평가자 기록란 :   총점 _____   평가 _____

■ 저자 소개

황지연

■ 소개

1. 동아대 평생교육원 외래교수
2. 해찬 Day care center 센터장
3. 허그맘허그인심리상담센터 부산연제점 상담원
4. 의료상담심리학 박사(상담심리치료전공)
5. 한국상담학회 전문상담사 2급, 한국청소년상담학회 집단상담전문가 1급, 한국교정상담심리학회 교정·진로·가족 전문상담사 1급, 청소년 상담사 1급, 사회복지사 1급
6. 상담심리학 강의, 사회복지학 강의, 개인 상담, 집단상담, 학술지 저술활동 등

작가의 마음: 누구든 힘들 수 있다. 힘들 땐 잘 먹고, 잘 입고, 잘 자는 일을 최우선으로 하자! 내 삶의 진정한 보호자는 나다! 나를 돌보는 일에 소홀하지 않을 때 비로소 더 나은 삶을 마주할 수 있다.

메일: hwang-jee@hanmail.net

이지은

■ 소개

1. 국방부 육군 병영생활전문상담관
2. 교육학 박사
3. 임상심리사 1급, 청소년상담사 1급, 미술심리상담사 2급, 이고그램전문강사 2급, K-KSEG 이고그램전문상담사 2급.
4. 아동 및 청소년 상담, 군 상담, 진로 상담, 집단 상담, 부부관계치료, 가족체계상담

작가의 마음: 우울을 단순히 고통의 상태로 보아서는 안 된다. 자신을 더 깊이 이해할 수 있는 표현의 기회이며, 창작의 원동력으로 삼아야 한다. 우울한 감정은 통찰을 제공하고, 복잡한 감정을 공유하는 데 중요한 역할을 한다는 사실을 우리는 알아야 한다.

메일: yyh0969@hanmail.net

■ 저자 소개

김선옥

■ 소개

1. 서울시육아종합지원센터 안심상담실 상담사
2. 교육심리상담 석사
3. 임상심리사 2급, 사회복지사 1급, 미술심리지도사 1급, 가족상담사 2급
4. 보육교직원 심리상담, 개인상담, 부모상담, 저술활동 등

작가의 마음: 삶을 돌아보니 나도 모르게 짜증 나는 시간이 지속되던 때가 있었다. 이유도 없이 내 속에서는 모든 게 짜증스러웠다. 일상적인 생활을 하다가도 짜증을 넘어 불만스러움이 생겼고, 나도 모르는 순간 분노가 올라왔다. 그로 인해 가까운 가족에게 영향을 미치기도 했다. 남편과 자녀에게 이유 없이 짜증을 냈을 때 아마도 그들에게 상처가 되었을 것이다. 지금 생각하면 우울증이었지 싶다. 우울증에 대한 글을 쓰면서 그때 내가 우울증에 대한 이해가 있었다면 어땠을까? 하는 아쉬움이 생긴다. 그래서 많은 사람이 우울증에 대한 깊이 있는 이해를 갖기를 바라는 마음으로 이 글을 쓴다.

메일: kso602@hanmail.net

김영순

◼ 소개

1. 해드림 상담센터 대표
2. 교육학 박사 (상담심리 전공)
3. 한국상담심리학회 상담심리사 1급, 한국상담학회 수련감독급 전문상담사, 청소년 상담사 1급, 한국심리학회 중독심리전문가, 한국가족상담협회 수련감독 가족상담사
4. 국제 WGI 현실치료상담 상급강사(Senior Faculty)
5. 국제 SPI 감각운동 심리치료 전문가(SPP, SPT)
6. 상담과 심리치료(2025, 학지사), 세계 정신건강 상담사례 (2014, 학지사) 외
7. 슈퍼비젼 및 교육, 개인상담, 집단상담, 가족상담, 중독 및 트라우마 상담 등 전) 호서대학교 문화복지상담대학원 겸임교수 외

작가의 마음: 우울증 치유의 과정은 단순히 증상을 없애는 것이 아니라, 새로운 삶의 목표와 가치를 발견하고, 그것을 향해 나아가는 것이다. 언젠가는 우울이 다시 찾아오더라도, 우리는 여전히 의미 있는 삶을 만들어갈 수 있다.

"내가 중요하게 생각하는 삶의 가치는 무엇인가?", "그리고 오늘, 그 가치에 다가가는 어떤 작은 행동을 할 수 있을까?"

메일: quality222@hanmail.net

■ 저자 소개

권민성

■ 소개

1. 전문상담교사
2. 교육학 박사 수료
3. 재난심리회복지원센터 재난심리활동가
4. 전) 기업상담실 상담원, 위(Wee) 센터 임상심리사, 사회복지사로 근무
5. 전문상담교사 1급, 도덕·윤리 정교사 2급, 사회복지사 1급, 청소년상담사 2급, 한국상담심리학회 상담심리사 2급(한국상담심리학회), 전문상담사 2급(한국상담학회) 임상심리사 2급, MBTI 일반강사, 에니어그램 일반강사 등
6. 부모 교육 및 교사 연수 강의, 개인 상담, 가족 상담, 집단상담 등

작가의 마음: 힘들 때는 잠시 쉬어 가자.

메일: km3117@naver.com

임소영

📖 소개

1. 휴레스트 심리상담센터 원장
2. 교육학 석사 (상담심리 전공)
3. 한국상담심리학회 상담심리사 1급, 주수퍼바이저
4. 내마음 토닥토닥 그림책으로 토닥토닥 공동저자
5. 개인상담, 부부상담, 커플상담, 가족상담, 저술활동 등

작가의 마음 : 우울증은 지치고 서늘한 마음에 따뜻한 온기가 필요하다는 신호이다. 매서운 몰아침보다 따뜻함이 마음을 녹이고, 마음 가득 온기를 머금으면 다시금 일상이 회복된다.

메일: hewrest@naver.com

■ 저자 소개

정미애

■ 소개

1. 국방부 육군 병영생활전문상담관
2. 편안한 심리상담센터 상담사
3. 아토머스 마인드카페 상담사
4. 상담학 석사(가족상담 전공)
5. 한국상담심리학회 상담심리사 1급, 한국상담학회 전문상담사 1급, 청소년 상담사 1급, 임상심리사 1급, 사회복지사 1급, 중독전문가 2급
6. 마음의 위로 그림책 심리이야기 공동 저자
7. 개인상담, 부부상담, 아동/청소년상담, 집단상담, 저술 활동 등

작가의 마음 : 인생의 어느 한순간, 우울증은 누구에게나 찾아올 수 있다. 이 것은 나의 일이기도, 혹은 나에게 중요한 누군가의 일이 되기도 한다. 우리에게 우울증이 찾아온다면, 힘들고 괴로웠던 상황 속에서 무던히도 애쓰고 버텨왔던 나의 좌절, 슬픔, 괴로움, 외로움을 온전히 인정하고 만나자. 그리고 내가 할 수 있는 것들을 하나씩 해보자. 그러면 어느 순간 내가 원하는 내 모습으로 살아갈 수 있게 될 것이다. 그렇게 나는 믿는다.

메일: jma221@hanmail.net

이선영

📙 소개

1. 광신대학교 강사
2. 상담학 박사(상담심리치료)
3. 시그널 심리상담센터 센터장
4. 송원대학교 학생상담센터 객원상담사
5. 청소년상담사 1급, 임상심리사 2급, 평생교육사 2급, 청소년지도사 2급
6. 개인 상담, 집단상담, 청소년 연구 및 학술지 저술 활동, 상담학 강의 등

작가의 마음: 우리는 괜찮지 않은 많은 날을 보낸다. 나약함을 보이지 않으려고, 또 그러한 날들을 잘 살아내기 위해 애쓰면서 삶을 버틴다. 버티다 무너질 때 삶의 방향을 잃는다. 혼란스럽고 상처가 나고 아파지면 몸처럼 마음도 치료하면 된다.

지금
일어나
맛있는 밥을 먹고
따뜻한 햇볕을 마주하며
나에게 웃어주자.
그동안 애썼어. 잘했어.

메일: math5282@hanmail.net

■ 저자 소개

박미영

📕 소개

1. 정신건강의학과 부설 상담연구소 심리상담사
2. 가족센터 가족상담전문가, 재난심리회복지원센터 재난심리활동가, 교육청학부모교육강사
3. 한국도서관협회 병영독서코칭강사, 한국출판문화산업진흥원 교정시설독서활동지원 파견강사, 청소년지원재단 청소년상담사, 5차원전면교육 DIA인재교육원장 등 역임
4. 교육학 석사(상담심리 전공)
5. 한국상담심리학학회 상담심리사 1급, 한국상담학회 전문상담사 2급, 청소년상담사 1급, 임상심리사 1급, 사회복지사 2급, HD감정코칭강사, IHM회복탄력성
6. 개인/부부/커플/가족/부모-자녀/청소년/학업/집단상담, 강의 활동 등

작가의 마음: 지금-이 순간, 성장통을 겪던 청소년기, 그 시절에 읊조리던 라이너 마리아 릴케의 시 《젊은 시인에게 주는 충고》 한 편이 생각난다.

"마음속의 풀리지 않는 문제들에 대해 인내를 가져라. 문제 그 자체를 사랑하라. 지금 당장 해답을 얻으려 하지 말라, 그건 지금 당장 주어질 수 없으니까. 중요한 건 모든 것을 살아 보는 것이다. 지금 그 문제들을 살라. 그러면 언젠가 먼 미래에 자신도 알지 못하는 사이에 삶이 너에게 해답을 가져다줄 테니까…."

시간이 흘러 중년이 된 지금, 여전히 이 시를 읊조리고 있는 나는 또 다른 성장통을 겪고 있나 보다.

메일: saltflower39@naver.com

 장수미

📖 소개

1. 마인드 카페 심리상담센터 상담심리사
2. (사)한국EAP협회 협약상담사, ㈜위너스제이엠 협약상담사, 이천시청소년상담복지센터 객원상담사
3. 교육학 석사(상담교육전공)
4. 한국상담심리학회 상담심리사 2급, 임상심리사 1급, 청소년상담사 2급, MBTI 전문강사
5. 성인 상담, 기업상담(EAP), 청소년 상담, 부모 상담, 진로상담, 커플 상담.

작가의 마음: 우울증은 어느 순간 갑작스럽게 시작되기보다는 서서히 시작되기 쉽다. 우리의 마음이란 것이 체온계로 측정할 수 있는 특성의 것이 아니기 때문에 종종 자신이 우울증에 걸려 있음을 깨닫지 못할 수 있다. 그러다 보면 "나 지금 우울증이니?!"가 될 수 있다.

메일: dominic0618@naver.com

■ 저자 소개

이유미

■ 소개

1. 인마인드 심리상담센터 센터장
2. 이레네메모리얼가족상담센터 전문상담사
3. 재난심리회복지원센터 재난심리활동가
4. 교육학 박사(상담심리전공)
5. 전남대학교 학생생활상담센터 객원상담사, YWCA 가정상담센터 전문상담사, 전남대학교 시간강사, 중·고등학교 전문가 특강, 중·고등학교 영어교사 등
6. 한국상담심리학회 상담심리사 1급, 한국상담학회 전문상담사 1급, 국제 아들러 전문가 및 심리치료사, 아들러 긍정훈육 부모교육 강사 1급, 청소년 상담사 2급, 임상미술치료사 2급
7. 기업상담, 상담사 교육, 놀이 및 미술치료 등

작가의 마음: 우울증은 정도의 차이가 있을지언정, 누구나 경험할 수 있는 감정이다. 어떤 어려움을 겪든 우리는 혼자가 아니며 극복할 힘이 우리 안에 있다는 것을 기억하자.

메일: inmind@kakao.com

 이주연

■ 소개

1. 마인드허그 심리상담센터 소장
2. 정신건강의원 소속 심리상담사
3. 상담학 박사
4. 임상심리사
5. 내마음 토닥토닥 그림책으로 토닥토닥 공동저자
6. 개인상담, 가족상담, 집단상담, 저술활동 등

작가의 마음: 도넛의 구멍이 아닌 도넛을 보자! '우울해도 행복할 수 있어야' 소중한 내 인생의 오늘을 놓치지 않고, 가치 있게 살 수 있다.

메일: e20514@naver.com

■ 저자 소개

김소영

📖 소개

1. 아토머스 마인드 카페 상담사
2. 덕원중학교 위클래스 외래 상담사
3. 임상 및 상담심리 전공 석사
4. 한국상담심리학회 상담심리사 2급, 청소년상담사 2급, 사회복지사 2급, 임상심리사 2급, 아동심리상담사 1급, 미술심리상담사 2급, 그림책 심리상담전문가 2급, PREPARE/ENRICH 국제 공인상담사 자격증
5. 한국상담학회 정회원
6. 청소년 상담, 개인 상담, 집단 상담, 온라인 상담 등

작가의 마음: 어려서부터 기록하는 것을 즐겼다. 남기지 않으면 휘발되어 버리는 생각이나 감정이 아쉬웠다. 나에게 글을 쓰는 것은 단순히 표현하는 것을 넘어 감정의 배출이기도 했다. 마흔이 넘으면 연륜과 경험이 쌓여 자연스럽게 책 한 권이 술술 써질 줄로만 알았다. 그러나 지금의 내 모습은 스무 살 시절보다도 더 많이 읽지도, 잘 쓰지도 못한다. 어떤 것이든 아프도록 애를 써야 세상 밖으로 나올 수 있는 법인가 보다. 장마처럼 오랫동안 눅눅했던 우울증을 직접 겪고 난 후, 누군가에게 나의 경험이 도움 되지 않을까 생각하며 이제야 용기를 내어 이야기를 적어본다.

메일: bee32800@naver.com

김희례

📒 소개

1. 허그맘허그인 동탄 심리상담센터장
2. 숙명여자대학교 가족학 박사 수료
3. 한국상담학회 전문상담사 1급
4. 국제공인 이마고 부부 치료 전문가(Certified Imago Therapist)
5. PREPARE-ENRICH facilitator
6. Minnesota Couple Communication Programmer
7. MBC 〈공부가 머니〉, EBS 〈부모〉, 채널A 〈금쪽같은 내 새끼〉, 〈아빠 본색〉 상담 출연, MBC〈결혼 지옥〉 후속 상담 진행
8. NAVER 칼럼니스트
9. 그림책으로 만나는 내 마음 심리학(2024,작가와), 마음의 위로(2025,작가와) 공동저자
10. 위기 부부 상담, 가족 상담, 부부 대화법, 가족과 소통 강의 등

작가의 마음: 따뜻한 관계, 편안한 관계, 치유의 관계로 성장해요.

메일: rye0209@hanmail.net

■ 저자 소개

이선영

■ 소개

1. 전문상담교사
2. 교육학 석사(상담 교육 전공)
3. 전문상담교사 2급, 한국상담심리학회 상담심리사 2급, 청소년상담사 2급
4. 아동/청소년 상담, 개인상담, 집단상담, 모래놀이 상담, 부모 교육 및 교사 연수 등

작가의 마음: 우울증은 예고 없이 찾아온다. 슬픔이 찾아와 나를 변화시키기도 하고, 우울증이 나를 잠깐 멈추게 만들기도 한다. 이를 알아차리고 돌본다면 다시 일어날 용기가 생기지 않을까.

메일: sunny2300@naver.com

김동원

■ 소개

1. 진솔한상담연구소 대표
2. 인터넷·스마트폰 과의존 예방 강사 및 가정방문상담사
3. 학대피해아동쉼터 임상심리사
4. 교육상담 박사 재학
5. 한국상담학회 전문상담사 2급, 인터넷중독전문상담사 2급, 미술심리상담사 1급, 사회복지사 1급, 임상심리사
6. "50이후, 건강을 결정하는 7가지 습관" 오디오북 목소리 재능기부. 한국자산관리공사「마음으로 듣는 소리 캠페인」시즌 9
7. 공공기관 임직원 상담, 기업상담(EAP), 정신건강 상담, 개인상담, 집단상담, 저술 활동 등

작가의 마음 : 살아가면서 우울증 한번 안 걸려 본 사람이 있을까?
나도 모르게 왔다 가기도 하고, 심하게 앓고 지나가는 우울증.
감기처럼 누구나 걸릴 수 있는 마음의 감기. 어떻게 잘 토닥이며 살아가면 좋을지….
지금 이 순간 운동하기 좋은 날.

저와 함께 운동하실래요?

메일 : icecocoa555@naver.com

■ 저자 소개

정현주

■ 소개

1. 플러스 아동 발달 센터 놀이심리상담사
2. 성모 정신건강의학과 상담사
3. 상담심리 박사 재학
4. 한국놀이치료학회 놀이심리상담사 2급, 미술심리상담사 1급, 발달재활사, 임상심리사 1급, 청소년 상담사 2급. 사회복지사 2급, 평생교육사 2급
5. 한국상담심리학회 정회원, 한국상담학회 정회원
6. 국제공인 ICDL DIR Floor time 101, 201, 202 수료
7. 국제공인 AEDP Immersion 코스 수료
8. 아동/청소년 상담, 개인 상담, 집단상담, 부모 양육 코칭

작가의 마음 : 누군가 마음이 힘들고 괴로울 때 그 여정을 함께 하고 싶어서 상담자가 되었습니다. 삶의 방향성을 잃고 어디로 가야 할지 모를 때, 그곳이 어디인지는 모르지만 함께 여행하듯, 같이 향해 하고 싶은 상담자입니다. 지금, 이 순간에도 몸과 마음이 지치고 힘들어서 모든 것을 포기하고 싶은 사람들을 위해 간절히 기원합니다.

"당신이 안전하기를…"
"당신이 보호받기를…"
"당신이 평온하기를…"
"당신이 행복하기를…"

메일: ijoa82@naver.com 메일: saltflowwer39@naver.com

박숙자

📖 소개

1. 밝은 희망 부부 클리닉 전문상담사

2. 교육학 박사

3. 한국상담학회 전문상담사 1급. 한국목회상담협회 감독, 임상심리사 2급

4. 심리학 강의, 부부 상담, 개인 상담, 가족 상담

    작가의 마음: '내가 우울증이라고?' 우울증을 앓고 있음에도 인정하지 않는 사람들이 많고 우울증을 과소평가하기도 한다. '정말 내가 우울증인가?' 고민된다면 먼저 자신을 살피고 자신에게 귀 기울이고 자신의 감정을 느껴본 다음 그것에 대해 생각해 보자. 내 몸이 보내는 신호에 관심을 가지자.

메일: psj1338@hanmail.net

■ 저자 소개

송민서

■ 소개

1. 소나무상담복지센터 대표
2. 철학박사(명상수행코칭전공)
3. 한국상담심리학회 상담심리사 2급, 사회복지사 1급, 단기가족치료전문가, 해결중심치료사 1급, 명상심리상담사 1급, MBTI 일반강사, 마음챙김-자기연민 전문가
4. 사회복지사들을 위한 상담 보수교육, 특강, 심리상담(청소년, 성인, 부부)

작가의 마음: 우울은 우리의 삶에서 언제든 찾아올 수 있는 감정이다. 우울함을 느끼는 것을 약한 사람이라고 평가하는 것보다는, 그 감정을 외면하지 않고 제대로 바라볼 때, 스스로 해결할 수 있는 길이 보이기 마련이다. 우울을 피하려 하기보다 있는 그대로 마주하며 스스로를 이해하는 시간이 되기를 바란다.

메일: mysong2026@naver.com

모현숙

■ 소개

1. 마음을담다 심리상담연구소 대표
2. 상담심리학 석사
3. 마음의 숲 외부상담심리사, 비즈인사이트 ERP 협약 상담심리사
4. 임상심리사 1급, 한국가톨릭상담심리사 2급, 한국가톨릭부부가족상담사 2급, 청소년상담사 1급
5. 개인 상담, 커플/부부/가족 상담, 집단 상담, 저술 활동 등

작가의 마음: 우리는 내면에 타고난 심리적 에너지를 가지고 스스로 치유하고 회복하며 주어진 삶을 살아간다. 하지만 바쁜 일상을 살다 보면 어디서 어떻게 상처를 받았는지도 모른 채 커다란 상처들로 힘겨울 때도 있다. 그럴 때는 잠시 멈춰서 긴 호흡을 내쉬며, 살아 있는 나를 느껴보는 것이 필요하다. 그런 나를 느끼고 안아줄 수 있다면, 이미 스스로 치유하는 첫 단계를 밟고 있는 것이다.

메일: maum_lab@naver.com

■ 저자 소개

염선영

🟫 소개

1. 마인드플랜 심리상담센터 센터장
2. 전주지방법원 군산지원 가사조정 상담위원
3. 원광대학교 학생케어센터 객원상담사
4. LG화학 EAP상담사 (전)
5. 전북대학교 아동가족학 박사 수료
6. 한국상담학회 전문상담사 1급, 청소년상담사 1급, 임상심리사 1급
7. 종합심리평가, 개인상담 (우울, 불안, 스트레스, 트라우마), 가족 및 커플 상담 (성격 차이/ 의사소통), 양육상담

작가의 마음 : 오늘 당신은 어떤 하루를 보내셨나요 ?
혹여 돌이킬 수 없는 어제를 자책하며 소중한 자신을 아프게 하지는 않으셨나요?
아직 오지 않은 내일을 두려워하지는 않으셨나요?
어제는 이미 지나서 바꿀 수 없고 내일은 어떤 일이 생길지 알 수 없어요.
그러니 지금은 나를 행복하게 하는 작은 일들을 찾아볼까요?
하나씩 움직이다 보면 마음이 한결 가벼워질 거예요.
저도 지금 반려견 몽구와 산책하러 갑니다.

메일: ysy6320@naver.com

임려원

📖 소개

1. 모은상담심리연구소 공동 소장
2. 마음자람심리센터 공동 소장
3. 다움 book 출판 대표
4. 교육학 박사(상담 심리전공)
5. 한국상담심리학회 상담심리사 1급, 주수퍼바이저, 청소년 상담사 1급, 사회복지사 1급, 임상심리사
6. 마음 드라이빙(23년 세종도서 우수도서 선정) 외 전자책, 종이책 포함 30권 출판
7. 심리학 강의, 책 쓰기 강의, 개인 상담, 가족 상담, 집단상담, 저술활동 등

작가의 마음: 우울증은 약하거나 나약해서 생기는 것이 아니다. 이는 우리가 견뎌야 했던 삶의 무게와 상처가 보내는 신호일 뿐이다. 이 여정을 외면하지 않고 마주할 때, 우리는 스스로를 회복시키고 더 나은 내일로 나아갈 힘을 찾을 수 있다.

메일: saim1009@hanmail.net